本研究受汕头大学科研启动经费资助

PRACTICAL LOGIC OF CONFUCIAN MODERNITY

儒学现代性的实践逻辑

邓天颖 著

社会科学文献出版社
SOCIAL SCIENCES ACADEMIC PRESS (CHINA)

自序：回到常识

儒学是一个充满挑战的议题，儒学的世界既难以定义，又难以描述，它比卡夫卡笔下的"城堡"隐喻更错综复杂。因为儒学具有经典表述形式，语词精练、语法复杂、语态精妙，每一个字都是一种气氛，每一个词都是一个小宇宙，每一句话都是一个世界，它是文学的、哲学的，也是数学的、物理的、艺术的，甚至可以跟任何一个领域进行结合并生发。儒学从一开始就根植于纷繁复杂的人类的身体感官系统，以及日常世界的逻辑系统，它描述的是一种人与这个世界一体的、综合的感受，因此很难用特别清晰的框架去锚定它。如同我们在叙述一个梦的时候，所有的语言都显得苍白无力，我们似乎能够清晰地记得在梦里的经历，梦境那么实相，但是无法用语言表达。

儒学之所以与西方文化存在很大的理解差异，是因为西方的叙事逻辑是要将对象图解，或者进行分子化、原子化。而儒学从一开始就更像是一种气息，如同我们所面对的世界，这个世界有它的实相，但所有变幻的景物加之我们自身的感受共同形成了一种气息，儒学更接近这个气息。比如在一幅画里，儒学既不是房子，也不是房前的马和草坪，也不是后面的森林，它是整个画面的气氛。这是儒学给我们的感觉。所以，本书并不试图去为儒学经典的词句加注解，而是尝试捕捉东方大地上的这股气息。

现代社会对儒学既敬畏，又疏远，甚至对它在现代生活中的活性与转化充满担忧，其实大可不必如此悲观。因为，每一个东方社会的人都能感觉到，我们其实一直生活在儒学之中，只是不自知而已。虽然百年来，人们总是担心外来的文化会影响甚至改变儒学的传统，但影响都是浅表的，中国社会更深邃的内在逻辑和底层逻辑仍然深植在儒学的基调之中。我们何以为快乐，何以为悲伤，我们的情绪基底，我们的感知深处，我们的内在架构仍然都是儒学的，因为它源于常识，又终将回到常识。时间从来就没有干扰到它，力量是会随着时间消散的，但是常识不会，而儒学与常识这股能量的源头恰恰是本研究探寻的动力。

是为序。

目　录

一

引论：现代性的逻辑与实践

（一）中国现代性话语的逻辑

在文化现代性领域的研究中，关于中国现代性话语体系的内在逻辑的主要观点有以下几种。

第一，中国文化现代性是西方"植入"的，而非本土"内生"的。它被西方化路线、西方化模式和西方化话语所定义，是中国文化基因传承中的"突变"，缺乏本土基因历史的延续性。五四时期的中国现代主义知识分子将西方文化的物理性、法治性、个人性、平等性、科学性视为高维、高阶、高级的，而将中国传统文化的精神性、封建性、家族性、阶级性、宗教性视为低维、低阶、低级的，"他们憎恶辫子、小脚和鸦片等等象征着中国落后的鲜明标志。他们也为中国的艺术、文学、哲学和民俗感到羞耻"[①]。因此，中国传统与西方现代性被视为两个截然对立且没有任何连续性的不同维度的世界，中国传统属于过去，而西方现代性属于现在和未来。史书美的研究指出，五四时期的中国现代主义知识分子，"并不关心自身的过去，而是对过去加以简单的抛弃，人们不能奢望其中包含有任何的连续性"[②]。

---

① 〔美〕史书美：《现代的诱惑：书写半殖民地中国的现代主义（1917—1937）》，何恬译，江苏人民出版社，2007，第29页。
② 〔美〕史书美：《现代的诱惑：书写半殖民地中国的现代主义（1917—1937）》，何恬译，江苏人民出版社，2007，第61页。

第二，西方是现代性的源头，现代性是从西方向东方的单向流动。以欧洲、北美为代表的西方，作为一种想象性的总体性被视为现代性的故乡，象征着中心、权威、理性和进步。在西方中心主义所预设的"中心—边缘""东方—西方""地区—全球"等二元对立框架中，"中国性"变成了西方现代性所要收编和改造的对象。而在五四现代主义者看来，现代性话语体系等同于反抗、瓦解和消灭传统文化力量的符号、工具和标志。

第三，中国本土文化无法生长出现代性话语体系。中国传统文化、儒家文化以及"中国性"，被视为现代性的对立面，象征着古老、封建、落伍、过时、陈旧保守、僵化教条的前现代。儒学的内容被简单化地理解为"吃人的礼教""宗法社会""父权制"、上下尊卑的身份"等级制"等，"是像化石般仍旧残存于现代的遗物"①，这时"现代化"被简单地等同于"西方化"。人们认为，"儒家的价值无非是亘古不变的经句，是通过背诵而学的，是族长制的、等级制的，是一种仅属于过去的传统罢了。西方的哲学家怀德海称孔子为'使中国停滞不前的人'"②。五四现代主义者"纷纷著书描写中国的国民性，将中国性定义为反现代的、反理性的和反道德的"③，他们系统性地揭露和否定中国传统文化中的劣根性、劣等性。胡适等五四现代主义者"将整理中国传统看成是一项去神秘化的工程，以向人们展示中国没有什么大不了，只是一笔'流水烂账'"，他们认为"整理国故只是在中国文化中'打鬼'、'捉妖'的一种方法"④。在五四时期中国现代主义知识分子看来，中国传统文化中的可再生资源已经枯竭，已然丧失了对抗西方现代性的能力。

第四，将现代性等同于"城市化""都市化""大都会化"，甚至将民

① 〔日〕沟口雄三：《作为方法的中国》，孙军悦译，生活·读书·新知三联书店，2011，第104页。

② 〔美〕罗思文、〔美〕安乐哲：《儒家角色伦理——21世纪道德视野》，吕伟译，浙江大学出版社，2020，序。

③ 〔美〕史书美：《现代的诱惑：书写半殖民地中国的现代主义（1917—1937）》，何恬译，江苏人民出版社，2007，第26页。

④ 胡适：《整理国故与"打鬼"》，载蔡尚思编《中国现代思想史资料简编》，浙江人民出版社，1983，第123~126页。

国时期、上海公共租界时期的文化表现等同于"现代性"。① 五四时期以批判中国文化传统为特征的现代性话语体系之所以具有合法性，与当时"殖民主义话语框架"下渴望进步与强大的民族主义情感有关。"回到中国传统"与"改造中国传统"两种途径似乎都无法解决半殖民地半封建社会时期中国的现实问题，也无法提供对抗殖民意识形态的有效话语资源和手段，因此，彻底走向西方成了唯一的路径。然而，殖民主义话语框架无法绝对性地统合文化保守主义者、民族主义者和折中主义者对文化传统的不同看法。如文化折中主义的代表梁启超认为，"中国文化被中国人自己误解了，而西方的研究方法则会帮助我们来更好地理解它。因为如果不是被误解，那么为何中国读了几个世纪的孔子和李白却不曾受惠于他们呢？"② 折中派的方案简言之就是以西方的研究方法来改造中国传统文化甚至人民大众，"对于那些认同日本和西方文化优越性的知识分子来说，人民大众变成了客观对象和焦虑之所在，先是被观察和解剖，而后被改善，在某些不幸的情况下甚至有可能被抛弃"，"他们以一种希望代替了这种焦虑，这种希望即是领导、重造'大众'以适应文化现代化范式的希望。"③

因而在新殖民主义话语框架下，现代性又被区分为政治现代性、文化现代性和商业现代性三种类型。政治现代性被归到殖民主义、帝国主义、资本主义范畴而成为批判对象，文化现代性则被归到都市化、时尚化、审美化范畴而成为公开的模仿对象。将文化现代性和政治现代性分开，一边学习西方文化，一边批判西方政治。而在本土文化自觉意识觉醒的当代中国，以公司化、市场化、知识化为特征的商业现代性取代前两者，成为新的合法性主宰；都市现代性则取代五四时期的启蒙现代性，成为现代性的当下表现形式。中国的现代主义知识分子以为，只要对西方的文化现代性和商业现代性进行批判性学习，就可以帮助中国重塑主体性。

---

① 〔美〕史书美：《现代的诱惑：书写半殖民地中国的现代主义（1917—1937）》，何恬译，江苏人民出版社，2007，第3~4页。

② 〔美〕史书美：《现代的诱惑：书写半殖民地中国的现代主义（1917—1937）》，何恬译，江苏人民出版社，2007，第186页。

③ 〔美〕史书美：《现代的诱惑：书写半殖民地中国的现代主义（1917—1937）》，何恬译，江苏人民出版社，2007，第29~30页。

然而，百年以来关于中西现代性的讨论似乎始终围绕着"全面西化"、"积极对抗"和"批判性合作"三种路径展开。史书美的研究发现，中国的现代主义者似乎对西方现代主义意识形态这个源头缺乏反思，事实上，"即使是在属于本土主义阵营的'国粹派'那里，也不存在对作为一种西方模式的现代性的原则性反对"①。对西方殖民主义话语体系的反抗主要是政治和资本方面的，并未在消解或超越西方现代性意识形态和话语体系方面具有紧迫的需要。无论是西化派、国粹派还是中和派，在前提假设上似乎都默认了中国传统文化内生资源的枯竭和失败。中国的现代主义者不乏对殖民主义、帝国主义、资本主义和封建主义的批判，但始终未曾从根源上批判过现代主义和现代性。

中国与日本、印度两个国家在遭遇殖民意识形态时的反应、姿态和行动截然相反。日本并未放弃日本主义和东洋主义，日本的明治维新现代化运动并不是以废黜日本文化来换取现代主义的入场券的。印度似乎也从未放弃印度性而进入西方现代主义的语境。对于日本和印度来说，本土文化的稳定性、连贯性和主体性似乎并未断裂和坍塌。因此，中国的现代主义研究需要重新梳理中国式现代性的历史、理论或文本的语境本身，重塑象征着现在和未来的新的主体性。

然而，无论以哪种框架展开似乎都无法走出中国现代性的逻辑误区。事实上，中国现代性的真正问题并不是在妥协、对抗与合作之间做出某种选择，而是以进步、反传统为象征的现代主义，既不是西方现代性本身，也不是现代性这个题域本身。中国现代性研究很有可能始终未曾进入现代性的语境，也尚未开启现代性的实践之旅。

（二）现代性的实践逻辑

那么，至为关键的问题是：现代性实践的研究对象究竟是什么？

---

① 〔美〕史书美：《现代的诱惑：书写半殖民地中国的现代主义（1917—1937）》，何恬译，江苏人民出版社，2007，第45页。

　　德国哲学家尤尔根·哈贝马斯（Jurgen Habermas）在《现代性：一项未完成的方案》中区分了"现代主义运动"和"现代性"两个不同的题域，他认为，现代主义运动是一种基于时间意识的，通过以情绪性和情感性的反应来对抗过去从而获取合法性的自我否定的运动；它将抽象的、永恒性的历史视为衰落、野蛮、野性和原始的象征。现代主义则代表了对历史连续性的爆破、更新换代，代表着进入全新的时期，并"将自身从此前所有的历史关联中抽离出来，在作为整体的传统和历史中保持一种抽象的对立"。①

　　从反历史和反传统的角度来看，中国的现代主义运动与西方的现代主义运动确实有着相似之处。但是，哈贝马斯指出，现代主义并不等于现代性，现代主义对传统、历史的情绪性和情感性反应对现代性这个题域来说是一种侮辱。哈贝马斯认为，现代性既不是反历史、反传统的极端对立的"爆破"，也不是像"将历史尘封在博物馆"这样一种中立化行为。同时，现代性更不像时尚行业那样，以当下的敏锐嗅觉在过去的丛林中晃动，汲取过去的服饰元素来聚集弥散的历史碎片，在历史中"寻找过去与当代的关联性，在历史中寻找当代"。

　　与此同时，哈贝马斯在《现代性：一项未完成的方案》中还区分并批判了三种看似拥护传统、抨击现代主义，但是并未脱离现代主义逻辑前提和误区的虚假保守主义类型，这三种类型其实都是现代性的反面。第一种是"幼稚保守主义"，这种逻辑试图通过基于想象、情感、主观、诗意、精神等乡愁式的"招魂方式"，来摆脱现代世界工具理性的目的性、中心化、价值化的束缚，在现代和遥远的过去之间制造一种虚假的二元对立，赋予古代、过去和传统以美学或诗化的想象，但是哈贝马斯认为这二者之间并没有本质性的区别。第二种是"原始保守主义"，这种逻辑提倡原生态的、前现代的宇宙论和伦理观立场，否定现代的科学、道德和艺术，甚至宣扬基于玄学、神秘主义的纯粹理性。第三种是"革新保守主义"，他们拥护现代科学、技术进步和经济发展，他们并不否定传统文化，而是提倡改造传统文化。革新保守主义的内涵主要体现在三个方面：一是用科学

---

① 哈贝马斯在 1980 年 9 月被法兰克福市授予阿多诺奖金时所做的演讲。

的认知方式重新理解和诠释传统文化，而传统文化一旦被纳入科学性的话语体系，其神秘性、非理性、玄学化等政治性因素也就失去了意义，同时也就消解了传统文化在日常世界中的组织和引领功能；二是将文化、艺术固定和固化在纯个人的、虚构的纯粹审美经验领域，从而也就取缔了文化艺术那种乌托邦式的、内部爆破式的社会性改造力量；三是将传统文化、道德和艺术从日常实践世界中抽离出来，进行知识化和专业化改造，形成自主但是封闭的专业系统，由政府和专家进行专业化的管理。如此一来，传统在现代世界的生存则将全部依赖政府的支持，其命运也同时变得生死难料。这个并不难理解，以诗歌、艺术、文学和学术为例，一旦成立机构化的诗歌、艺术、文学、学术管理机构，以及专业的刊物和专业化的评审体系，诗歌、艺术、文学、学术的日常实践性也就消失了。最后必然形成一个只能由传统的碎片来填充的日常实践世界的真空，哈贝马斯将之称为放弃现代性方案后的"文化现代性的残余"。

在哈贝马斯看来，现代性所真正反对的只是对历史的误读，即文化理性化和合理化对日常实践的取代。换言之，从 18 世纪开始的现代性启蒙运动方案，反对的恰恰是以科学与科技进步、道德与普世主义、法律与行政管理、经济增长主义、知识的专业化与专门化为代表的理性主义对日常实践世界的入侵，以及对日常生活解释学的准自然形式、不受约束且相互作用的日常生活交流实践的抛弃。哈贝马斯认为，只有进入基于"生活—历史具体情境"的日常实践世界，才能纠正现代性方案的偏差、现代主义运动的错误和走出文化现代性的困境。启蒙运动早期设计的现代性方案意味着与作为活的遗产的日常生活实践重新建立联系，以及基于日常实践世界的认知性阐释、规范性假设、相互指涉的方式和感知世界的解释范式的复兴。纯粹的传统主义只会让现代性变得空洞而贫瘠，现代主义运动、现代化运动也只有在脱离资本主义的方向，从现代理性化世界转向日常实践世界的时候，才有可能与真正的启蒙现代性接轨。也正是因为如此，哈贝马斯才会做出这样的判断：现代性方案既未完成，也未开启，而是走错了方向。

总的来说，哈贝马斯认为，日常实践世界才是现代性的源头和目的地，唯有回到日常实践世界，现代性才有可能真正地开启。并且，现代性首先应该是一种方法论，只有通过实践理性建立起常识语言，才能将现代性有效地应用于日常世界的改造和革新；同时，这种常识语言具有启蒙性力量，并可以延伸到政治、社会、文化等领域。

"日常世界"和"日常世界批判"是西方现象学派、芝加哥学派，以及列斐伏尔、哈贝马斯、布迪厄等西方当代思想家共同关注的题域，被视为20世纪西方哲学和思想史的重要转向。① 列斐伏尔甚至认为，"日常世界批判"这个哲学范畴可以和马克思的"劳动价值论"和弗洛伊德的"无意识理论"相提并论。② 事实上，关于"日常世界"有很多种提法，比如"日常生活世界""日常交往世界""日常行动世界"等等。诸多研究揭示，学术界通常会将生活、交往、行动的概念等同于烹饪、饮食、高档餐厅用餐、运动、种植、插花等狭义的劳动或劳作，以及这些行为所带来的狭隘的主客观审美感受和乐趣。通常被视为日常实践美学创始人、芝加哥学派奠基人的杜威，更是反对使用"生活"这一概念。杜威认为，日常实践指的不是生活表面的审美品质，诸如整洁、混乱、清洁、肮脏等，"那些古代的身体纹饰、舞动的羽毛、华丽的长袍、闪耀的金银饰品，不属于日常生活美学的范畴"，"这样的物品仅仅是用来改善日常生活过程的"③，与日常实践没有本质的关联，也不是日常实践研究的对象。李泽厚也明确反对将"生活"与"实践"两个概念混淆，他认为，实践指的不是"人的一切活动、行为，把讲话、看画、写文章、吃梨子都叫实践"，实践不等于"人的行为与活动"，"如果实践的概念无限扩大，最终会取消这个概念"④。对生活、交往、行动等概念的误读，使其与"日常世界"题域严重脱离，由此在分析美学、生态美学、环境美学、生活美学、生命美学等领域涌现了众多偏离现代性的提法，李泽厚认为它们都"未能在哲学上有所

---

① 刘怀玉：《现代性的平庸与神奇：列斐伏尔日常生活批判哲学的文本学解读》，北京师范大学出版社，2018，第28页。
② 刘怀玉：《现代性的平庸与神奇：列斐伏尔日常生活批判哲学的文本学解读》，北京师范大学出版社，2018，第51页。
③ 〔美〕托马斯·莱迪：《平凡中的非凡：日常生活美学》，周维山译，河南大学出版社，2019，第34页。
④ 李泽厚：《从美感两重性到情本体：李泽厚美学文录》，马群林编，山东文艺出版社，2019，第60页。

突破"①。李泽厚本人则坚持使用"实践"这个概念，但是他也同时表明，他"仅从哲学层次谈论了实践美学"，并没有在日常实践层面展开，因此正如哈贝马斯认为"现代性"尚未完成一样，李泽厚认为"实践美学还没有开始"，因此也没有所谓的"后实践美学"，更谈不上被别的美学所取代。而这也是李泽厚自述"当年没有提出'实践美学'这一称号的重要原因"②。

实际上，实践之所以无法与生活、交往和行动等词语混淆，源于它们之间并非概念上的简单分歧，而是"世界维度"的彻底转变，同时也意味着列斐伏尔所主张的从"时间的历史"向"空间的世界"的彻底转向。唯有回到和进入日常实践世界，哈贝马斯所认定的那种启蒙现代性方案才能真正地启动。

在探讨现代性实践逻辑之前，有必要先对日常实践世界的研究对象和题域范畴进行界定，如此才能与现代性理论的语境同频。现代性诞生之前的传统哲学普遍是围绕着三个世界展开研究的，即客观世界、主观世界和社会世界。如卡尔·波普尔（Karl Popper）认为，人类其实生活在如上三个作为总体性存在的世界之中，"第一个世界是物理客体的世界，例如树木、桌子和人体；第二个世界是主观经验的世界，包括情感、情绪和意识；第三个世界是思想的世界，是语言和故事、艺术和技术、数学和科学的世界"③。哈贝马斯进一步界定道，客观世界指的是人类自身之外的物理世界，或者说外部的自然、物理的对象，以及混合了文化形式的外部人文世界，客观世界包罗万象，是一种基础的存在结构④；主观世界是一个"意识的世界"，指涉的是个体的意识、精神状况或主观体验，是一种主体性得以形成的内在自然或内在世界、具有纯粹私人特征的价值标准；社会世界是"符号的世界"，指涉的是客观性的社会日常生活结构，是一个介

---

① 李泽厚：《从美感两重性到情本体：李泽厚美学文录》，马群林编，山东文艺出版社，2019，第275页。
② 李泽厚：《从美感两重性到情本体：李泽厚美学文录》，马群林编，山东文艺出版社，2019，第60页。
③〔英〕苏珊·布莱克摩尔：《模因机器：它们如何操纵我们又怎样创造文明》，郑明璐译，机械工业出版社，2022，第37页。
④〔德〕尤尔根·哈贝马斯：《交往行为理论》（第一卷），曹卫东译，上海人民出版社，2018，第432页。

于物质性的客观世界和心灵性的主观世界之间的独立领域，比如说科学思想、文学思想、艺术作品等人类精神生产的符号世界，是一种集体的文化解释系统、共识系统、意义关系网络或者说世界观系统，它构成了社会群体成员的背景知识，并且为共同体成员所共同接受的生活方式提供合理性前提。① 在客观世界、主观世界、社会世界之外，哈贝马斯意识到实际上还存在一个"交往的世界"，也就是作为现代性源头的日常实践世界，通常也被称为日常生活世界，这也是西方现象学派研究的重点题域。它指涉的是人类主体所组成的社会共同体的日常交往实践，主体间共同分享、共同生活、共同行动的生活语境，即交往主体在没有纯粹主观观念的前提下仍能达成共识、通过交往维系生产与再生产的关系结构，它遵循的是基于"行动—交往"的实践理性。②

在哈贝马斯看来，重建现代性的核心是复苏基于日常世界交往经验的"实践—交往理性"。"实践—交往理性"不同于主体哲学范式，后者将主观世界和客观世界对立起来，认为作为主体的人可以认识和征服客观的自然、掌握客观世界中事物关系，并承认人类具有自我持存、自我捍卫和自我意识的同一性。"实践—交往理性"是一种超越了主体哲学，超越了纯粹主观、纯粹客观和纯粹社会生活语境的"主体间性"范式。如果说客观世界、主观世界和社会世界是一种生产关系、规范共识和工具理性的话，那么主体间性则是一种生活关系、交往共识和交往理性。主观世界、客观世界和社会世界通过教条学说、神圣知识、世俗智慧、信仰力量，以及作为文化黏合剂的意识形态模式等知识系统来解释世界并且左右主体的思维方式和存在形式。主体间性则是知识系统的对立面，主体间通过非语言、非言词、非逻辑同时又以吻合传统的文化解释框架的自然表现方式阐释世界。它是一种作为现象存在的总体性的本体论、总体性的解释结构，一种自然语言媒介，一种扎根于个人、集体或共同体交往实践过程的共同意志

① 〔德〕尤尔根·哈贝马斯：《交往行为理论》（第一卷），曹卫东译，上海人民出版社，2018，第 103 页。
② 〔德〕尤尔根·哈贝马斯：《交往行为理论》（第一卷），曹卫东译，上海人民出版社，2018，第 97、427 页。

系统、共同解释系统、世界观系统、合理性系统以及底层审美系统；它是
主体间的深层审美感受结构，它是集体的主观体验、经验和共有的生活方
式，共同体内在的情绪联系，通过主体间的共同感受、共同体验、共同解
释、共同阐释和共同分享而建构起来的日常世界。①

　　列斐伏尔同样认为，应该将现代主义、现代化运动与现代性进行严格
区分，不能混为一谈。马克思在诸多著作中所使用的"现代"一词表示的
是"资产阶级兴起、经济的增长、资本主义的确立、他们政治上的表达"
"国家与市民社会的二元化分裂""技术实践"，以及一种"总体性的革命
理想"②，指涉的是哈贝马斯四个世界维度中的客观世界与社会世界，现代
性指向的却是日常世界，这是完全不同的世界维度。现代主义和现代化运
动、现代化的生产力解放与发展、现代化社会制度对传统制度的变革与替
代，需要同时关注日常世界的实践问题。列斐伏尔坚信，"一部现代社会
的历史及其思想史，其实就是'从现代主义向现代性转变'的过程，而不
是相反"，这个过程也是"亢奋的激情沉淀为清醒的反思、宏伟的历史构
建落实为微型的生活改善的超拔过程"③。"总体性革命理想"和"总体性
历史"的终结之处，才是现代性的起点④，日常世界则是"总体性解决与
解放现代性的革命策源地"⑤。刘怀玉通过研究指出，"黑格尔与马克思的
哲学基本问题都出在他们遗忘了或者相当蔑视'平常的'个人的生存与日
常生活事务。有意思的是，列斐伏尔却是非要让马克思转向这样一个平庸
的、沉沦的、异化的日常生活世界"，"任何政治与社会革命都解决不了或
者代替不了个人的日常生活问题"，"政治革命与社会革命的'终极关怀'

---

① 〔德〕尤尔根·哈贝马斯：《交往行为理论》（第一卷），曹卫东译，上海人民出版社，
2018，第 486、491、492 页。

② 刘怀玉：《现代性的平庸与神奇：列斐伏尔日常生活批判哲学的文本学解读》，北京师范
大学出版社，2018，第 237 页。

③ 刘怀玉：《现代性的平庸与神奇：列斐伏尔日常生活批判哲学的文本学解读》，北京师范
大学出版社，2018，第 235 页。

④ 刘怀玉：《现代性的平庸与神奇：列斐伏尔日常生活批判哲学的文本学解读》，北京师范
大学出版社，2018，第 238 页。

⑤ 刘怀玉：《现代性的平庸与神奇：列斐伏尔日常生活批判哲学的文本学解读》，北京师范
大学出版社，2018，第 49 页。

与哲学形而上学的理性假设、理性设计，都解决不了个人的日常生活的终极信仰问题。换言之，革命的胜利解决不了'第二天'的日常生活问题。革命只是暂时的历史性（直线性）的进步过程，而日常生活却是超历史的永恒的周期轮回的问题"①，"马克思关心阶级压迫的大事情，而列斐伏尔则操心日常生活异化的小事情。马克思致力于'类的本质解放'与政治解放的宏观历史哲学设计，而在列斐伏尔这里则变成一种观照个人平常生活解救之道的微观文化心理分析。"②

由此可见，现代性的代名词并不是反历史和反传统。在哈贝马斯和列斐伏尔看来，唯有回到日常世界，通过实践理性和实践逻辑整合"四个世界"，才能走出现代化的误区，继而开启真正的现代性。现代性的反面其实是反日常、反实践、反常识。在技术理性和科学主义的层面上拥抱现代化和现代主义，才是真正的"反现代性"。

（三）儒学的现代性逻辑

在西方启蒙现代性理论家和实践哲学家那里，中国传统文化、中国儒学也可能并不是"现代性"的对立面，相反，中国儒学倒有可能为现代性题域的诞生提供思想材料和实践素材。研究者指出，"西方启蒙知识分子实际都曾是孔子的崇拜者。这也就是说，虽然'五四'领导者提倡反对儒学，但却自相矛盾地接受了儒家范式"③。儒家范式之所以被西方启蒙现代性理论家和实践哲学家所接受，是因为其核心恰恰就是基于"日常世界"的实践哲学和实践逻辑，这也正是现代性范式的核心逻辑，两者之间存在一脉相通的模因结构。五四现代主义者从西方现代性理论中学习的东西，

① 刘怀玉：《现代性的平庸与神奇：列斐伏尔日常生活批判哲学的文本学解读》，北京师范大学出版社，2018，第44~45页。
② 刘怀玉：《现代性的平庸与神奇：列斐伏尔日常生活批判哲学的文本学解读》，北京师范大学出版社，2018，第46页。
③ 〔美〕史书美：《现代的诱惑：书写半殖民地中国的现代主义（1917—1937）》，何恬译，江苏人民出版社，2007，第167页。

很有可能反倒是西方实践哲学家从儒家范式中拿走的东西，接收西方的现代主义和现代性理论和语境，也意味着同步吸收了现代性基因中的中国性。相反，"长期以来，'五四'将现代性视作中国历史中断和中国传统断裂之标志的看法占据着主导地位"①。这是因为中国的现代主义者忽略了"日常实践"中的启蒙动力。

以日本的现代化进程为例，日本现代化过程的特殊性在于，其"现代主义"和"现代性"蕴含于同一进程。中国现代主义者通常将日本视为实现西方式现代化的典范和榜样，却忽略了日本的现代性恰恰是日常实践逻辑与现代化融合的结晶，而非西式现代化运动的结果。日本文化深处存有对中华道统与欧洲特质的双重自卑，而自我构造的"东洋特质"其实并不存在。日本汉学家沟口雄三指出，"日本曾将中国看做是亚洲理想的未来而憧憬不已，我们的中国研究基本上都是从'憧憬'出发的，这种憧憬的对象并不是客观的中国，而是在自身内部主观成像的'我们内部的中国'"②。史书美也发现，"日本对中国有一种西方人所不具备的特殊的同情和深层的理解"③。很显然，日本曾经憧憬的"理想中国"并不是当时的"经济中国"，甚至也不是"文化中国"，日式现代性对中国的特殊的深层理解本质上就是对中华文化的儒学道统的偷梁换柱；日式现代性其实是中国儒学道统与欧洲现代化运动耦合的结果；日本对亚洲的优越感，其实来自它自认为取代了儒学道统的正宗地位。④

中国现代主义者与中国现代性实践者是完全不同的两个阵营，中国的现代主义者是西方现代主义的皈依者，却并非"现代性"的同路人。

总的来说，中国式现代性既不表现为走向西方现代主义，复制欧美的现代化运动，也不代表着拒绝西方现代性，更不是回到原始中国传统或作

---

① 〔美〕史书美：《现代的诱惑：书写半殖民地中国的现代主义（1917—1937）》，何恬译，江苏人民出版社，2007，第173页。
② 〔日〕沟口雄三：《作为方法的中国》，孙军悦译，生活·读书·新知三联书店，2011，第6页。
③ 〔美〕史书美：《现代的诱惑：书写半殖民地中国的现代主义（1917—1937）》，何恬译，江苏人民出版社，2007，第25页。
④ 〔日〕沟口雄三：《作为方法的中国》，孙军悦译，生活·读书·新知三联书店，2011，第8页。

为传统赝品的世界主义。中国式现代性是从基于日常世界实践逻辑的维度出发，重新梳理中国式的现代性话语体系。从本质上说，现代性题域的诞生从来未曾脱离过"中国性"元素。"中西在历史上的相互影响向人们表明，在构成西方现代主义的非西方他性因素中，中国是重要的组成部分之一"，"中国曾对西方现代性的形成产生过重大影响"①。而这种具有影响力的中国性元素并非源自现代化运动中基于客观世界和社会世界层面的中国处境，而是源自日常世界建构中中国情境下的中国式实践逻辑。也唯有从这个维度出发，我们才能理解，中国式现代性话语体系与西方现代性话语体系之间的话语博弈关系既非认同，也非对抗，更非对话，而是共同看向同一个方向。

现代主义，或称现代化运动，是一种与资本主义、帝国主义、民族主义甚至新封建主义等概念相伴随的，从"西方"向东方流动的总体性社会想象。它不仅是人为虚构的象征性建构，而且是并无实体存在的"幽灵"，资本、科学、进步等描述，就是一些最典型的"现代主义隐喻"。但是现代性具有实体性、实在性和本体性，并且没有东西方和古今之分，古希腊罗马哲学、西方现代性哲学与中国儒家实践哲学并无本质的区别。现代主义是一种"时间的历史"，现代性是一个"空间的世界"；现代主义是一种外在的"他性"，现代性是一种内在的"自性"。在日常世界的实践情境之中，中与西、古与今、方法与内容都是同构的。但是，正如史书美所指出的，"那些想进入现代的中国作家并未将古代中国广博的美学遗产视为一种可资利用的资源"②，"中国人对中国传统美学语义认同和改编，其最初的催化剂大多来自于他们对强大西方的承认，而不是来自于本土美学内部的再生活动"③，"只有当西方现代主义者通过挪用中国美学从而赋予后者以合法性之时，中国文化才被视为有转变为现代的可能性。也只有中国现

---

① 〔美〕史书美：《现代的诱惑：书写半殖民地中国的现代主义（1917—1937）》，何恬译，江苏人民出版社，2007，第5页。

② 〔美〕史书美：《现代的诱惑：书写半殖民地中国的现代主义（1917—1937）》，何恬译，江苏人民出版社，2007，序，第14页。

③ 〔美〕史书美：《现代的诱惑：书写半殖民地中国的现代主义（1917—1937）》，何恬译，江苏人民出版社，2007，序，第14页。

代主义者自觉地在西方现代主义后将中国自身作为模仿对象时，现代主义才被假设为有存在于中国的可能性"。[①]

殖民主义和帝国主义的核心逻辑都是空间主义，通过人为地、抽象地区分历史空间，取缔了真实的中国语境，从而消解了"作为历史和文化之整体的'中国'"和作为"历史共同体"的中国。[②] 实际上，现代性的对立面根本就不是"传统"，而是"反常识"；现代性也不是历史之目的，而是人为地设计了一个空间场域中的相对性位置。在中国现代主义者对现代性的解读中，西方现代主义的实践内容和中国文化实践的内容被同步抽空了，文化成为一个无所指的"符号"。中国式现代性话语体系的构建，有必要彻底反思中国现代主义者百年以来关于现代性的偏颇叙述，梳理一种不同于西方现代主义的现代性实践逻辑。

正如沟口雄三所言，"一个全面否定或者全面肯定自己的历史、无法将自身相对化的人，也不可能客观地、相对地来看待他者"[③]。沟口雄三认为，"近代中国是否落后"作为一个命题并不成立，因为"落后"比较的是近代中国在生产指数、国民总收入等数据上与欧洲、日本的差距，与文明、历史的质并没有关系。[④] 与此同时，"封建"原本只是一个时代划分的专业术语，与"落后""腐朽没落""半开化"的语义并没有关联。但是经由严复的进化史观、五四运动对传统文化的批判，以及马克思主义历史发展阶段论的洗礼，它逐步"开始带上了'落后'的语感"，以至于"今天，对于'落后'的认识在中国甚至渗透到了普通百姓当中，变成了一种渴望自己所没有的'先进'又得不到满足的受挫心理"[⑤]，"'先进=资本主

① 〔美〕史书美：《现代的诱惑：书写半殖民地中国的现代主义（1917—1937）》，何恬译，江苏人民出版社，2007，序，第14页。
② 〔美〕史书美：《现代的诱惑：书写半殖民地中国的现代主义（1917—1937）》，何恬译，江苏人民出版社，2007，第12页。
③ 〔日〕沟口雄三：《作为方法的中国》，孙军悦译，生活·读书·新知三联书店，2011，第8页。
④ 〔日〕沟口雄三：《作为方法的中国》，孙军悦译，生活·读书·新知三联书店，2011，第43页。
⑤ 〔日〕沟口雄三：《作为方法的中国》，孙军悦译，生活·读书·新知三联书店，2011，第44页。

义'、'后进＝社会主义'这一连马克思都未曾预料的大众感觉就会在中国人民当中弥漫开来"①。然而，这种落后感并不是基于历史现实得到的理性认知，而是基于西方视线框架影响下丧失主体性反思的他性认知。沟口雄三认为："中国的近代既没有超越欧洲，也没有落后于欧洲。中国的近代从一开始走的就是一条和欧洲、日本不同的独自的历史道路，一直到今天。"② 而且，儒学道统从本质上来说与马克思主义一样，都是方法论体系，依然存在于中国社会的日常实践之中，因此道统本体具有自然适应社会历史现实而不断进行自我迭代的创造性活力。事实上，"欧洲的近代思想被道统本体巧妙地吸收消化，成为了道统实现自我变革的一个新的活力源泉"③，中国式现代性也必将从中华道统与日常世界的内部旧骨架中破壳而出。

---

① 〔日〕沟口雄三：《作为方法的中国》，孙军悦译，生活·读书·新知三联书店，2011，第45页。
② 〔日〕沟口雄三：《作为方法的中国》，孙军悦译，生活·读书·新知三联书店，2011，第12页。
③ 〔日〕沟口雄三：《作为方法的中国》，孙军悦译，生活·读书·新知三联书店，2011，第24页。

二

儒学现代性的实践路径

（一）儒学传承的四种形态

儒学学者陈来提出，儒学在现代社会的遭遇与 20 世纪中国近现代史上的"政教改革"、新文化运动、"文化大革命"、改革开放等事件密切相关，"以批判传统作为主要基调，儒家被当作了现代化的一个对立面"①。清末到民初的"政教改革"，废科举、废祀孔、删经学，从而使政教合一的儒教体系退出教育制度和政治制度；"新文化运动"改汉字、批国学、倡西学，使得作为文化传统的儒家话语退出了文化领域和知识领域；以"文化大革命"为代表的政治运动使得作为社会规范的儒家秩序退出了伦理领域和民俗交往领域；而改革开放以来的商业化运动则使"儒家美学传统"退出了心灵领域和生活领域。在现代中国，"儒学已成为'游魂'，现代人确实经历了一个吉登斯、查尔斯·泰勒等人所说的'巨大的脱域'，从传统的血缘、情感和伦理团结为纽带的共同体抽身而出"②。

当代儒学的学术性研究普遍存在理论发达而实践贫困和理论脱离实践的状况，缺乏儒学与现代性社会状态相结合的实践路径研究。但是，关于儒学在中国文化实践场域中的"离场"，中国文化界并不是没有回应。事实上，学界一直有"儒家思想是否存在第三期"的讨论。此处第一期指的

① 陈来：《儒家文化与民族复兴》，中华书局，2020，第 3~6 页。
② 陈立胜：《入圣之机：王阳明致良知工夫论研究》，生活·读书·新知三联书店，2019，第 32 页。

是轴心时代的儒学，第二期指的是宋明理学，如汤一介提出，"把春秋战国时期孔孟荀等看成儒家发展的第一期；汉朝以后佛教传入中国，在经过佛教思想的冲击之后，到宋明产生了理学，儒家思想有了很大发展，成为儒家思想发展的第二个时期"①。在西方文明、商业化浪潮冲击下的现代化社会语境中，儒家思想是否具有发展出"第三期"的可能性？这一问题成为学界讨论的焦点。

陈来将中国社会儒学文化版图的传承分为政治儒学、学术儒学、文化儒学和民间儒学四种形态和方式。政治儒学指的是作为国家正统意识形态的儒学，此时，儒学的基本原理和教义被应用到教育、科举、社会管理和国家治理等顶层设计范畴。有学者指出，中国在秦国一统天下之后至整个西汉时期逐步形成了"儒法国家"，儒家学说被奉为官方正统的意识形态，即"在西汉时期逐渐形成的一种以帝国儒学思想（Imperial Confucianism）作为官方统治意识形态和合法性基础，同时运用法家手段对国家进行实质性管理的国家模式"②。德国学者迪特·库恩则认为，儒学的这种统治范例的形成是在13世纪的宋代，以儒家经典为考试内容的全国性科举考试、以儒家交往模式为行为规范的精英文官阶层、以儒家伦理模式为底层结构的精英统治制度奠定了儒家治世的理想典范。③ 1169年，哲学家陈亮在一份奏章中说："故本朝以儒立国而儒道之振，独优于前代。"④ 总而言之，"早期儒家的著述后来逐渐被抬升为帝国儒教，成为帝制时代规范和调整中国人政治、家庭和性别关系的生活准则"⑤。

文化界对儒学危机的回应则主要有学术儒学、文化儒学和民间儒学三种方式。

学术儒学指的是儒学思想在传承的过程中所关涉的基于哲学的教义理

---

① 汤一介：《儒释道耶与中国文化：汉英对照》，外语教学与研究出版社，2016，第3页。
② 赵鼎新：《东周战争与儒法国家的诞生》，夏江旗译，北京联合出版公司，2020，第8页。
③ 〔德〕迪特·库恩：《儒家统治的时代：宋的转型》，李文锋译，中信出版社，2016，第3页。
④ 〔德〕迪特·库恩：《儒家统治的时代：宋的转型》，李文锋译，中信出版社，2016，第28页。
⑤ 赵鼎新：《东周战争与儒法国家的诞生》，夏江旗译，北京联合出版公司，2020，第47页。

念思辨、基于伦理的人文精神解析、基于科学的宇宙观范式、基于关系的社会交往范式四种学术模式。现代时期的学术儒学以 20 世纪 20 年代初期的熊十力（新易学）、马一浮（新经学）、冯友兰（新理学）、贺麟（新心学）等学者为代表，采取的是"哲学的方式"，以"哲学的回应"为主要存在方式。[1] 陈来认为，学术儒学的文化哲学回应方式停留在学术圈内，对中国社会、日常生活并没有产生实际的影响，而且"儒学的存在不能够看作只是一个有哲学家存在的存在，不能认为有儒家哲学家存在，才有儒学存在"[2]。

文化儒学是一种以文艺传统形式存在的，以儒家范式为核心特征的文化形式、思维结构和审美模式。杜维明认为，作为政治中国存在的王朝历史约 3000 年，但是作为文化中国存在的儒学历史约 5000 年，其渗透在文学、绘画、建筑、书法、器物、舞蹈、曲艺、家居、庭园、技艺等一切泛审美场域之中。在文化中国的赓续中，儒家思想融汇佛、道等百家思想而绵延不绝。儒家作为一种制度范例虽然退出了中国现代化场域，作为一种审美范式却在东亚国家的现代化进程中起到了推动性作用，甚至在 20 世纪 80 年代的东亚国家出现了"儒家资本主义"（Confucian Capitalism）的现象。[3] 但是与学术儒学的命运相仿，文化儒学似乎也丧失了生存的土壤和创新的动力。由此可见，对于儒学第三期以及儒家文化复兴这样宏大的时代命题来说，学术儒学和文化儒学两条路径显然无法提供足够的创新资源支持。

民间儒学主要存在于两个场域中、有两种不同的表现形式。其一存在于"血缘—家庭—宗族"场域中，以生活场景中耳濡目染、代代相传的儒式仪礼体现出来，包括区域民俗、生活习俗、社会风俗和人生礼俗，如孝道、祭祀祖先、婚丧嫁娶的礼仪，等等；另外一个是在"认知—信仰—行动"场域中存在的，百年来作为"封建迷信"而深受批判的"卜筮体系"，如易经算命、风水、命理、医卜相巫等。司马迁在《史记》中说：

---

[1] 陈来：《儒家文化与民族复兴》，中华书局，2020，第 8 页。
[2] 陈来：《儒家文化与民族复兴》，中华书局，2020，代序。
[3] 杜维明：《体知儒学》，浙江大学出版社，2012，第 26 页。

"蛮夷氐羌虽无君臣之序，亦有决疑之卜。或以金石，或以草木，国不同俗。然皆可以战伐攻击，推兵求胜，各信其神，以知来事。"从伏羲画卦、周公制礼、孔子释周易，到董仲舒建立天人合一理论系统，"儒家自从创始之时起，就与卜筮相表里"，"儒家思想从思维模式的角度来讲，是占卜观念的哲学化"，而儒家政治哲学"具有与占卜相同的深层思维结构"。①因此，中国文化在文化儒学场域中"以儒学代替宗教"，在民间儒学场域中却"以卜筮之道为体，儒学为用"②，以占卜代替宗教。与世界上其他民族基于神灵崇拜的宗教模式不同的是，占卜术具有极强的无神论色彩，它能够同时包容各种不同的宗教思想和哲学思想从而不会导致基于宗教极端主义的宗教战争。以"命理天机"为本体的占卜术渗透了全民族的认知、心灵，进而形成了中国民间社会的隐形信仰，成为主导中国古代传统社会日常交往活动的隐形秩序、行动指南和社交货币，弥漫于事业、财运、感情、婚姻、仕途、交际、合作、交易、斗争等一切领域。与此同时，还形成了以"国学""国术""国粹"为名的庞大的民间卜筮技术群体，无论是官员、知识分子等社会精英，还是贩夫走卒，都是其拥趸。与"三纲五常"这种"显伦理"相比，中国人似乎更相信"一命、二运、三风水、四积阴德、五读书、六名、七相、八敬神、九交贵人、十养生"这种"隐伦理"。以卜筮为轴、以此"十伦"为纲，这才是中国民间信仰的真实图景，因此，蔡元培基于文化儒学维度提出的"以美育代宗教"的现代性理想，难以撼动民间卜筮儒学的认知堡垒。

显而易见，现代中国不再可能回到等级森严的儒家官僚制度、抽象化和理论化的"仁义礼忠孝"式儒家理想社会结构，以及以律法化的祖先崇拜和国家祭祀体系为特征的政治儒学；同时也绝无可能进入以"命理天机"为本体，同时混杂各种神秘主义和宗教玄学元素的宗教儒学。而学术儒学、文化儒学和民间儒学从民俗传统、生活礼仪、道德原则、精神理念、文化形式等伦理化维度入手，与佛教、道教等很多传统文化形式的现代化命运一样，除了在文旅、文娱、文创领域存有商业化、娱乐化的想象

---

① 严耀中：《传统文化中的卜筮与儒家》，《学术月刊》2001年第7期。
② 严耀中：《传统文化中的卜筮与儒家》，《学术月刊》2001年第7期。

空间之外，在意识、心理动机、行为动机等日常生活层面与现代性秩序无法实现真正的融合，更无法重新走向律令化、体系化、制度化的宗教时代。事实上，政治儒学、学术儒学、文化儒学、民间儒学四条道路已经被证明是儒学回应现代性的失败路径。但是，儒家价值体系在中国现代性文化实践场域虽然"离场"，但是并未"离身"。《周易·系辞上传》中说，"大道五十，天衍四九，人遁其一"。借助这个比喻来说，儒学的天数五十，如今已消失四九，但是儒学的现代性之路仍然尚有隐蔽起来的、不易觉察的、无法被现代化世界绝对操控而"遁去"的一线生机。

（二）儒学阐释的三种维度

美国汉学家罗思文和安乐哲如此评价孔子："如果评判思想家影响力的标准，是看有多少人曾完全根据其思想的指导，度过自己的一生的话，那么孔子堪称人类历史上最具影响力的思想家。"[①] "儒学""儒家""儒教"的英文都被直译为Confucianism，即"孔夫子的学问"、"孔子的宗教"或"孔教"，因为孔子的英文是"Confucius"，即"孔夫子"的音译。但是汉学研究者也意识到，"儒学""儒家""儒教"并不是根据孔子这个具体的人来确定的一种"孔子思想"或"孔子主义"。[②] 事实上，儒学之所以难以被翻译，源于它很难被归入西方学科化的任何一种知识体系。

知识界对儒学的阐释通常有道德伦理、世俗宗教、自然玄学三种维度。第一种维度是将儒学视为"道德/伦理说教"的纯粹"理念文化"，即基于逻辑思辨的古人哲学思想。马克斯·韦伯（Max Weber）称之为"哲学的突破"，德国神学家孔汉思（Hans Kung）称之为"哲人宗教""圣哲宗教"[③]，

---

① 〔美〕罗思文、〔美〕安乐哲：《哲读论语：安乐哲与罗思文论语译注》，彭萍译，中译出版社，2022，导言。

② 〔美〕罗思文、〔美〕安乐哲：《儒家角色伦理——21世纪道德视野》，吕伟译，浙江大学出版社，2020，第181页。

③ 陈来：《古代宗教与伦理》，生活·读书·新知三联书店，2009，第165页。

甚至中国文化的大传统也常被定义为"德感文化"①。而在现代化的进程之中，儒学以及儒家历代代表人物的言说更被当作平常、抽象、苍白、空洞、伪善、狭隘的道德或伦理而遭到摒弃。然而，西方的研究者在将儒学进行翻译的过程中发现，在西方关于道德或伦理的词汇表中，没有任何能够与儒学相对等的概念。罗思文和安乐哲发现，"在古汉语中，没有一个词能与英语中的'moral'（道德的）在意义上等值。事实上，译者们在古汉语中的确找不到与其相对应的词"，② 不仅如此，儒学"不仅没有'moral'（道德的）这一表达，而且没有与'freedom'（自由）、'liberty'（解放）、'autonomy'（自主）、'individual'（个体）、'utility'（功利）、'principle'（原则）、'rationality'（理性）、'rational agent'（理性个体）、'action'（行为）、'choice'（选择）、'dilemma'（困境）、'duty'（责任）、'right'（权利）相对应的词。最怪异的是，对于道德学家来说，古汉语中没有与'ought'（应该）相对应的词"③。因此，儒学在现代性转化过程中所遇到的一个关键问题是，目标语境与儒学源语境根本无法相融。"道德、自由、公共领域和私人领域、理性、客观、主观，西方哲学如果不使用这些概念就很难思考道德问题，但是这些术语没有一个可以在古汉语里找到词典意义上的等值术语。"④ 事实上，在儒家话语体系中从来没有关于人性、道德、责任、精神、意志、善与恶、崇高与卑鄙、自由、自主个体、平等、正义等范畴的伦理观点、道德评判或理论论断，儒学也从不关心作为个体的思考、忧患、观念、信念、意识和行为。换句话说，孔子以及历代儒家从未构建过关于道德或伦理的理论体系，也未曾出现过类似于佛教"善恶报应"这种道德至上论。可见，儒学不是一种立足于个人主义的德性伦理学，相反，儒学"要求完全放弃每一种

---

① 陈来：《古代宗教与伦理》，生活·读书·新知三联书店，2009，第10页。
② 〔美〕罗思文、〔美〕安乐哲：《儒家角色伦理——21世纪道德视野》，吕伟译，浙江大学出版社，2020，第20页。
③ 〔美〕罗思文、〔美〕安乐哲：《儒家角色伦理——21世纪道德视野》，吕伟译，浙江大学出版社，2020，第45页。
④ 〔美〕罗思文、〔美〕安乐哲：《儒家角色伦理——21世纪道德视野》，吕伟译，浙江大学出版社，2020，第5页。

伦理理论"①。因此美国汉学家罗思文和安乐哲在将儒学经典进行中西翻译的系统比对之后，才敢断言"孔子并不是一个道德哲学家，即便亚里士多德、康德和密尔等都是道德哲学家"，"孔子并不竭力发现对人人都有约束力的普遍性道德原则"②，"事实上，我们甚至可以说，孔子本身并没有提供一种道德理论"③，"早期儒学不应被称为道德哲学"，"从现代的角度来看，原始儒家学者都不能被称为'道德哲学家'。而且，如果我们坚持把他们的著作放在我们现代道德论著的概念框架中，我们最终一定会误解他们对人类行为的判断，以及对人类如何成人的看法"④。汉学家赫伯特·芬格莱特在对《论语》进行深入研究后则发现，"像纯洁或者天真那样'静态的'或'内在的'美德，在《论语》中则没有扮演任何的角色"⑤。与此同时，孔子也从未试图建立任何一门学派或学说，"孔子并没有我们今天所谓的'哲学'，也并非某种系统性哲学；孔子也不是一位传教者，并且无意建立某种信仰或信念。孔子并没有在'门徒'或'信徒'意义上的追随者"⑥。因此，从道德哲学维度探讨或批判儒学的人文关怀、入世精神、道德主义、人伦常理等教化功能，在西方汉学家看来基本上是走错了方向。事实上，仅凭人人皆可言说、皆可标榜自居却无法得到现实校验的道德教化，儒学势必会变成一种"道德表演型文化"而根本不会得到中国社会的认同与传承。

儒学阐释的第二种维度是将儒学视为世俗宗教。在宗教维度，第一，通常认为儒家并没有像基督教、伊斯兰教或佛教那样设立或承诺一个"彼岸世界"，也没有在"此岸世界"构造庞大的象征系统，"基督教的教堂象

① 〔美〕罗思文、〔美〕安乐哲：《儒家角色伦理——21世纪道德视野》，吕伟译，浙江大学出版社，2020，第5页。
② 〔美〕罗思文：《莫把〈论语〉作书读》，何金俐译，北京大学出版社，2020，第65页。
③ 〔美〕罗思文、〔美〕安乐哲：《儒家角色伦理——21世纪道德视野》，吕伟译，浙江大学出版社，2020，第86页。
④ 〔美〕罗思文、〔美〕安乐哲：《儒家角色伦理——21世纪道德视野》，吕伟译，浙江大学出版社，2020，第43、45页。
⑤ 〔美〕赫伯特·芬格莱特：《孔子：即凡而圣》，彭国翔等译，江苏人民出版社，2002，第48页。
⑥ 〔美〕罗思文：《莫把〈论语〉作书读》，何金俐译，北京大学出版社，2020，第36、37页。

征神圣的理想天国，佛教的庙宇象征庄严的西方净土，孔子的仁学既无教堂又无庙宇，而是祭祀祖先"①，与此同时，儒教也没有佛教的异能世界和因果解释体系。第二，儒家话语体系中没有宗教通常使用的惩戒话语，如天主教、佛教中用来惩罚罪人的地狱，或惩戒世人的因果轮回报应等，儒家不培养恐惧。第三，宗教具有承诺和救赎的功能，为各种古老而永恒的人类问题提供答案，如解答人从哪里来、死后要到哪里去的问题。宗教允诺通过皈依、忏悔，就可以获得赦免、救赎或更好的来生，前提是在宗教上心甘情愿地投入和付出大量的时间、精力、金钱和情感。但是"儒教"似乎从来不触碰这些问题。如果仔细分析儒家文本，我们还会发现，中国儒学也几乎没有类似于成功学的"心灵鸡汤文体"。总的来说，宗教是一种表现型的横向传播体系，如具有独特表现力的衣着、装饰、行为、习俗或风俗，以及类似基督教中的焚香、圣餐、祷告等仪式。虽然不同的时代会有一些结合时尚的变化，但是整体表现风格和调性却是始终不变的。儒家则是一种纵向传播体系，儒学无关于一些词语、概念、故事、信息或想法，它传承的模因是日常实践世界中的关系结构，这与关注某些单词、概念、手势、穿着打扮的宗教有着本质的区别。宗教与日常生活通常并不产生交集，儒学却就是日常生活本身。儒学是对日常实践世界中通常遇到的相通的情境或常识结构的总结，是一种特殊的模因结构，或者说是一门工夫、一门技术，它并不储存在人类的大脑中或外在表现中，而是储存在日常实践世界的关系情境之中。儒学无法模仿也无法复制，但是每个人在一生中都会经历，早晚都会遇到儒学。儒学并不追求横向的传播，而只追求纵向的传承，以及由外向内的体悟。儒学模因结构在本质上并不想要传播或复制自己，它的传承是隐蔽的，体悟到的人自然会坚持并把它传递下去，只要日常实践情境中关联元素的关系结构和位置组合到位，儒学的常识就会苏醒。因此，我们会发现，儒学并没有远见，没有前瞻性，也没有什么计划，它只是要让日常世界得到"呈现"和"显化"。儒学并不为进化服务，它不是一种基于变异、选择和遗传的进化算法，它也不会变异，即使在被转述的时候被加工改造、被添油加醋或者缺斤少两，儒学也不在

---

① 杜维明：《灵根再植：八十年代儒学反思》，北京大学出版社，2016，第9页。

乎。因为如果实践检验是对的，它就直接进入了应用传承的常识系统。如果实践检验是错的，人们则直接摒弃并终止讨论和传播它。因此，不难发现，儒学基本上不关心公共场域的各种舆论现象，这与宗教的情况完全不同。

现代化论者通常将儒教与基督教对比，认为中国文化社会走向现代性的障碍是没有走向神学，如杜维明指出，"孔子的仁学因不向超越的神学致思而有堕入庸俗的危险，因不究心于抽象的推理而可能阻碍了认识论的发展"[①]，"把神圣与世俗绝然割裂"，没有去"开辟一套超凡脱俗的价值领域"[②]。而儒家也似乎从未希望将自身变为具有超验属性的纯粹意义上的宗教，也"缺少超验的造物神"[③]。"在汉语的发展中，并没有任何一个概念或术语可以用来抓取亚伯拉罕宗教中'神'的概念。"[④] 相反，孔子在《论语》中还反复强调"务民之义，敬鬼神而远之""不语怪、力、乱、神""未能事人，焉能事鬼""未知生，焉知死"。犹太教、基督教的"上帝模式"是"一种独立的高级原则决定着世界的秩序和价值，又游离于这个世界之外"[⑤]，而儒学则并不是一种超验性的宗教，也不仅仅是一种"调节所有中国人日常生活和社会关系的一套伦理规则"[⑥]。儒家的意义在于实践，儒家的世界是一个日常实践的世界，而不是一个看不见摸不到的神话世界或者玄学世界。

儒学阐释的第三种维度是将儒学视为自然玄学以及基于自然宇宙哲学、祖先崇拜、命理预测、风水运势、易经占卜的自然玄学和神秘主义。这既不具有世界宗教传统的超验性，也不具有世界神话传统的神圣性，甚至也不具有世界超自然传统的灵性。与神话相比，儒家叙事并不具有神话

---

① 杜维明：《灵根再植：八十年代儒学反思》，北京大学出版社，2016，第5页。
② 杜维明：《灵根再植：八十年代儒学反思》，北京大学出版社，2016，第9页。
③ 〔美〕罗思文、〔美〕安乐哲：《哲读论语：安乐哲与罗思文论语译注》，彭萍译，中译出版社，2022，第51页。
④ 〔美〕罗思文、〔美〕安乐哲：《儒家角色伦理——21世纪道德视野》，吕伟译，浙江大学出版社，2020，第29页。
⑤ 〔美〕罗思文、〔美〕安乐哲：《哲读论语：安乐哲与罗思文论语译注》，彭萍译，中译出版社，2022，第32页。
⑥ 赵鼎新：《东周战争与儒法国家的诞生》，夏江旗译，北京联合出版公司，2020，第11页。

叙事传统，同时也不存在神话思维、神话化的符号体系等感性的表现形式。雅斯贝斯认为，巴比伦文化、埃及文化、印度河流域文化和中国传统文化都存有向外、向上探索超自然存在的"神话时代"或"神话文明"时期，而从轴心时代开始，则转向了探寻和体验超越存在和绝对存在的"宗教时代"。在神话时代的叙事中，神界和人界是壁垒森严的；而在轴心时代的叙事中，诸神通过转世、下凡，和凡夫俗子媾和进入人间，人则通过修行、参悟、历练、历劫而进入或重返神界。"宗教时代"的特点是从"神人分离"走向"神人结合"，乃至"神人一体"，古希腊神话中的奥林匹斯诸神与凡间女子结合诞生半神半人的后代就是一个典型的象征。其背后的叙事结构则是将超自然思维、宇宙结构与人类处境结合，而"神"由于无法直接地被观察、体验和实证，因此逐渐从日常生活领域退场，进入了文学叙事领域成为寓言或象征等语言的材料①，超自然的"神圣性"也逐渐演变成基于哲学、理性和伦理的宗教的"神性"。但是轴心时代的中国儒家在祛除巫魅这一演进过程之中，既没有依托一个神话时代作为背景和出发点，同时也没有走向宗教时代，而是走进了一个以探寻神话的无限性与人身的有限性结合、宗教的绝对性与人间的相对性结合、超验的超越性与世俗的此在性结合的实践神学。

中国文化中的"天"，既不是自然意义上的"天空"，也不是神话意义上的"天神"，而是一种理性化的位格，是调控世界的理性实在②，是一条可以经由实践进行实证的道路。西周的礼乐文化作为一种日常生活方式的秩序，体现的是日常之道的逻辑规则。周礼作为一种完整的社会规范体系，是对日常世界整体的系统化和理性化，看似没有巫觋、天神文化的一面。准确地说，它不是人造物，礼乐并不是外在于人类社会实践的想象的产物。如果说巫觋文化有暗含日常实践世界常识性的话，那么这种常识性与礼乐文化的底层逻辑是相通的。《周易》不是神话，卜筮不是神灵的神秘力量，也不是外在的神秘原因。《礼记·表记》中有"三代皆以卜事神明"的说法。但是深入考察就会发现，《周易》的"神明"不是外在于日

① 陈来：《古代宗教与伦理》，生活·读书·新知三联书店，2009，导言。
② 陈来：《古代宗教与伦理》，生活·读书·新知三联书店，2009，导言。

常世界的神秘力量，它所追求的是宇宙万事万物的神秘联系，这种联系不是神话性的，而是逻辑性、经验性和实践性的，它和卡西尔所讲的巫术和神话的一体性思维完全不同。从《周易》开始，常识的实践理性力量被推向一种神圣的地位，人事之变、人事吉凶的预测主要是靠常识的理解和推理，而儒家的所谓"神"，也从风雨雷电等自然力的神，转向了常识力的神。

儒学具有极强的以常识反对神话、以理性反对宗教、以实践反对伦理的实践属性。

与世界超自然传统的灵性主义相比，我们发现即便是在祖先崇拜、命理预测、风水运势、易经占卜这些神秘主义领域，也不存在神灵附体、神秘咒语、牲畜献祭、法术、方术等力量。孔子也从未彰显过像耶稣、佛陀那样的神迹。儒家拒绝讨论超自然的问题，也从未将自己视作是超自然的，而且儒学向来也反对占卜，主张"善易者不卜"。《史记》中如此评价："夫卜筮者，世俗之所贱简也。世皆言曰：'夫卜者多言夸严以得人情，虚高人禄命以说人志，擅言祸灾以伤人心，矫言鬼神以尽人财，厚求拜谢以私于己。'此吾之所耻，故谓之卑污也。"可见，民间卜筮并非儒学的本义。儒学将巫术与历史做了严格的区分。荀子说"善为易者不占"，《礼记》中有"祭祀不祈"。孔子向来反对巫术和玄学，孔子讲的"不废卜筮"是情势判断的意思，与"求卦问占"不是同一个意思。同时，孔子也反对历史。孔子说，"史巫之筮，向之而未也，好之而非也"。在孔子看来，历史主义同样具有迷惑性和玄学特征。巫之道专注神明、消灾、祈福；史官之道专注推理；而儒学关注的则是常识秩序。对于孔子来说，"数"不是玄学或巫术体系上的道理、数术、规则或规律，而是任何一个日常世界中常人心里都有的基于常识的"数"。《系辞》中说，"圣人以此洗心，退藏于密，吉凶与民同患。……是以明于天之道，而察于民之故，是兴神物，以为民用"。在儒学的话语体系中，"儒"并不代表更高的人格和智慧，它只是代表与巫祝和史卜不同的方法论体系。

孔子在马王堆帛书《要》篇中说："《易》，我后其祝卜矣，我观其德义耳也。幽赞而达乎数，明数而达乎德，有仁（者）而义行之耳。赞而不达于数，则其为之巫，数而不达于德，则其为之史。史巫之筮，向之而未也，好之而非也。后世之士疑丘者，或以《易》乎？吾求其德而已，吾与史巫同途而殊归者也。君子德行焉求福，故祭祀而寡也；仁义焉求吉，故卜筮而希也。祝巫卜筮其后乎？""德行亡者，神灵之趋；知谋远者，卜筮之繁"①。人们在常识缺席的情况下，才去求告于神灵。如同在战争的情境下，战争的输赢在常识，而不在于求神。中外历史上，没有任何一个将军能靠求告神灵赢得战争。此处的"知谋"则是常识的洞察。失去常识，靠占卜算卦解决不了任何问题。换句话说，即使求告神灵、占卜，最终情势的改变还是依赖调整行动方式。所以孔子说，"易，我后其祝卜矣，我观其德义耳"，此处的"德义"不是易经中那些关于道德的修辞，不是伦理道德的判断，而是基于实践逻辑的常理。

事实上，除了儒学，轴心时代的思想者对超自然的玄学主义都是持反对态度的，甚至西方学者认为，宗教主义和玄学主义都是对轴心时代精神的背离，"大多轴心时代的哲人对任何教条或玄学都不感兴趣。像佛陀这样的人对人的神学信仰漠不关心。一些贤哲甚至断然拒绝探讨神学问题，声称它会分散人的注意力且具有破坏性。另一些人则认为，寻找某种绝对的确定性——这正是很多人都期望宗教能够提供的——是不成熟、不切实际和不恰当的"②，"假使有人曾问及佛陀或孔子，他是否信仰上帝，或许他会微微皱起眉头，非常礼貌地说明这并不是一个恰当的问题。假使有人曾问及阿摩司或以西结，他是否是一位'一神论者'，只信仰一个上帝，他或许同样感到困惑。一神论并非问题所在。我们在《圣经》中很少发现明确维护一神论的语句。然而有趣的是，一些强烈支持这类教义的表述实际上却背离了轴心时代的精神实质"，"如若一位先知或哲人确实开始强调那些强制性的教条了，这大抵便是轴心时代已失去其前进动力的征兆"③。

儒家宇宙未从神话时代的鸿蒙开辟开始，而是以真实的历史时空——西周为出发点和坐标点。儒家最多称颂一下尧舜、周公，但也只是作为英

---

① 刘彬：《帛书〈要〉篇校释》，光明日报出版社，2009。
② 〔英〕凯伦·阿姆斯特朗：《轴心时代》，孙艳燕等译，海南出版社，2010，第3页。
③ 〔英〕凯伦·阿姆斯特朗：《轴心时代》，孙艳燕等译，海南出版社，2010，第3~4页。

雄祖先来祭祀，而非作为超自然的异能者。正如西方汉学家所发现的，"中国的神主要是死去的人"① 以及祖先的集合体。中国儒学中的"天"对应的也不是"Heaven"、基督教和犹太教中的"天堂"，或者神话、宗教中的超自然形象。"天"对应的也不是自然、"Nature"或自然秩序，儒学并不是一种基于自然哲学的形而上体系，而是作为系统与场存在的日常世界的固有秩序。如《尚书》中《咸有一德》说："天难谌，命靡常。常厥德，保厥位。厥德匪常，九有以亡。夏王弗克庸德，慢神虐民。皇天弗保，监于万方。"在这里，"天"与"常"位于同等的位置，而"德"也并没有"道德"的意思，"德"是对"常"的恪守，"非天私我有商，惟天祐于一德；非商求于下民，惟民归于一德。德惟一，动罔不吉；德二三，动罔不凶。惟吉凶不僭在人，惟天降灾祥在德"。《尚书》中所写的天命信仰并不是指向自然中主宰的天帝、天神，不是一个主宰性的、纯粹性的、超越性的神格观念，而是指向主宰人世历史及命运的常识。天不是人格化的，它的内涵是以上下、左右的相对位置为特征的，如《尚书·咸有一德》"任官惟贤材，左右惟其人。臣为上为德，为下为民"，其中的"官"与"材"、"臣"与"民"在场域中具有相对性位置。再比如，《系辞》中解释"亢龙有悔"曰："亢龙有悔。子曰：'贵而无位，高而无民，贤人在下位而无辅，是以动而有悔也……'此言为上而骄下，骄下而不殆者，未之有也。圣人之立政也，若循木，愈高愈畏下。"位置是场域的空间属性，与皇权、权力、阶级并无必然的关系。而作为传统文化中误解最深的一个概念范畴，传统文化社会经常将德、善庸俗化，将之歪解为修桥铺路捐款布施等。《尚书》中说，"德无常师，主善为师。善无常主，协于克一"，可见，德、善并不是绝对的道德律令，而是对某种"克一"状态的恪守和坚持。儒学既不是自然宗教，也不是伦理宗教，也非基于善恶分别的庸俗道德主义，当然也不是基于损益、人道教训、成功学的功利主义。实际上，它始终是一种从空间系统来阐释世界的常识主义。

与苏格拉底（哲学）、佛陀（神话）、耶稣（神话）、老子（玄学）相

---

① 〔美〕罗思文、〔美〕安乐哲：《哲读论语：安乐哲与罗思文论语译注》，彭萍译，中译出版社，2022，第51页。

比，儒学因缺乏宗教传统的超验性而表现为世俗主义、因缺乏神话传统的神圣性而表现为庸俗主义、因缺乏超自然传统的灵性而表现为媚俗主义，乃至因缺乏近现代以来科学传统的理性而表现为虚无主义。进而有人认为，儒学并不具有现代性的基因，而是反现代化的象征。然而，这种论断并不吻合西方学界关于现代性逻辑的定义。儒学使中国社会结构2000年来保持高度的稳定性，虽然王朝更迭，但是本体始终没有改变。关于中国社会稳定性结构的原因有着诸多解释，比如费正清提出的"朝代循环"概念，金观涛提出的"超稳定结构"概念，以及赵鼎新提出的"儒法国家"概念等。①然而，在朝代、政治体制、治国理念的历史变迁中，儒学之所以并未随着政治形态或制度形态的消失而消亡，而是在历史的赓续中日久弥坚，是因为儒学体系选择独立于理念文化和制度文化之外，即成为常识文化。

中国现代性文化的模因始于西周，西周是一个关键的历史节点，中国文化在西周完成了常识化，而完成这一奇迹的人就是周公旦。从西周开始，儒学就已经"把认识对象从虚无缥缈的鬼神之乡转到日常的生命世界"②。儒学从未求助超自然的支持，"与其他世界文明体系相比，超验宗教未曾对政治发生重大影响，而政府又对各种信仰抱有较高的宽容态度"③，儒学完全是一种世俗的哲学，以此生为基础，不诉诸神明。想要理解和欣赏儒家思想，我们不需要放弃当代的常识，也不需要怀疑自然科学家对世界提出的物理性描述。④ 实际上，儒学之所以无法形成像基督教、伊斯兰教或佛教那样世界性的宗教传统，实则源于其隐蔽的"百姓日用而不知"的"常识体系"。儒家的价值和精神之所以被民间社会广泛认同，除了因为其伦常关系、礼教和礼俗、人文忧患意识、人际关系、道德理性、人文关切、入世精神、内在超越、道德主义等的"教化功能"⑤，还源于人们对其"常识体系"的认同，以及其在实践过程中所形成的坚实确信。

---

① 赵鼎新：《东周战争与儒法国家的诞生》，夏江旗译，北京联合出版公司，2020，第15页。

② 杜维明：《灵根再植：八十年代儒学反思》，北京大学出版社，2016，第10页。

③ 赵鼎新：《东周战争与儒法国家的诞生》，夏江旗译，北京联合出版公司，2020，第2页。

④ 〔美〕罗思文、〔美〕安乐哲：《儒家角色伦理——21世纪道德视野》，吕伟译，浙江大学出版社，2020，第58页。

⑤ 杜维明：《灵根再植：八十年代儒学反思》，北京大学出版社，2016，前言。

儒学在文化中国的传承中，被承认的并不是儒家，没有任何一个人可以被他人、社会或自我认定为"一个儒教徒"。儒学传承的是"常识系统"，这也是儒学道统的核心所在。西周时代，周公制礼作乐等全部制度建设的最终目的，不是建立道德原则，而是建立常识原则。传统文化研究将儒学视为周孔教化、以道德代替宗教、伦理本位，这是一种抽离了语境和情境的庸俗文化社会学的误读。从本质上说，儒家社会是常识社会，儒学的贡献不在于天命信仰、自然宗教或伦理宗教的价值理性，而是实践理性。

（三）回到常识：儒学现代性的实践路径

关于儒学第三期传承与儒学现代性的赓续问题，我们不妨以日本的现代化路径为参照进行考察。日本学界认为，儒学帮助日本实现了近代化和现代化的转型，这个观点恐怕与中国知识界对儒学的认识大相径庭。学界通常认为，儒学在现代化社会中的衰微跟儒学退出国家意识形态顶层的制度设计有关，如陈来指出，"在前现代的中国社会，儒家思想和文化能够得以生存有三个重要的基础：第一个基础是国家，王朝宣布它为意识形态，正式确定儒家的经典是国家的经典；第二是教育制度，主要是科举制度，科举制度规定了儒家经典是文官考试制度的主要科目；第三个，就是几千年来，中国社会流行的这种家族的、乡治的基础社会制度。"[1] 然而如果我们以日本儒学的传承为参照，就会发现儒学退出国家制度顶层设计并不是其在当代社会衰落的真正原因。日本从 10 世纪到 16 世纪末的古代中世纪时期以来就从中国引进儒学，其中包括临济宗五山神僧、朱子学、阳明学等，从德川家族确立统治的 1603 年至明治维新的 1868 年为止的 17 至 19 世纪近代时期更被称为"儒学的时代"，18 世纪末朱子学甚至被设立为"正学"、代表着正统学问，朱子学以外的学问被禁止讲授。[2] 明治维新以

---

① 陈来：《儒家文化与民族复兴》，中华书局，2020，第 4 页。
② 黄丽生编《边缘儒学与非汉儒学：东亚儒学的比较视野（17—20 世纪）》，台湾大学出版中心，2012，第 1、4、5 页。

来，阳明学在日本更是盛极一时，"日本维新诸豪，如吉田松阴、西乡隆盛、木户孝允等，无不得力于王阳明之学"①。明治维新时代在日俄海战中击败俄国的海军元帅东乡平八郎，"其少时尝镌一印章，悬于襟带，文曰：'一生低首拜阳明'"，东乡平八郎谓"平生得力在阳明知行合一之旨"②。梁启超则坚信，王阳明的学说与日本明治维新时代的现代化转型有着紧密的联系，"吾国之王学，唯心派也。苟学此而有得者，则其人必发强刚毅，而任事必加勇猛，观明末儒者之风节可见也。本朝二百余年，斯学销沉，而其支流超渡东海，遂成日本维新之治，是心学之为用也"③，"维新以前所公认为造时势之豪杰，若中江藤树，若熊泽藩山，若大盐后素，若吉田松阴，若西乡南洲，皆以王学后辈，至今彼军人社会中，尤以王学为一种之信仰"④。蒋介石曾记述过留学日本时期所亲见阳明学在日本的流行："当我早年留学日本的时候，不论在火车上、电车上，或在轮渡上，凡是在旅行的时候，总看到许多日本人都在阅读王阳明《传习录》，且有许多人读了之后，就闭目静坐，似乎是在聚精会神，思索这个哲学的精义；特别是他的陆海军官，对于阳明哲学，更是手不释卷的在那里拳拳服膺。"⑤无论在中世纪时期还是近现代时期，日本都将儒学视为一切学问的基础，在日本，"学问"就是指儒学。⑥

然而，儒学在日本的传承既非作为哲学存在的学术儒学，也非作为"乡约民俗"的"文化儒学"。如，在日本"看不到像中国阳明学那样在民间进行宣传活动、具有作为学派的影响力"，"同时，也基本没有什么学派之分，即使有学派之名，也基本上都是后世的人们为便于区分而安上

---

① 陈立胜：《入圣之机：王阳明致良知工夫论研究》，生活·读书·新知三联书店，2019，第6页。
② 陈立胜：《入圣之机：王阳明致良知工夫论研究》，生活·读书·新知三联书店，2019，第6、7页。
③ 梁启超：《饮冰室文集》，中华书局，1989，第46页。
④ 梁启超：《新民说》，中州古籍出版社，1998，第184页。
⑤ 秦孝仪：《"总统"蒋公思想言论总集》卷二十三，台北中国国民党中央委员会党史委员会，1984，第339~340页。
⑥ 黄丽生编《边缘儒学与非汉儒学：东亚儒学的比较视野（17—20世纪）》，台湾大学出版中心，2012，第5页。

的，并不意味着当时有那么一个学派存在"①；又如"在日本阳明学中，孝
悌慈这一内容已被删除"②，"在日本的阳明学中看不到像中国的阳明学那
样作为运动的一面，即作为思想宣传运动和把大众卷入其中的讲学运
动"③，且日本未将儒学纳入日本政治制度的顶层设计，幕府的政治并非立
基于儒学。④东亚儒学的研究指出，"日本儒学的显著特质在于儒学没有充
分的制度化。换句话说，知识的再生产并没有在制度上被组织化。"⑤日本
究竟对儒学做了什么呢？

　　与儒学的中国式路径不同的是，日本并未发展出政治儒学、学术儒
学、文化儒学和民间儒学四种维度，而是将其整合进了日常实践领域，认
为儒学真正的价值在于它是日常实践世界的基本法则，"视儒学为秩序化
和统合人间社会的方法"。⑥德国汉学家卫礼贤（Richard Wilhelm 1873—
1930）指出，"日本人非常懂得在实践中运用中国人的生活智慧"⑦，并将
这种智慧不易觉察地运用于柔道、武士道、茶道，甚至一切日常生活场景
的实践中。也就是说，儒学在日本的传承是作为方法论体系的实践儒学而
存在的，是一套独立于宗教伦理、学术话语、文化哲学、思想意识、政治
制度的工夫体系。如日本汉学家结城蓄堂认为，日本的国民性格"事事物
物尚实践""自然合于阳明学"。⑧汉学家井上哲次郎则致力于用西方的学
术概念来解释中国儒学，并形成日本式、基于日本主义的解释框架。井上
哲次郎认为，"日本人利用朱子学及其他所有从中国输入的学问并以日本

---

① 〔日〕沟口雄三：《三岛由纪夫与阳明学》，李晓东译，三联学术通讯，2019年3月18日。

② 〔日〕沟口雄三：《李卓吾：两种阳明学》，李晓东译，生活·读书·新知三联书店，2014，第261页。

③ 〔日〕沟口雄三：《三岛由纪夫与阳明学》，李晓东译，三联学术通讯，2019年3月18日。

④ 黄丽生编《边缘儒学与非汉儒学：东亚儒学的比较视野（17—20世纪）》，台湾大学出版中心，2012，第5页。

⑤ 黄丽生编《边缘儒学与非汉儒学：东亚儒学的比较视野（17—20世纪）》，台湾大学出版中心，2012，第2页。

⑥ 黄丽生编《边缘儒学与非汉儒学：东亚儒学的比较视野（17—20世纪）》，台湾大学出版中心，2012，第7页。

⑦ 〔德〕卫礼贤：《中国人的生活智慧》，山东大学出版社，2010，第220页。

⑧ 〔日〕沟口雄三：《李卓吾：两种阳明学》，李晓东译，生活·读书·新知三联书店，2014，第259页。

人的精神加以日本式的运用。特别是其中的阳明学与武士道十分相似……（山鹿素行、吉田松阴、佐久间象山等人）其精神实与阳明学甚为相符，武士道的精神就在于实践……它与阳明学的知行合一的实践精神一致，这正是称之为日本式的证据。"① 事实上，中国儒学并非空洞的哲学、艺术或政治，儒家也不是哲学家、艺术家或政治家。艺术家大多感情用事，智商不高还自以为是。如果用一种人物类型来形容儒家的话，可能武士、战争指挥官、特工，甚至技艺型的工匠更为接近，如《礼记·儒行》中说："儒有不陨获于贫贱，不充诎于富贵，不慁君王，不累长上，不闵有司，故曰儒。今众人之命儒也妄，常以儒相诟病。孔子至舍，哀公馆之，闻此言也，言加信，行加义：'终没吾世，不敢以儒为戏。'"②

正是因为日本发现了中国儒学作为方法论的实践工夫属性，从 10 世纪后半期开始，"儒学被特定的贵族世家所世袭独占，儒学进入了家学化。学问成为特定世家的秘传，闭锁地世袭着"。③ 日本也因自认为发现了儒学的方法论属性进而认为日本儒学才是东亚儒学的正统和正宗，甚至将儒学的方法论进行独占、秘传、世袭和闭锁。以阳明学为例，日本自认为"重新发明"了阳明学，"日本人谓阳明先生之学吾国人皆以此为宗，中国学生更宜研究"④。日本作家三岛由纪夫在 1970 年 11 月发表的《作为革命哲学的阳明学》一文中提出："阳明学（尽管是发源于中国的哲学），却是在日本的行动家的灵魂中经过一次彻底的过滤后完成了日本化与本土化的哲学。"⑤

传统文化研究通常认为，人类文明的发展是从神话时代、宗教时代、哲学时代逐渐发展到科学时代的过程，然而在这条文明进化路径的背后，其实还有一条隐蔽的"常识之路"。事实上，文明的进程是从常识化逐步

---

① 〔日〕沟口雄三：《李卓吾：两种阳明学》，李晓东译，生活·读书·新知三联书店，2014，第 261 页。

② （西汉）戴圣编《礼记》，北京联合出版公司，2015。

③ 黄丽生：《边缘儒学与非汉儒学：东亚儒学的比较视野（17—20 世纪）》，台湾大学出版中心，2012，第 4 页。

④ 陈立胜：《入圣之机：王阳明致良知工夫论研究》，生活·读书·新知三联书店，2019，第 6 页。

⑤ 〔日〕沟口雄三：《三岛由纪夫与阳明学》，李晓东译，三联学术通讯，2019 年 3 月 18 日。

走向伦理化、制度化和政治化的过程，是一个逐渐脱离日常实践世界的过程。文化是一个抽象的概念，传统文化研究关注的大多是文化形式，很少关注文化逻辑，也就是作为表征系统的文化的背后结构。而儒学与世界上绝大多数哲学体系不同的是，它的论域始终是基于日常实践逻辑的常识社会。

陈来指出，儒学"不仅仅是一套经典的解说，它同时是中国人的一套文化心理结构。于是，当一切的制度的联系都被切断以后，它变成一个活在人们内心的传统。特别是在民间，在老百姓的内心里面，儒学的价值依然存在着"，这是一种"百姓内心存在的儒学传统"，是"潜隐的、百姓日用而不知的人民大众心里的儒学"和"民间实践层面的文化表现"①。很显然，这种儒学传统指涉的并非学术体系的话语、文化领域的民俗、思想领域的精神，甚至也不是指伦理领域内心、心理的意识，而是行动和交往日用领域的日常实践。杜维明认为，现当代儒学研究普遍忽略了其实践维度，"哲学家的研究重点在于儒家的核心价值，人类学家强调诸如祭祖等儒家的习俗以及儒家在民间的影响，社会学家致力于儒家对社会阶层、社会组织的分析，政治学家把儒家当作一种意识形态，心理学家则试图了解儒家所塑造的文化心理的结构"②。在杜维明看来，儒学并不是一种简单的"道德理想主义"（moral idealism），而是一种"哲学人类学"③（philosophical anthropology）、"哲学的人学"④（philosophical anthropology）。它具有非常鲜明的日常逻辑性、日常体验性，是一种"人伦日常的生活实践"⑤，它能够被应用到日常交往、日常生活、日常行动之中，并且能够真实地解决现实生活的具体问题同时还能得到检验。儒学在日常实践中具有"百姓日用而不知""知其然而不知其所以然"的特点；之所以"知其然"是源于人们时时刻刻都在用，能够通过身体时时刻刻地切身感受到其效力；"不知其所以然""日用而不知"是源于日常生活场景中的日常人并不具备、

---

① 陈来：《儒家文化与民族复兴》，中华书局，2020，代序。
② 杜维明：《体知儒学》，浙江大学出版社，2012，第 37 页。
③ 杜维明：《灵根再植：八十年代儒学反思》，北京大学出版社，2016，第 1 页。
④ 杜维明：《灵根再植：八十年代儒学反思》，北京大学出版社，2016，第 27 页。
⑤ 杜维明：《灵根再植：八十年代儒学反思》，北京大学出版社，2016，第 4 页。

也不需要学术儒学的理论话语总结能力。事实上，那些自相矛盾的文字概念游戏往往并不能真实地呈现实践逻辑，"我们不必走遍天涯海角，也没有必要回到上千年的时间里为哪一个民族寻求证明，一切加强直接的生活感觉的事物都是强烈的欣赏对象"①。

因此，儒学既不能简化为"社会现象学"，也不能归结为"社会物理学"，而是一种根植于日常世界，以及基于日常实践经验的"常识社会学"。《道德经》中说："夫物芸芸，各复归其根。归根曰静，是谓复命。复命曰常，知常曰明，不知常，妄作，凶。知常容，容乃公，公乃全，全乃天，天乃道，道乃久，没身不殆。"常识社会学既不属于主观主义范畴，也不属于客观主义范畴，它具有纯粹的主体性。它不是对外在世界的现象描述，如社会组织、人际关系等；也不是对社会意义的探究，如意识形态、社会规律等；更不是对客观真理的反映，如纯粹理性、绝对精神等。它在本质上是一种不予反思的直觉，是日常经验的原初关系，是日常世界内部结构的实存。

美国汉学家安乐哲（Roger T. Ames）认为，中国千年儒学与杜威（John Dewey，1859-1952）实践哲学的对话是儒学走向现代性的契机。在安乐哲看来，儒家的心灵观并非基于生物学、化学维度，研究人类大脑、血液、神经活动等生物体组织的"僵尸式的心灵观"，也不是神灵崇拜式宗教那种认为"灵魂是人们必须加以信仰的外在之物"的"外在论的心灵观"。相反，儒家的"心灵"是"一种动态、延伸到日常习惯的概念"，是一种"处于社会中的""被置于有机活动的属性之中""作为互动的典型方式"，是"日日更新，与万化同流，充满生机和活力的有机体"。② 儒家之人具有"充满动态的、处于有机境遇的、无限互联互通的习惯"。③ 美国社会学家爱德华·希尔斯（Edward Shils，1910-1995）也曾指出，孔子

① 〔美〕托马斯·莱迪：《平凡中的非凡：日常生活美学》，周维山译，河南大学出版社，2018，第34页。
② 〔美〕安乐哲：《孔子与杜威：跨时空的镜鉴》，姜妮伶译，上海人民出版社，2020，第9页。
③ 〔美〕安乐哲：《孔子与杜威：跨时空的镜鉴》，姜妮伶译，上海人民出版社，2020，第10页。

在市民社会的出现与发展中做出了极大的贡献，甚至可以说孔子是 Civil Society 的创始人。①

杜威同样认为，人类的心灵是"有感情生物在与其他生物进行有机互动，即语言和交流时，后天获得的附加特性"，"是在实现世界的过程中造就的"，"心，正如世界一样，不是存在（being）而是形成（becoming），而摆在我们面前的问题是我们究竟能多有效、快乐地执行这个过程"，"一个社群未能有效交流时，该社群将面临破灭。"② 安乐哲认为："杜威实用主义和儒家都基于富有前景的'经验主义'，都摒弃外在超越的、绝对性的实体主义。"③ "这种对心灵的重新建构，成为百年杜威和千年儒学的核心议题，等于为儒家实用主义安了一颗心，如果这颗心能够持续有效地跳动，就可以开创美国精神和中国文化精神沟通交流的全新历史时代。"④ 可见，儒学的钥匙就在日常实践之中，儒学与杜威的对话也就是回归常识的过程。

由此可见，儒家范式虽然退出了政治、文化、学术、民俗等诸多领域，但是在日常实践场域，儒学并未离场。儒学现代性路径的出发点和目的地都绝非哈贝马斯所定义的客观世界、主观世界和社会世界，而是日常世界。因此，阻碍儒家思想传承以及中华优秀传统文化复兴的既不是西方现代化文明对儒学传统的取代，也不是 20 世纪中国近现代史上的四次文化冲击，而是作为方法论体系的实践儒学范式尚未回归日常世界。日常实践场域既是哈贝马斯、列斐伏尔、杜威启动现代性方案的起点，也是儒学的逻辑起点，事实上，世界上任何一种伟大的宗教或哲学体系如果无法通过日常生活实践的检验都无法得到传承，而只有作为日常生活实践化的实践儒学，对于儒学现代性来说才存在巨大的想象空间和可能性，而日常世界

① 杜维明：《体知儒学》，浙江大学出版社，2012，第 26 页。
② 〔美〕安乐哲：《孔子与杜威：跨时空的镜鉴》，姜妮伶译，上海人民出版社，2020，第 85 页。
③ 〔美〕安乐哲：《孔子与杜威：跨时空的镜鉴》，姜妮伶译，上海人民出版社，2020，第 10 页。
④ 〔美〕安乐哲：《孔子与杜威：跨时空的镜鉴》，姜妮伶译，上海人民出版社，2020，第 10 页。

的基本关系结构、逻辑机制和语法体系就是"常识"。实践儒学将人们根据日常生活经验直接形成的"日用而不知"的常识认知作为对话对象，以基于常识提出的问题为问题。如果说"知其然"是作为表征系统的常识经验，那么"知其所以然"就是作为逻辑系统的儒学隐形秩序，而中国的儒学文化素材就是一个常识元素和实践逻辑取之不尽、用之不竭的资源宝库。

儒学是一门实践性很强的"常识社会学"和"常识人类学"，儒学不是一种学科知识，也不是一种异知识，它并不使用归类、类比、对比和反差等比较方法来解释和说明世界，相反，它只是场景化地描述"他自己也作为社会成员而存在这个事实"[1]。儒学从未脱离过日常实践世界本身，儒学只是常识的应用者，"既不是真相的创造者也不是何为真相的裁定者，他只是真相的使用者，而一旦脱离了常识，他无论如何也不再具有这种使用真相的能力"[2]。儒学既非主观视角，也非客观视角，它是一种理解方法论，一种技术能力，一种具体场景之下的策略技能，它关注的永远都是基于"策略—效用"的行动逻辑。儒学采用一种参与者的视角，而不是旁观者的视角。儒学永远是针对当下的，它不是价值主张、价值观念或信念，它具有永恒的可持续性和创造性。儒学并不追求事件的真相，而是致力于探索场域系统中的深层次结构，它是"第一性原理"，而不是理论上的推演，它只能在真实的场景中进行定义，在现实实践的动态场域中呈现。

儒学应该走出哲学化、玄学化、口号化、括弧化的误区，人们唯有在日常生活的具体场景、情境中才能真正地理解儒学。儒学传统不仅仅是一种精神资源，还是一套稳定的、寓于日常形式之中的日常实践世界的常识逻辑系统；儒家社会结构的稳定性需要被阐释，而不是被假定，它需要基于日常实践场景的"颗粒度"。传统解释路径往往忽略了儒学的实践元素，从而忽略了文化传承的空间属性。孔子说"吾道一以贯之"，中国的社会

---

[1]　〔法〕帕特里克·瓦蒂尔：《社会学的知识》，王赟译，上海人民出版社，2022，中文版导读。
[2]　〔法〕帕特里克·瓦蒂尔：《社会学的知识》，王赟译，上海人民出版社，2022，中文版导读。

形式、制度形式、文化形式和民俗形式虽然一直在变化，但是作为日常世界的常识逻辑"一以贯之"，潜移默化或者直接影响每个人的行为。这也正是孔子被称为"万世师表"的核心内涵。现代化与传统的核心区别，不是符号表征的问题，而是逻辑的问题。现代化不等于消解传统，即使消解传统的符号，也依然无法消解内在的逻辑传承。

中国儒学关注的对象始终都是日常世界的"常识"，而中国儒家社会的本质也是一种常识社会，这不仅仅是专属于中国社会的常识结构，也是属于人类社会的常识结构。虽然19、20世纪很多批评把儒学视为束缚中国发展的主要原因，甚至将儒家社会与帝制等同，但是儒学在生活和礼仪方面所遵从的其实是常识准则，儒家的常识价值体系作为一套杰出的空间理论，一直支配着中国人的生活方式和行为方式。中国社会的家长制跟父权也没有必然的关系，正如罗思文和安乐哲所说，"尽管古代中国社会和帝制下的中国社会都存在家长制的社会结构，但我们一定不要将西方的性别概念强加于中国早期思想家"[①]。中国社会在现代化的进程中，不可能回到文化儒学，只可能回归常识社会，而中国式现代性的叙述体系则迫切需要一个能够整合历史、文本和理论的方法论，而历史、文学、文化等传统研究在各种不同的分析路径中，遗漏或者忽略了中国社会的实践逻辑维度。儒学的复兴需要的不是"儒学哲学家"，而是"常识实践家"。作为方法论体系存在的实践儒学以及基于人类学存在的常识社会的路径，既是儒学第三期、儒学现代性实现的可能性路径，同时也是实现跨国界和去地区化、化解西方"中心—边缘"世界体系问题的中国式现代性的可能性路径。

李泽厚在《说巫史传统》一文中指出，中国文明有两大征候特别重要，一是以血缘宗法家族为纽带的氏族体制（Tribe System），二是理性化了的巫史传统（Shamanism Rationalized）。其实，中国文明还有第三大征候，那就是"常识传统"。常识是法治、道德、权力、自由的前提。儒学与基于日常实践的常识世界有着天然的模因关系，无论什么宗教背景、无论什么历史时代、无论什么文化语境，都无法取消儒学与日常世界之间的

---

① 〔美〕罗思文、〔美〕安乐哲：《哲读论语：安乐哲与罗思文论语译注》，彭萍译，中译出版社，2022，第26页。

这种关联。在任何一个不同的宗教世界、陌生的城市，或生活习惯和风俗迥异的陌生世界里，日常实践世界的常识法则都是通约的，都脱离不了身体、场、场景、事件、位置，以及物理力，这种力作用于每个时代、每种文化的每个人，而只要遵循日常实践世界的常识逻辑，我们都可以说这个人是"儒家"的，这种方式是"儒式"的。因此，儒学作为人文科学的意义在于，它是人类社会不同价值观背后的共同日常实践逻辑。它不是一种精神指引，而是人间社会的"行动地图"；它不期望成为"灯塔"，但它一定会成为"路标"。

（四）常识社会学：儒学现代性转化的方法论

儒学的现代性阐释路径包括一个前提和三个维度。这个前提指的是方法论前提。从知识属性上来看，方法论并不具有严格的学科性、壁垒性，并不指涉某种专门的、专业化的、类型化的知识体系、概念体系、意识体系和观念体系，如佛学、道学、基督神学等宗教学体系在知识学层面都具有意识性、观念性的特征，文学、哲学、艺术等文化学体系则具有专业性、技能性的知识学特征，即使是人类学、社会学和族群学也具有外在的观察性、共享性的知识学属性。但是儒学并不属于知识学的任何一种类型，它并未采取宗教学、文化学、人类学、社会学的任何一种解读方式，它指向的是一种日常实践世界中被体验和觉察到的基于经验性的、根本性的、预先假定的常识结构关系，并且具有极强的体验性、实证性和可检验性。实际上，这也正是"原始"文明与"开化"文明的核心区别，即在实践中有意识地与系统合一，进而掌握前知识逻辑的常识逻辑。在中国日常社会中，"儒家心灵的积习、潜存的影响非常大，只要是中国人就会受到影响，人的自我了解、人与人之间的关系、人与自然的关系、人与天道的关系，都和儒家有关"[①]。中国日常社会所蕴含的儒家逻辑，要远比任何知识学研究都更为深厚，其原因不在于儒学文化的表层系统，而在于其逻辑

[①]　杜维明：《体知儒学》，浙江大学出版社，2012，第39页。

系统。不管我们反传统到什么程度，常识的积习、实践的证悟、身体的化学感受都在推动着儒学系统的运行。

知识学的特质在于，即使你没有经验、经历和实证，也能进行谈论，例如没有体验和觉察过宗教结构中的情绪，也能谈论宗教，不会妨碍人们成为宗教徒；没有经历和实证过艺术结构中的美感，也能谈论美学，不会妨碍人人自称美学家。与知识学相对应的是解释学传统，解释学传统重在实践和实证，是一种情境化的知识传承系统。现代社会定义"民科"与"民哲"的关键在于是否脱离了实践的情境，而不在于有没有专业的研究身份。类似于生命美学这种空洞概念的讨论，就属于没有实际情境与对应物的空谈，就理念谈理念是"民哲"与"民科"的关键特征。这种基于知识学的谈论则如法国社会学家涂尔干所说的，"就像是盲人要谈论颜色一样"①。涂尔干认为，没有宗教体验无权谈论宗教，没有艺术体验无权谈论美学。儒学也是如此，如果在儒学研究中未能带入某种实证体验则无法进行有效的谈论，儒学的可信性源于实践中的体验和检验，因而能够穿透时间和历史形成日常生活内在结构的普遍构建，而儒学社会学研究者往往置身于日常生活世界的局外，因而使儒学研究者无法真正理解其对象之逻辑，也阻碍了将儒学的实践逻辑纳入现代性的科学实践。

布迪厄认为，基于知识的社会学家与其研究对象保持的实践关系是一种"局外人"关系，"局外人"实际上已经被自我排除在社会实践活动的实际游戏之外了，因为在被观察的"空间"中没有他的"位置"，除非他做出选择和参与游戏。②没有"位置"就无法理解"空间"，退出"情境"则无法理解"场域"，脱离"游戏"也无法理解"游戏中的人"。布迪厄认为正是这种"局外人"的地位导致了行动世界、集体行为世界与习常世界自明性之间无法克服的断裂认识论。法国社会学家帕特里克·瓦蒂尔在《社会学的知识》中的比喻则更加贴切，"当迷宫中的老鼠大眼瞪小眼时，无论它们的观察多么的具有史诗性，也没有对于迷宫，就是说对于情景的

---

① 〔法〕帕特里克·瓦蒂尔：《社会学的知识》，王赟译，上海人民出版社，2022，导言，第8页。

② 〔法〕皮埃尔·布迪厄：《实践感》，蒋梓骅译，译林出版社，2012，第14、45页。

自由观察"①。事实上，迷宫情境外的老鼠无论处于什么样的位置，都无法比身处其中的个体更好地看到和知晓。社会学家也是迷宫中的老鼠，他们永远也无法知晓他们并未涉身其中的事物。"社会学老鼠"虽然比普通老鼠知晓的东西更多，然而事实上，他们知晓的反而更少。其原因在于，"社会学老鼠"的观察角度是"域外的"（Extraterritorial），他们总是在场外研究迷宫，因此是基于断裂的认识论。打开迷宫的钥匙藏于迷宫之内，而不在迷宫之外。只有进入迷宫，把握系统法则的最终情境和限定性，个体才能从情境出发进而采取行动，每个人的话语和行动都植根于那个域内的情境，如此才能洞察实践到底带来了什么。项飙、吴琦举例说，学院派的老师和乡绅都是某种意义上的社会学家，但是他们的区别在于，"乡绅对细节的观察是要构造出一个图景，塑造出一个叙述，这个叙述要反映事实，而且要说给内部的人听，所以一方面可以说是很细致、很实证；另一方面又很注意总体的结构"，而"学院派的老师，对社会没有理解，我感觉他们对这个社会在今天发生什么也没有兴趣；他们除了重复新闻报道的话语之外，对当地究竟发生了什么事情说不清楚"，"有些知识分子活在话语里，讲的是从一个话语到另一个话语之间的逻辑推演，也许和实际发生的事情相去甚远；我非常欣赏中国老式的报告文学的写法，那种直接性，没有什么外在的理论化、隐喻、类比"②。

而与知识社会学截然不同的是，儒家从来不会将自身置于场外，从来未将历史或社会学建立在基于心理、意识、意向的观察与想象上，而是始终保持着一个"局内人"的位置。在儒学看来，事实上根本就不存在真正的旁观者，即使是知识型社会学家无外乎也都是婚姻、家庭等场景中"游戏的人"。儒学是一种就地型、涉身型的理论，它既不用理论去解释经验，也不用经验总结理论，而只是致力于揭示百姓日用而不知的，在无知中习得的、在盲目中涉身的、在无视中却又直接获取的隐性实践。

儒学就像一个有着多个入口的城堡，我们需要清晰地了解其内部的整体图样、使用规则、分布情况，哪些入口与端口相连，不然就极容易进入

---

① 〔法〕帕特里克·瓦蒂尔：《社会学的知识》，王赟译，上海人民出版社，2022，第17页。
② 项飙、吴琦：《把自己作为方法：与项飙谈话》，上海文艺出版社，2020，第25、59页。

被各种概念设下的陷阱、死胡同或窄沟。而从方法论的入口来考察儒学，我们就会发现，儒学既没有宗教那种无形的整体、象征性的结构，也没有神话那种想象的原型、世俗观念的集合。它既不是想象的，也不是象征的，更不是形式的；它既非结构也非幻觉；它既没有什么解读、也没有什么意指，但是又具备由经验的规范、关联的功能、位置和状态、标记和路线、过程和行为等不具形的质料构成的极大的完整性。总的来说，儒学更像是一场伟大的人类物理学实验，儒学的内容和形式化的表达方式更像是一种"超代码"，一场发生在分子层次的交错纠缠的运动。儒学的道体是一个并无完整形象体系和象征体系的溟濛的、混沌的集合体；一个并不是在平面维度而是在空间维度展开的界域开放的地理和政治领土；一个由位置、界限、振动、层次、级次、流动、不具形的质料组成的，除自身之外不具有任何形式、含义、符号、意指的由纯粹物理强度构成的连续体。

从"方法论"的入口来看文化，法国哲学家德勒兹（Gilles Louis Réné Deleuze，1925-1995）将文化分为"强势文化"和"弱势文化"，其分水岭则是二者与日常世界的关系。德勒兹、伽塔利指出，弱势文化往往体现为四种类型的语言模式，即继承自母亲、源于乡村或原籍的本土型语言；适用于都市、国家以至世界的社会交流、商业交流以及官僚体制传承的媒介型语言；传达意义和文化，从事文化性质的脱离领土运动的对象型语言；位于各种文化的视平线上，从事精神的或宗教的另建领土运动的神话型语言。弱势文化的四种语言类型有十分不同而扼要的时空范畴："本土型语言在这儿；媒介型语言无处不在；对象型语言在那儿；神话型语言在世外。"[①] 而与弱势文化相对应的是，强势文化具有完全不同的语言属性，"一套语言是星际的、天文的、算法的，属于纯逻辑而且高度形式化；另一套是地下的、未来派语言，依靠非意指的纯粹质料、强度、音响性和比邻性"[②]。简单来说，强势文化是一种基于物理学的语言逻辑系统。

很显然，儒学话语体系与弱势文化的四种语言类型有着基因维度的本

---

① 〔法〕德勒兹、伽塔利：《什么是哲学?》，张祖建译，湖南文艺出版社，2007，第51页。
② 〔法〕德勒兹、伽塔利：《什么是哲学?》，张祖建译，湖南文艺出版社，2007，第168页。

质区别，具有典型强势文化的血统。首先，它并不是基于东方族群内部语言形成的一种独特文学体裁，也不是一种跟常人日常生活脱节的纸面上的、人为修饰的语言。其次，它也并不具有对象性、媒介性、神话性和政治性，儒学的某些内容表述看似与政治现象有关，实则只与"政治物理"有关，儒家政治学的特点在于它与每个人的生死紧密关联。在儒学看来，任何个体、组织看似自由的空间运动，只要不具有真正的物理逻辑，就一定是脱离日常世界领土的、虚假的、毫无用处的，也是注定要被摒弃的。再次，儒学的话语世界中没有主体，不仅从不尝试使用某些象征手法、梦想谵妄、秘传奥义、隐藏的能指、炼金术或隐喻，而且甚至对一切隐喻、象征、含义、指称都斩尽杀绝，只存有关于完美而不定型的行为、外延和引申的场景、各种状态的分布、各种位置的空间配置、跌落或者跳跃的界限、空间运动的强度等日常世界领土物理机制的呈现。最后，儒学从不试图脱离日常世界而象征性地另建领土，因此儒学词语以基于物理学的动力机制中和了一切本义、引申义和象征意义，形成了一种以强度、界限、位置为特征的关于日常世界实在性的表达体系，儒学词语具有高强度的实在性，"词语君临一切，直接产生意象"①。

儒学中任何一个专有概念都会形成一个空间性的区域和地图，其中各种路线都会催化生成各种感官、方向、位置和身份，而儒学就是将这些路线以及地图中的标记提取出来，用"路线图"替代"目的地"、用创造性替代固定性、用差异性替代同一性、用空间性替代时间性、用过程性替代静态性，从而形成一种德勒兹所定义的视觉性、图象性的"游牧式阅读"（Nomadic Reading）体验。

儒学试图让已经成为认识论障碍的异化的社会学知识重新回归日常世界本身，唯有如此，才能让日常世界从未表现出来的常识特征显现出来。任何外在的符号和形式都是常识世界的负面或反面。当人们用符号和形式形容和模拟本体，膜拜符号和形式，甚至将符号和形式制度化的时候，也就偏离了日常世界本体的轨道。因此，传统文化的激活，绝对不是符号化、形式化、概念化，那样只会加快和加剧传统文化的隐遁、遮蔽和

---

① 〔法〕德勒兹、伽塔利：《什么是哲学?》，张祖建译，湖南文艺出版社，2007，第46页。

沦落。

儒学本质上是一种模因（Meme）文化，但是儒学的模因结构并不是语言、思想、信仰、习惯和礼仪等类似于"病毒基因"的横向传播元素。举例来说，假如我们绘制一幅帆船画，然后拿给第一个孩子看，让他看完之后模拟出来。然后把这个孩子画的帆船传给第二个孩子看，让他模拟第二幅。如此传递下去，直到第 20 个孩子。我们可以想象，第 20 幅画将与第一幅画肯定大不相同，以至于根本无法确认是对同一幅作品的临摹。也就是，病毒基因的横向传播模式突变率非常高，几代之后所有的相似性基本上会被破坏掉。由此可见，基于病毒基因横向传播模式的文化无法克服保真度问题，因此无法高保真传承。

儒学的传播模型并不是病毒式的横向传播，它是指令性的纵向传播。举例来说，儒学的传承方式并不像让孩子们复制帆船的图画，而是像通过示范教孩子们做折纸、做帆船的模型。一个孩子掌握了折纸模型的技能，就能传授给其他孩子。我们可以想象的是，当这项技能传递到第 20 个孩子的时候，虽然序列中有些孩子可能会忘记以前的某些关键步骤，让帆船的表现形式遭受突变，这一错误也可能会被复制到最后，或直到另一个随机突变的发生，也有可能出现一些与最初的帆船模型毫无相似之处的作品。但是，实验发现，缺陷并不会一直传递，如果某个孩子做得歪歪扭扭或松松垮垮，在世代传承中最终会有人进行纠正，以使这项技能最终能够沿着正确的传承轨道传递下去。平均而言，第 20 只帆船不会比第一只帆船差，也不会比第一只帆船好，这就是儒学中庸之道的核心意义。因此，儒学并不是一门基于知识社会学的哲学，而在本质上是一门关于日常世界的"实践技能"。绘图实验的传承方式是"拉马克式"的，它是一种复制产品的方式，是一种基因传递的表现型。而在折纸模型实验中，传承方式是"魏斯曼式"的，它是一种复制指令的方式，传递给下一代的不是折纸的表现型，而是一套制作的指令。儒学传承的核心结构是一种指令化的任务，这些指令具有自我规范的功能，能够自动纠正错误，每一只实际折出来的帆船都是一种不完美的、中庸化的近似。正如一个日本木匠师傅可以把他的技艺传授给一个只会讲英语的英国学徒，而学徒不会照搬明显的错误。他不会以"拉马克式"的方式去精确复制每一锤击的细节，而是会在实践过程中复制反向推断出来的"魏斯曼式"指令。[①]这就是儒学能够成为一种活的文化、"长了腿"的文化、不死的文化，同时具有真实、具象而强有力的谱系，能够在每一代人中不断传承并且保真的根本原因。[②]

儒学进行现代性转化的障碍则是在现代化进程中以去本体化、去情境化和去过程化为特征的"语言木马"，以病毒式的横向传播系统取代了指令式的纵向传播系统。史书美指出，现代语言体系中被植入语言木马病毒主要源于"去实践化"和"日本化"两种语言现代化方案。在去实践化方案中，五四以来的语言革命，在表现形式上以白话文取代了文言、古典书面语言、旧修辞习惯，"象征性地颠覆了古典文学传统的等级制度和权威性"；同时通过改变语义结构和句法规则，象征性地颠覆了中国社会的父权法则[③]，从而彻底取缔了古汉语以及儒学的实践逻辑，也彻底消解了儒学的实践情境。然而，语言现代性的核心其实是使写作语言与身体语言而非口头语言接近，五四"白话文运动"严格来说是一种使写作语言与口头语言接近的"口语化运动"。"白话文运动"既未恢复大众的口头语言，也未与语言现代性进程的身体化接轨，"中国语言的西化使得'恢复'起来的白话文与民众日常所使用的白话文之间实际存在着相当的距离"[④]，其核心其实是植入了从英文中直译过来的欧化了的词语和写作风格，这既脱离了中国汉语文化的实践情境，同时也脱离了中国社会日常生活传统。这种"语言木马"不仅阻碍了汉语现代性的进程，同时也将汉语、儒学中最具有现代性的实践逻辑进行了"封印"。

与此同时，"日本化"进一步限制了汉语现代性的转化可能。因为，

---

① 〔英〕苏珊·布莱克摩尔：《模因机器：它们如何操纵我们 又怎样创造文明》，机械工业出版社，2021。

② 〔美〕罗思文、〔美〕安乐哲：《儒家角色伦理——21世纪道德视野》，吕伟译，浙江大学出版社，2020，第171页。

③ 〔美〕史书美：《现代的诱惑：书写半殖民地中国的现代主义（1917—1937）》，何恬译，江苏人民出版社，2007，第79页。

④ 〔美〕史书美：《现代的诱惑：书写半殖民地中国的现代主义（1917—1937）》，何恬译，江苏人民出版社，2007，第80页。

在中国现代化的进程中，"日本被视为西方的范本和中介"①，因此日文中大量的汉字符号和词语被引进。我们知道，日语中有很多词语是由汉字化符号构成的，之所以称为"汉字化符号"，是因为它们仅仅保留了汉字化的形式，却并无该汉字的实际语义和对应的使用语境。因此未经转化就被直接纳入汉语体系。史书美指出，"语言资本最容易被那些在西方或者日本受过教育的人取得"，这内在地推动了木马革命。因此，他们大规模引进了欧美、日本的句法和语义，而非收集中国式的街头巷语，"自由使用'日本化'、欧化了的词语和写作风格，削弱句子的黏着性和连贯性，能指与所指之间无可避免的（地）分离"②，"普通读者对其的陌生程度实际上和对文言相差无几"③。

从方法论的角度出发，我们甚至会发现儒学与马克思主义具有同样的属性，即它们认识世界和阐释世界的入口都是社会世界的物理机制，因此从本质上来说都不会与任何一门知识体系发生冲突，这也是儒学能够成为中华文化道统、基体生生不息的核心原因。

---

① 〔美〕史书美：《现代的诱惑：书写半殖民地中国的现代主义（1917—1937）》，何恬译，江苏人民出版社，2007，第95页。
② 〔美〕史书美：《现代的诱惑：书写半殖民地中国的现代主义（1917—1937）》，何恬译，江苏人民出版社，2007，第79页。
③ 〔美〕史书美：《现代的诱惑：书写半殖民地中国的现代主义（1917—1937）》，何恬译，江苏人民出版社，2007，第81页。

三

儒学现代性的实践逻辑

（一）儒学实践观的场逻辑

1. 现代信仰的两种起源

德国哲学家西美尔（Georg Simmel，1858—1918）被认为是研究现代性文化理论的第一位思想家。[1] 西美尔认为，现代性的文化危机并不在于现代文化和传统文化的区别，同时对于中国来说，也不在于东方文化和西方文化、现代文化和古代文化的区别。现代性文化危机的本质是作为内在世界、常识世界的日常世界，与作为外在世界、异识世界的主观世界、客观世界和社会世界之间的冲突。外在世界压抑、妨碍和阻止了日常世界在日常理性、常识感觉、内在情绪等方面的表达冲动、表现形式、实现方式和流通自由。这种日常世界与外在世界的冲突是一种"亘古冲突"，而当今的现代性文化危机"只是这种亘古冲突的新阶段而已"[2]。因此，西美尔所理解的"现代性事件"是以内在的、常识的日常世界的"表现意志"，去反对三种外在世界的"表现形式"，而非简单地反对传统文化的历史性事件。与以往的时代相比，现代化时期的外在的异识世界已经失去了表现、表达日常世界的能力，不再有新的形式的生成，也失去了探索日常世界的动力。而作为日常世界组成元素的人，只剩下了作为动物的生物性、

---

① 〔德〕西美尔：《现代人与宗教》，曹卫东等译，中国人民大学出版社，2003，《导言》。
② 〔德〕西美尔：《现代人与宗教》，曹卫东等译，中国人民大学出版社，2003，第23页。

作为躯体的生理性、作为生存的生命性等单纯的"原始表现"。这种原始表现既不试图表现日常世界，也不试图创造新的表现形式，而是选择了从日常世界中退场和离场。中国现代性的问题在于，儒家一直将日常世界的逻辑、机制和本质视为"道统"，正如孔子所说"吾道一以贯之"。而现代化进程中的中国社会，虽然淡化了传统文化形式，但是并未对日常世界的表达方式和表现形式进行创新发展。

在现代性文化危机的诸多解决方案中，宗教一直被视为一种可行的路径。然而，西美尔认为，在现代性的"亘古冲突"中，宗教并不是一个有效的解决方案，即使是基督教也无济于事。相反，任何一种宗教形式都只会加剧这种冲突。与此同时，西美尔认为，宗教体系之所以无法解决现代性的亘古冲突，其原因在于我们对于宗教起源存在误读。

西美尔将宗教起源分为认识论信仰、实践信仰两种模式。在他看来，作为建制形式、社会组织、社会结构的宗教，与艺术、科学、风俗、法律、国家等建制的形式一样，都属于主观世界和社会世界的范畴。宗教的神圣秩序话语体系中各种纯粹的形而上学思辨、上帝信仰、鬼怪迷信、神话、超自然主义、神秘主义、真理都属于作为概念、意识、知识存在的认识论信仰范畴，而只要是基于头脑认识的思考，即便是真理也必然带有猜想、想象、幻想的成分，既不可确证，也无从检验，从本质上来说都属于外在的异识世界的表现形式。但是西美尔认为这种认识论冲动并不是宗教的本质和核心，传统宗教在现代社会的实效与失信不在于宗教形式或宗教内容，而是我们误解了宗教的起源。西美尔坚信："我们如果把怕或爱、祖先崇拜或自我神化、道德冲动或依附情感当做（作）宗教的内在根源，那么，所有这些理论中的任何一种要想确立宗教的根本起源，就将必错无疑。"①

布迪厄在《实践感》一书中指出，认识论在探讨信仰起源时常常错误地进入"自由意识"和"理性行动者"两种逻辑误区。首先，信仰、相信不是一种意识，并非源于主体有意识的决定，不是一种由精神自由决定的事物，而是源于实践理性。比如宗教信仰，事实上根本无法经由学习获

---

① 〔德〕西美尔：《现代人与宗教》，曹卫东等译，中国人民大学出版社，2003，第1页。

得，比如学习祷告、学习弥撒、学习礼拜等，同样也无法通过强制、技巧、证据让人相信。实际上，信仰产生于系统的感知实践，如从未经历过基督之情境，根本就无法产生真正的相信；如爱情、信任等人类生活命题，都不是一种有意识的决定，从来不存在"我决定今天开始爱某个人""我决定今天开始信任某个人""我决定今天开始信仰某种宗教"这种主观意识。布迪厄认为，信仰是一种在常识场域中漫长而缓慢的自主化进程的产物，它不是有意识的参与。信念、幻想和投入，都是源于常识场域的实践结构所致。正因为如此，信仰具有与生俱来的属性，而且是彻底无条件的、无意识的。有意识的信仰一定不是信仰本身。这一过程类似于习得母语与学习外国语之间的区别，母语不是靠学习获得的，而是在基于常识场域的语境中通过实践习得的。因此，语言在语境之中，而不在语境之外。信仰在实践之中，而不在实践之外。

布迪厄还认为，"理性行动者"理论这种现代观念，常常把一切原因都归结为花费最少（经济）成本获取最大（经济）利润，有目的、有意识的引导行为，在意识、意向中寻找严格的经济或非经济行为之根源，是一种狭隘的目的论、机械论经济主义，狭隘的行动和行为理性观。[1] 事实上，纯粹的理性经济主义是不存在的。信仰往往服从于某种常识逻辑，而并不服从严格意义上的经济逻辑。常识逻辑是一种内在于实践行为的理由，它不是理性决定，也不是非理性的客观主义，不是外在于和高于行为的机械论规定。它是一种理性实践结构，是用最小成本达到某个实践场的逻辑目标，因此是一种实践行为经济，是一种客观的合目的性，但不是有目的、有意识、有组织的机械行为。比如，在战争情境中，它追求的是以最小的代价服务战争的结果；在现代婚姻情境中，基于认识论的社会学会误以为婚姻以经济利益为目的，但是进入婚姻才会发现，婚姻系统的常识逻辑才是其目的性，以经济利益为目的只会导致背叛或离婚。因此，基于认识论的社会学都在分析表象，但是，合乎逻辑的事物不一定是事物的逻辑。

西美尔认为，宗教的起源不是基于绝对真理、知识理论、理性思考的

---

① 〔法〕皮埃尔·布迪厄：《实践感》，蒋梓骅译，译林出版社，2012，第71页。

认识论信仰，而是基于宗教感、宗教性、宗教情绪的实践信仰，这是一种存在于日常世界关系流动之中，以实践感形式存在的状态。① 传统社会学只关注到了主观世界、客观世界和社会世界，仅从经济形式、政治形式、文化形式、秩序形式、行为形式等宏观角度来定义整体的人类历史生活，却忽视了日常世界的存在，而西美尔认为日常世界才是宗教的策源地。

因此，社会与宗教不是二元性的，宗教不在社会之外的"彼岸"，既不存在于社会之外的超自然存在、灵魂状态②，以及"彼岸崇拜"那种神学性的主观情感认知之中；也不存在于宗教机构、宗教制度、教堂、寺庙和教义等外在世界的表现形式，以及哲学性的绝对客观真理之中。宗教信仰最内在的本质，内嵌于语言、切身感受、实践行为、交往形态等各种经验性的日常实践关系维度的"此岸"中③，是作为关系状态、交会状态和感觉状态存在的实践感。因此脱离实践关系谈论宗教是没有意义的。实践关系具有不需要通过认识而直接证得的完整实在性、确证性、宗教性和神圣秩序的特质，而且具有对日常世界的解释力，宗教组织、宗教制度和宗教教义则表现为对实践关系所体现出来的宗教性进行象征化、符号化和绝对化。宗教性是宗教获得信任和确立的前提，宗教则是宗教性的结果。传统社会学显然未能将宗教与宗教性进行有效的区分。

西美尔坚持认为，宗教性的契机发生和生成于日常实践场域，那些未被艺术化、未被政治化、未被规范化、未被制度化、未被仪式化和形式化的关系流动才是实践性的生成场域，具有真正的实在性、宗教性和宗教感，是日常实践创造了宗教，而非宗教创造了日常实践。而宗教现代性的误区在于，只是建立了宗教的外在形式，却忽略了日常实践中的纯粹关系，同时也忽略了其现实性、实在性和确证性。简单来说，如果一种宗教形式只是一种认识，而不是一种实在或绝对现实，无法在日常实践关系中得到检验并实现自身的自洽，就不可能获得信任。因此，所有基于认识论的"深信不疑""内在联系""献身的情感""生活的准绳"都意味着最终

---

① 〔德〕西美尔：《现代人与宗教》，曹卫东等译，中国人民大学出版社，2003，第10页。
② 〔德〕西美尔：《现代人与宗教》，曹卫东等译，中国人民大学出版社，2003，导言。
③ 〔德〕西美尔：《现代人与宗教》，曹卫东等译，中国人民大学出版社，2003，第2页。

将因为脱离日常世界的无法自洽而失去效力。① 事实上，即使是在西方的现代社会，传统宗教的超验信仰内容也已不再被人信奉，西美尔认为认识论信仰是现代性危机的根源所在，"宗教观念如果不是作为现存的关系形式的纯粹样式或直接体现，那么，它们根本就不可能从人际关系中获得其力量"，"耶稣要不是拥有丝毫未受到认识论前提干扰的完整现实性，就根本不可能拯救我们"②，"无视信仰内容所具有的决定其在一切现有宗教中所发挥作用的强烈现实性；他们是在拿'神'的观念、耶稣的超验意义以及永恒性开神秘主义和浪漫主义的玩笑，还振振有词地援引返祖情感和悠久历史效果作证；他们万万没有想到，就是在该传统中，至关重要的一点，即超验的绝对现实性被抛到了一边"③。

2. 实践信仰与场性逻辑

具体来说，这种具有实在性、确证性、宗教性、绝对现实性和神圣秩序特质的日常实践体现在个体与自然、个体与命运、个体与人际关系三种实践关系维度之中。个体与自然的实践维度指的不是作为客观世界的自然规律，而是人与自然万物的互动与交会；个体与命运的实践维度指的不是生老病死、成败兴衰，而是指通过人生事件所实现的自我统合；个体与人际关系的实践维度指的不是人与人际关系的基本社会形式，而是隐藏在关系背后的常识结构。

在个体与自然维度之中，宗教性体现为场的意志结构、能量结构和秩序结构。通常认为，宗教依赖并表现为社会世界中的人际关系，但是，西美尔认为，宗教性并不依赖于人际关系，相反，它还融汇在人与自然、人与宇宙、人与万物的交会之中。宗教性与人的情欲天性在本质上是一样的，都是内嵌于生命现象、生命事件和生命过程之中的，一种实现自治、统合和完整性的"场动力"，具有典型的功能性特征。情欲天性源于人的生物性本能，有着生物普遍规定的行为方式和表现方式；宗教天性也具有

---

① 〔德〕西美尔：《现代人与宗教》，曹卫东等译，中国人民大学出版社，2003，第10页。
② 〔德〕西美尔：《现代人与宗教》，曹卫东等译，中国人民大学出版社，2003，第8、46页。
③ 〔德〕西美尔：《现代人与宗教》，曹卫东等译，中国人民大学出版社，2003，第46页。

一种自然的、天生的规定性，包含就像肉体的有机功能一样的宗教感知力、宗教性需求和宗教性动力。但是西美尔发现，传统的认识论、传统宗教将这种天生的、功能性的宗教感简单地归属于灵魂范畴，而遮蔽了其发生机制和生成机制。事实上，一个极为隐蔽并且难以被察觉的事实是，人类身上最深层的宗教天性不是源于指向外在世界的目的性，也不是源于指向内心世界的灵魂性，而是源自场意志、场结构和场秩序的统合；不是"合于目的"，也不是"合于灵魂"，而是"合于场"。即使远离社会、远离人际关系，把人"放到一座没有任何神性言语和概念的孤岛上"①，宗教性依然会从"合于场"的存在关系状态中生发出来，人依然会在与场的实践关系交会中生成宗教感。

实际上，现代性的实践逻辑是"场域—身体本体"，而不是"心理—情感本体"。举例来说，传统的瑜伽等"身心传统"强调人与自然节奏、韵律的沟通契合，与现代性"健身传统"的肌肉、骨骼、身体力量的训练并行不悖。这种突破路径既不是基于纯精神、心理和主观意识，也不是基于纯物质和纯自然的，而是基于实践场的常识。许多美学研究者认为，现代艺术中的节奏、均衡和秩序与传统大相径庭，其实不然，不同的只是形式，而实践逻辑是如如不动的。怪异的形式即使出现，也不会存留，不值得纳入探讨的范畴。因此，现代性的核心不是创造某种异识，而是回归常识，最直接的例子是就音乐、数学，其形式表现可以千变万化，内在逻辑却是不变的。

在美学领域中，美感的概念是基于"心理—情感"逻辑提出的，但事实上"美感"是不存在的。美源于场，存在的只有场识，离开了场，一切都不是。因为只有进入场，才能进入直观，才能开启常识世界的门户。一个优秀的演员快速进入常识世界的方式就是还原真实场景下人的表现，这可以借助动作、道具快速完成，动作和道具的功能无非就是将其身体感快速地带入当下的场中，使其与常识世界的实践逻辑接轨。这种"进入"与"合体"靠的不是演绎、推理、归纳或实验，而是基于实践合理性的常识逻辑。美不必真，而在于合理；真不必美，而在于合一。场识不是概念性的、不是感受性的，甚至也不是领悟性的，它不是经由思索琢磨，不是经

---

① 〔德〕西美尔：《现代人与宗教》，曹卫东等译，中国人民大学出版社，2003，第48页。

由概念、判断和推理而进行表达的，而是经由进场、入场而直接"合一"的。禅宗中有一个著名的公案，即鲁智深闻潮信而圆寂。"听潮圆寂"讲的是同一个道理，鲁智深到底悟到了什么其实并没有普遍性，也无从证实或证伪，其关键在于潮信这个"场"。个体身心状态不同，感受和领悟自然也千差万别。场域实践逻辑的创造性存在于场中，存在于场的"度"中，而非存在于形式和形式感中，那些形式毫无意义。因此，场识是一种不可知的感性与知性，它具有先于实践的先验性。如同在冲浪之前，海浪的场已经在那里，经由冲浪这种实践，场的逻辑与人的实践逻辑才能合一。场可以是潮信，可以是冲浪，可以是农业的劳作，可以是木匠的做工，如此等等，而凡是能够进入场，并悟到场识逻辑的人在事后表述时，往往会将其实践感受定义为上帝、禅、道等，不一而足。以冲浪为例，冲浪中的行为规范只能在动作活动中才能进行感知、领悟，进而掌握和提炼出身体程式的次序、先后、均衡、对称、节奏、韵律等，这就是"实践中的理性"①。因此，宗教感其实是场中之度的具体实现，并且直接凝结在身体中，而非语言、情感，或某种秩序和结构中。常识不是思维规范或行为规范，而是一种基于身体感受的场性逻辑。一个打坐的人、一个练太极的人、一个思考哲学的人，抑或是一个宗教徒，他们的信仰力或者开悟的可能性，可能永远赶不上一个木匠或一个插秧者。很多看似简单的节拍，一些简单声音节奏的重复或结构内容的重复，之所以能够被广泛接受或产生共鸣，无非是因为它们建立在吻合常识的场性秩序之上，这种常识结构超越了文化心理结构和情理结构。而这种常识结构的动态形成过程，以及抽象的共有形式和节奏，也可以转化为视觉空间的秩序，比如建筑、人文空间、文旅或人文景观，这就是现代性景观的核心秘密。在这个常识秩序中，情理交会、渗透、融合，成为超越生物感知的场知、场识，进而产生超生物的情感、想象和理解。② 美不能启真，但是场可以，位于逻辑思维

---

① 李泽厚：《从美感两重性到情本体：李泽厚美学文录》，马群林编，山东文艺出版社，2019，第26页。

② 李泽厚：《从美感两重性到情本体：李泽厚美学文录》，马群林编，山东文艺出版社，2019，第26页。

之前的并不是感受或领悟，而是场识。甚至，任何一件艺术作品、一件雕塑、一幅油画，都只能放在相应的场中，才能获得其存在的全部意义。得真，需要的不是逻辑和数学，而是"建场"。

在中国思想史中颇具宗教性、宗教感的标志性事件"龙场悟道"中，王阳明于1508年春被贬至毒蛇、毒虫、瘴疠之气遍布又盗匪横行的贵州西部的群山之中，他要面对疾病、瘟疫、饥饿的侵扰，与当地人一起在洞穴中过着打猎种粮、砍柴取水的原始生活，如同进入了一个断绝一切社会关系的"孤岛"。王阳明自问道："圣人处此，更有何道？"如果说圣贤之道在于社会关系、人际关系，那么在这种泯绝外缘的困境之下，圣贤之道又如何彰显呢？然而就是在这种封闭隔绝的绝境之中，王阳明证悟了儒家大道。因此，真正的宗教教义的感知内容完全是随着场而应变的，它真实存在又难以名状，与基于认识论的非宗教天性完全不同，与外在的社会结构其实没有关系，无论是封建社会、资本主义社会，还是乌托邦，或荒岛生存，场逻辑、场意志、场结构、场秩序都是亘古不变的。

华裔导演李安荣获多项奥斯卡电影奖项的《少年 Pi 的奇幻漂流》（*Life of Pi*）讲述了印度少年 Pi 在举家遭到海难，与一只孟加拉虎一起乘一艘小艇在海上漂流 227 天而生存下来的故事，其中包括少年 Pi 在与动物、与自然、与宇宙、与生存的关系互动中生成信仰的过程。少年 Pi 曾经同时信奉着印度教、基督教、伊斯兰教和现代理性四种宗教意识形态，却并无真正的宗教感与宗教信仰。但是，海上漂流的历程在抽离了一切基于认识论的社会性元素之后，作为宗教感生成机制的场逻辑就浮现出来了。少年 Pi 的宗教天性真正苏醒，成为了一个坚定的信仰者，而他在这个实践场中所感知到的内容要比任何一种教义都更为丰富，更为确证，更为实在，但这种信仰并不属于认识论信仰的任何一种宗教体系，而是属于生生不息的实践信仰。甚至在西美尔看来，也唯有实践信仰才具有真正的现代性。李安在采访中说："我们都想搞清楚生命和宗教，但是，世界上有着宗教所引发的严重冲突，让我觉得世人需要一个共同点，而这本书创造了这一点。Pi 热爱每一个宗教，当他被独自丢在海上、面对大自然时，神成了一个抽象的概念。他的身边没有任何有组织的宗教。他没有社会或是人际关系。他得创造自己的信仰，他得面对他的神智，而这一切都非常之有趣。这个故事的主题真的切中了生存的核心。"①

在个体与命运维度，传统宗教学采取的解释模型是基于功能论的因果性范式，如灵魂拯救、因果报应等，从而确立了一个与日常经验相对立的"作为世界原因的绝对本质"的绝对领域。② 在其不断反复使用的过程中，因果性逻辑逐渐取代了日常世界的实践逻辑，使外在的力量最终压倒了日常世界的内在力量，并且瓦解了日常世界实践场的力量，同时也消解了信仰的发生领域、发生机制和生成机制。认识论信仰的功能性取代了实践信仰的自洽性，成为一种"有机的需要"和"自我辩护"，用来"自行满足在绝对领域中实际上未能如愿以偿的要求"，并因这种需要而在宗教观念中"创造出其绝对对象"③。不仅如此，宗教认识论信仰的这种因果逻辑冲击并瓦解了人类社会生活的各个世界维度，导致了对对象物和对象存在的相信、信任、依附和顺从，"比如子女相信父母、下属相信上司、朋友之间相互信任、个人相信民族、臣民相信王侯等等"④。西美尔指出，与宗教信仰的发生机制一样，这种社会层面的信赖机制不是源于实践，也不是源于对信赖关系中个体权利、尊严、位置的确切了解，而是源于"不加任何批判而自愿信仰上层的权力、上层的优势和宽容而导致的结果"⑤，带有自下而上、自内而外的指向性和方向性，而且通常以放弃个体权利、尊严、位置为代价。人类交往实践的日常内容，以及宗教实践的最高内容往往都把作为功能需要的信赖当作心理支柱，并且将这种需要投射到对象身上。从这个角度上来说，宗教层面的信仰和社会层面的信赖，发生机制都是一样的，它们都是源于借助塑造对象物来定义自身的一种需要，个体进而失去了实践场中的位置、被整合进他者的命运框架之中。他者导致了自性的丧失和对他性的膜拜，自性的丧失正是现代性的障碍和封建性的起源。

---

① 肖扬："李安解读《少年派》：信仰很玄　人们需要精神生活"，《北京青年报》2012年12月3日。
② 〔德〕西美尔：《现代人与宗教》，曹卫东等译，中国人民大学出版社，2003，第12页。
③ 〔德〕西美尔：《现代人与宗教》，曹卫东等译，中国人民大学出版社，2003，第12页。
④ 〔德〕西美尔：《现代人与宗教》，曹卫东等译，中国人民大学出版社，2003，第11页。
⑤ 〔德〕西美尔：《现代人与宗教》，曹卫东等译，中国人民大学出版社，2003，第11页。

基于功能论的因果逻辑影响着人们对命运的理解。一般而言，人生际遇、事业、财富、成就等，与宗教信仰中作为对象存在的"神"以及在社会交往中作为信赖对象存在的"人"紧密地联系在一起。虽然这种因果联系有悖于一切理性论证且种种事实表明其根本没有充足的效力，但是人们仍然矢志不移。这导致建构依附关系成为维系人类社会表面交往形式的纽带之一，传统社会学甚至将中国社会定义为"关系社会"，也是指的这种依附关系模型。但是，西美尔的理论价值在于其指证了这种依附关系模型是认识论信仰的因果逻辑所导致的结果，而这种因果逻辑也根本不是中国儒家的内在逻辑。

现代心理学揭示，命运其实是一种由"统一性感知"形成的，一个关于"自我"的整合性的、整体性的、统合的"主体完形图象"。而统一性感知能把在空间中将身体、经验、行动统合起来的"共时性统一"（Synchronic Unity）和在时间中将过去、现在、未来的记忆和情绪统合起来的"历时性统一"（Diachronic Unity）整合起来，并使其具有连贯性。[①] 因此，命运虽然是一种抽象物，但它不是一种偶然性的超自然现象，同时也不是一种目的性的功能结构，从本质上说，这个抽象物是与物理空间紧密结合在一起的构建现象，是主体在与时空交集所形成的情境场内的空间位置、事件、场景进行亲密交会而形成的实践感知。因此，偶然的生命历程中并不存在一种抽象的命运，却确实存在一种具有实在性的命运感，这种命运感源自对日常实践世界场域中空间逻辑的感知，而这里也正是信仰的核心发源地。事实上，任何一个文化时代、任何一个民族的人们都会切身地感受到命运这个神秘的存在，它似乎具有绝对超验的状态，同时也跟每个人的需求相联系，以至于让人们怀疑是否存在一个作为完美存在和最高价值的构建者，印度经典《奥义书》开篇就提出了这个疑问："是谁命令和指挥心灵接触外境？谁的意志驱动人的言语？什么力量指引着人的耳目？"[②]

---

① 〔美〕阿尼尔·阿南塔斯：《不存在的人：从精神分裂、人格解体、离体体验探索自我感从何而来》，李恒熙译，机械工业出版社，2017，第251、252页。

② 〔美〕阿尼尔·阿南塔斯：《不存在的人：从精神分裂、人格解体、离体体验探索自我感从何而来》，李恒熙译，机械工业出版社，2017，第7页。

然而，作为神秘存在的命运其实与物理学上的重心有相似之处，重心也是一个抽象概念，而非一个具体的东西，"并没有任何一个用于构成重心的原子或分子，但是这种数学的抽象具有实际的结果"①。与物理中的重心一样，命运与日常世界的实践场紧密地结合在一起，它是实践系统的一种属性。

社会信任机制和宗教信仰机制是受日常世界实践场中的相对性位置和诸如大小、先后、上下、左右、轻重等物理性位置关系之间的作用力而形成。"大与小""上与下""左与右""轻与重"的日常辩证逻辑才是信任和信仰的来源，人们正是在这种物理作用力中感受到能够让自身实现完整、整合和完形的崇高体验或伟大体验，宗教只是挪用了这个逻辑而将之定义为神性。而每一个文化时代、每一个民族都可以发现各种与日常世界场逻辑相适应的核心观念，虽然每一种核心观念都会被修改、讨论、接受或反对，但是我们仍然会发现，各种最终被接受下来的观念一定是吻合场逻辑的。信任、信赖、信仰，以及伴随的顺从、爱戴等信念，是认识、发现、接受场逻辑的结果，而不是前提。而作为抽象物的命运，也是受场逻辑支配的，与因果逻辑无关。

日常世界实践信仰的场逻辑是一种物理结构，与基于认识论信仰的因果逻辑的道德结构是截然不同的，因果逻辑的道德结构常常将利害、是非、善恶确立为信任、信仰的来源。事实上，交往层面的信任、信赖和依附，社会层面的权力、地位和影响力，以及宗教层面的信仰和崇拜等权威现象，只是实践场中位置、位置间物理关系的象征，以及场逻辑、场意志表达自身的显化形式。宗教只是将这个象征绝对化、道德化了，而一旦道德化，就势必意味着"脱场"或"离场"。认识论信仰的因果逻辑常常误导人们关注权威现象而忽视场逻辑，并由此导致对目的、结果而非对逻辑、结构的关注，进而迷信和顺从权威位置上的人或其他象征性符号，并将其作为心理支柱，这也是现代性的反面——权重的来源之一。

---

① 〔美〕阿尼尔·阿南塔斯：《不存在的人：从精神分裂、人格解体、离体体验探索自我感从何而来》，李恒熙译，机械工业出版社，2017，第255页。

事实上，权重也和物理学中的重力类似，是实践场中既抽象又实在的存在，大与小、上与下、左与右、轻与重都是重力关系，与高低、贵贱、多寡等象征形式无关。认识论信仰的象征形式往往具有易碎性，偶像往往是易碎的，这种稳定性则取决于象征形式与场逻辑的自洽性。水能载舟、亦能覆舟，洽合场逻辑，自然与权威的位置就会合一，而不洽合场逻辑，权威位置也会移动。命运中的个体往往因为洽合场逻辑而成功，但是人们往往会迷信成功者，将其视为崇拜的偶像，而忽视其成功背后的场逻辑。对于交往层面、社会层面以及宗教层面的信徒来说，信仰源自实现自身整合的自洽的需要，自洽既是信仰的原因，也是信仰的目的，信仰只是自洽的工具，但是只有基于场逻辑的实践信仰才能自洽，反之，脱离场逻辑的认识论信仰则会因为缺乏自洽性而失去效力，以位置象征为路标无法走出命运的迷津，也无法实现内在真正的整合，而仅能停留在道德表演的形式主义上。《法华经》说"莫向外求"，自洽的力量不是外在的，而是场的内在力量。中国儒家强调"天命有常，惟有德者居之"，就是这个道理。"常"就是场逻辑中的常识，场意志和场位置是不变的，能否"居于其位"取决于对日常世界场逻辑的实践信仰。

在个体与人际关系维度，西美尔认为，宗教性的契机就隐含在日常世界各种实践关系之中，如"孝顺儿女与其父母之间的关系；忠心耿耿的爱国者与其祖国之间的关系或满腔热情的大同主义者与人类之间的关系；产业工人与其成长过程中的阶级之间的关系或骄横的封建贵族与其等级之间的关系；下层人民与欺骗他们的统治者之间的关系；合格的士兵与其队伍之间的关系；等等，所有这些关系虽然内容五花八门，但如果从心理学角度对它们的形式仔细加以考察，就会发现它们有着一种我们必须称之为宗教的共同基调"[①]。但是西美尔认为，这种宗教基调并非基于人的生物性基因，也不是人性结构，更不是德化逻辑所决定的，"这种特殊的宗教契机，所有这些关系便跟那些单纯建立在利己主义或心灵感应、外在力量或道德

[①] 〔德〕西美尔：《现代人与宗教》，曹卫东等译，中国人民大学出版社，2003，第4、5、106页。

力量之上的关系区别开来"①。

举例来说，一个家庭有一个三岁的孩子和一个五岁的孩子，五岁孩子基于人性结构的直觉反应是抢夺三岁孩子的食物，因为五岁孩子比三岁孩子更早萌生了竞争意识，而这种意识是基于人性或生物性本能反应的。只有当五岁孩子意识到自己在关系场中的位置为"大"，而把食物让给三岁孩子时，才会有场中的位置感，而"予"的过程才是对自身"大"的位置的确立，也会让三岁孩子认同、尊重这个"大"的位置。孩子们会在这种关系流动中体会到关系实践中那种源自场知的伟大情绪，而这种情绪的诞生显然不是来自生物性、人性，也不是道德力量德化的结果，而是孩子们在场中的关系实践中偶然发现的，当偶然洽合了这种场逻辑，并让关系流动中的能量升华时，孩子们会将其视为内在的信仰并持守。

在父母与子女的关系中，父母基于生物性结构或人性结构的第一反应，是孩子剥夺了自己的某些生存条件，会将孩子视为竞争者，比如剥夺时间、剥夺夫妻之间的爱、剥夺家庭财力等。但是只有当父母在一些偶然的事件中洽合了此种关系场中应有的位置，并做出这个位置应有的行为和行动时，父母与孩子的关系结构才真正诞生，尤其是在一些父母牺牲尊严、牺牲生命或付出某些生存代价来换取孩子的生存或生命机会的伟大时刻，孩子才会真正体会到那种伟大的"给予"，并由衷地承认父母"大""长"的位置。从本质上说，父母与子女的关系结构并不是从孩子出生时开始的，而是从彼此都洽合场逻辑并合于场位置时开始的，而此时，作为孩子的"孝感"也才真正地诞生并由衷地臣服。因此，孝感并不是由人的生物性结构、德化结构，或社会的自然结构自发、自觉的，而是由场结构触发的。

在爱国者与祖国、大同主义者与人类的关系中，"爱国感"无法通过知识、道德等外在力量来触发。因为祖国是一个抽象的、难以被感知的概念。只有当外族入侵、同胞被辱、共同抵御外敌时，尤其是当一些同族或同胞为了集体、民族或国家的尊严或利益牺牲，或诸如此类的集体性感知

---

① 〔德〕西美尔：《现代人与宗教》，曹卫东等译，中国人民大学出版社，2003，第4、5、106 页。

事件发生时，意识到个体、集体、民族、国家、人类的张力结构中的位置关系时，以及意识到场内存在一个虽然抽象但又实在的主体时，祖国感的伟大性才在此刻诞生。因此，在真正的爱国者那里，祖国在场中的位置是实在的、实存的，它会借由一些伟大的人格、伟大的事件来实现自身和表达自身；一旦国家、政府、政党和这个位置融合，就会催生国家信仰、民族信仰和政党信仰。在士兵与队伍的关系中，忠诚、服从、舍生忘死、以命相托等具有宗教感的行为不是在纪律、道德、制度等外在力量下被动形成的，而是在事关生死、成败、尊严的战斗情境中根据现场逻辑自动自发形成的。能够洞察战斗现场情境关系，做出准确判断并带来队伍获得生存机会、胜利机会和生命尊严的人自然会成为队伍的领袖，并获得士兵的信任、服从与忠诚，而士兵也会在意识到场逻辑的绝对意志、意识到生死与尊严彼此相关、意识到只有回归洽合场逻辑的位置结构之后，逐渐从离散走向序合、从断裂走向连接、从自我走向无我。只有归合、统一于场逻辑，个体才会出现真正的"无我"状态，这是场意志的自然选择，而唯有经历过此序化过程的人，才能体会到那种整体连接、生发出伟大感受，而场外的人很难懂得，这是任何道德概念或宗教教义都难以定义的。

总的来说，西美尔跳出了宗教话语体系的束缚并建构了一个基于"场性—位格—实践感"路径的信仰现代性框架，从基于逻辑的因果逻辑、基于肌体的生物性逻辑、基于精神的人性逻辑、基于关系的德化逻辑转向了基于位格的场性逻辑。场性是一种恒在的绝对物、绝对意志和绝对逻辑，它不是外在于日常世界的，而是内在于日常世界的。只要是身处在场内的人，都能切身感受到场性的存在，场性的秩序包含着"一定的情感张力，一种特别真诚和稳固的内在关系，一种面向更高秩序的主体立场——主体同时也把秩序当做是自身内的东西"①。当个体与场性融为一体的时候，就自然会出现具有升华、无私、献身、奉献、神圣、忠诚等特质的神圣性、宗教性关系。但是场性本身并没有形式，它需要以外在的生物性形式来表达自身的物理性动力结构，场中的个体也需要借由洽合场性的物理性结构来实现自身的统合与完形。因此，这种内在于场的物理性结构，会以个体

---

① 〔德〕西美尔：《现代人与宗教》，曹卫东等译，中国人民大学出版社，2003，第4、5页。

与共同体的关系、个体与社会的关系、个体与个体的相对位置等形式来表达，而宗教只是挪用了这种结构，进而发展出宗教观念、神圣理想、宗教机构和教士、僧侣等宗教阶层。但是，场性是全息、无限和永无止境的，任何一种外在的、固化的形式都无法表达它的全部，任何一种孤立的、片段的定义都会抵触其合一的冲动，而任何一种制度化、模式化的定型都是对场性的脱离。因此，任何一种制度化的宗教形式，包括脱离场域的各种神秘主义、未来主义，从本质上来说，都因无法表现日常世界的内在逻辑而成为场性的对立面，即现代性的对立面。而现代性的冲动并不在于创造新的形式，而只在于日常世界内在逻辑统合自身之需求的单纯动力。

由此，场性不再仅仅是一种关系状态，同时还构成了一种超越关系状态的绝对物、绝对性和绝对意志，场意志是基于场中位置以及位置结构之间的关系，被西美尔定位为位格。西美尔认为，位格不是某种缥缈的、无处安置的精神要素，而是具有确定位置属性的"一个事件""所有要素之间相互影响之形式符号的事件"[1]。西美尔提出的位格概念是对因果逻辑的取代，因为在西美尔看来，实践场中的任何一种结果都无法用原因来解释，"根本不可能进行任何一种从结果到原因的推论"，但是位格则意味着，虽然事件具有各种迥然不同的效果，但是"事件的能量、方向和特性"具有形态同一性的位格，能够"原封不动地作为后来的事件重复出现"[2]。但是，场性的问题在于它是一种无法言说的实存，它具有实在性，却无法显示自身。[3] 反倒不如认识论信仰更容易言说和表现。因此场性逻辑只能通过位格来表现，只有当场中的位置以及位置间的相对性关系被看见、尊重时，场性逻辑才能得到表达，不然场内所有元素之间都将处于无法自洽的纠结状态，这种纠结才是现代性的危机起源。而在西美尔看来，现代性是通过位格来实现的，位格是走出生命迷津的坐标、灯塔和方向，在理性信仰失效的时代，人们往往将作为位格化身的伟大历史人物作为找寻日常世界逻辑的路标，但是在现代社会中，位格人格化的路径显然也已

---

[1] 〔德〕西美尔：《现代人与宗教》，曹卫东等译，中国人民大学出版社，2003，第65页。
[2] 〔德〕西美尔：《现代人与宗教》，曹卫东等译，中国人民大学出版社，2003，第63页。
[3] 〔德〕西美尔：《现代人与宗教》，曹卫东等译，中国人民大学出版社，2003，第59页。

经失效。

　　传统文化研究习惯使用非理性和理性的二元区分，如将巫术视为非理性的迷信，而将宗教视为基于哲学的价值理性。然而，儒学与非理性的巫术和理性的宗教不在同一个维度。传统文化研究认为，夏以前的巫觋文化发展为殷商的祭祀文化和周代的礼乐文化，同时认为儒家起源于巫觋文化。然而，儒家的理性主义与巫术的神秘主义有着本质的区别，祭祀文化的核心不是巫术，不是献祭和祈祷，不是多神信仰，而是对场的确认。如祖先虽已离世，但并未"离场"，这是儒家文化的核心逻辑。周代的礼乐体系的本质是，在形式上"脱巫"，在实践逻辑上回归常识，它是中国历史上第一次试图将常识实践化、视觉化、图象化的尝试。显然，礼并非仅仅是人文规范，比如现代社会中各种人造仪式，它们有着实证主义的实践性，其核心不是价值理性，而是实践理性。在中国文化的大传统中，真正的历史真相不是人文压倒了巫术或宗教，而是人文压倒了常识。三代文化有着一个共同的逻辑前提，即对场的认同。在西方宗教中，神的场是在日常世界之外的，而在中国古代文化中，神的场与日常世界是合一的，三代文化的核心都是基于场的实践观念。巫觋文化中的神灵、祭祀文化中的祖先、礼乐文化中的天道，在日常世界的场空间中都占有位置并且具有位格。而西方宗教中的神是在日常世界场外的，在日常世界的场内不占有位置。因此，中国儒学承认未知的力量，承认其位格，但是并不将其神秘化，也不将其神话化，因为一旦神话化也就意味着"离场"。由此可见，三代文化其实有着根本不变的逻辑，不是类型化，也不是发展、进化和演进的关系，而是共在的关系，它们在场中仍然占有位置，从未离场。

　　位格不是理论或真理，也从不建构理论或真理，就像万有引力一样，它不是理论，只是一种物理现象。位格包含纵向的、空间性的梯阶维度，横向的、感受性的相对性维度。例如，在中国的王朝历史中，作为血缘存在的宗族、作为姓氏存在的王朝、作为集体存在的民族，以及作为场性存在的道统就是四个不同梯阶维度的位格，以至于各个历史年代的忠臣良将都会在位格维度的选择上发出忠孝难两全的慨叹。位格相对维度指的则是场中不同位置之间的平衡关系、反馈关系、感应关系，包括施与受、舍与得、予与取等日常关系博弈的特殊张力结构，这种张力结构在中国儒家那里被定义为恩与义。即使在西美尔所定义的产业工人和阶级、骄横的封建贵族与其等级、下层人民与统治者之间在表面的高与低、尊与卑、贵与贱的等级对抗关系之外，也存在基于位格的特殊张力结构。这种位格很容易感知，却很难言说和定义，一旦定义就会被世俗化、庸俗化，因失真而变成僵化的教义。因此，位格可以推导出教义，教义却无法反推教化得出位格。人们会在基于位格的关系结构和关系流动中体验到各种复杂交织以及激荡流变的能量、感觉、情绪、情感、信念，并生成各种基于场性实践的神圣感受，继而创造了虔诚的信仰，然而，"它们就其自身而言还不是宗教"①，只是这种能量之流被宗教吸收并划为了自己的领地和势力范围。但是，我们必须指出的是，是神圣感受创造了宗教，而不是宗教创造了神圣感受。

学者刘小枫认为，舍勒的位格现象学、海德格尔的"此在"论说都是西美尔位格观的改述和拓展，只有在西美尔位格观的发展线索上才能理解舍勒和海德格尔，并且明其究理，因此西美尔而不是海德格尔被视为"西方之母"②，或者说是现代性之母。总的来说，西美尔认为，个体不是作为肉身肌体的存在，而是作为场性逻辑表现形式的位格性存在，低阶位格是高阶位格的片断，而所有位阶的位格都是场的片断。而作为知识概念总结的宗教性、神圣性、道德性也就意味着在场逻辑实践过程中位格的实现和生成本身，是作为肉身肌体的生命形式向实践场归合以及重新生成、完善和表达自身场性、位格性而非个体性、主体性的动态过程。正是在这个意义上来说，实践信仰是场性逻辑、场性秩序、场性结构等图景的一种总体性，与各种基于总体性的宗教或哲学理论处于同等地位，它是生命系统最可靠的内在联系，也曾经是宗教最坚实的内核。③

作为现代性实现路径的实践信仰，意味着从自性转向场性、从信仰转向实践、从异识转向常识。后现代时代的现代性转向绝对不是从大众、从

---

① 〔德〕西美尔：《现代人与宗教》，曹卫东等译，中国人民大学出版社，2003，第94页。
② 〔德〕西美尔：《现代人与宗教》，曹卫东等译，中国人民大学出版社，2003，导言。
③ 〔德〕西美尔：《现代人与宗教》，曹卫东等译，中国人民大学出版社，2003，第84页。

集体转向个体，现代性绝对不等同于个体性，个体自决、个体自由、个体自律、个体生命的理念只会加剧物性个体单子式的裂散状态，不但无助于生命意义的实现，而且只会导致大众盲目追逐各种离散的神秘主义，将各种神经质的错乱表达误认为是艺术。与此同时，信仰绝对不是如同森林中迷失方向的游人所做的一个任意性决定一样的、在精神自由决定之下对一个不确定命题的信从。真正的信仰跟场识有关，它是一种基于常识实践的场的不言自明的规定，是场的系统逻辑，而非仁慈、爱等虚幻的道德主义观念，它是无须争辩的、前反思的、与生俱来的，它只服从于常识。[①] 信仰的认可有着实践意义上的身体确证性，它在本质上是一种集体不知情，而这种不知情恰恰也是场运作的基本条件和基本产物。举例来说，当我们进入任何一种场中时，其实对场的运作条件都不知情。而信仰并不是出于意志的即时决定，而仅仅因为我们生于其中，这是一个缓慢的自行遴选和接纳的过程，相当于第二次出生。我们不可能真实地体验与场相关的信念，更不可能靠话语来体验信念，只有生于其中的人才能做到。因此，唯意志论是没有根基的一种自欺欺人，对于没有经历场的外人或局外人来说，信仰就是一种魔法或神话。我们无论如何也不可能理解并相信他人的信念，因为我们不可能重新把握信念的客观情境以及主观体验。

以艺术代宗教、以审美代宗教、以自由代宗教、以生命代宗教等概念从逻辑上来说都是不成立的，因为宗教本身的逻辑都已经因为脱离日常世界逻辑而失效，宗教形式更无仿效的必要。轴心时代思想的研究者阿姆斯特朗指出，人们曾经认为，宗教可以培养"神圣态度"，"但它却似乎往往投射出我们这个时代的暴力和绝望"、引发"恐怖主义、仇恨和偏狭"，"宗教原教旨主义者吸收了我们这个时代的暴力元素，并发展出了一种两极分化的视角"[②]。传统的宗教形式在现代社会中似乎成了标榜身份与阶层的标签和社交货币，而并无真正的宗教实践，"支配着公共话语的宗教似乎时常表达出一种体制上的自我中心主义：我的信仰比你的更好！正如庄子所指明的，一旦人们投身于其信仰之中，就可能变得喜好争辩、多管闲

---

① 〔法〕皮埃尔·布迪厄：《实践感》，蒋梓骅译，译林出版社，2012，第95页。
② 〔英〕凯伦·阿姆斯特朗：《轴心时代》，孙艳燕等译，海南出版社，2010，第451页。

事，或者甚至冷酷无情"①。而作为替代方案的艺术、音乐、文学、舞蹈、运动才是现代社会真正的精神鸦片，并无硬核的实践逻辑支撑，也不能提供有效的救赎路径，在坚硬的现实面前根本不堪一击。

另外，从实践逻辑的角度来看，生命这个概念也是不成立的，只存在作为事件的生命现象本身。芬格莱特同样意识到了这种个体性的逻辑危机，"人们决不可以被理解成为仅仅是标准化模式的单元，机械地执行服从宇宙法则或社会法律的刻板仪式。他们也不是自足、独立的个体灵魂，碰巧能与一种社会契约相一致"②。人的生物性逻辑、人性逻辑、道德逻辑、因果逻辑只有在受到场性逻辑的形塑时，个体才有可能成为真正意义上的人。因此，位格是人的内在生命冲动的圆满实现，是日常世界内在逻辑的文明表达，它绝非一种剥夺人性或非人性化的认识论，而是人与场之间动态关系的具体化呈现。

儒家的逻辑核心其实是实践理性，基于场域系统的常识体系，儒学中经常讲天道（自然性）、地道（人间性）和人道（人文性），而"三道"的交会之处都是常识。因此，"以道德代宗教""以审美代宗教"等观点都是从本质上曲解了中国儒学文化，实践理性才是儒学的方向。实践理性并不会消解神圣性与神圣感，它消解的只是现代文明的符号化和形式化。因此，信仰现代性的神圣性与神圣感并非隐藏在文明、教养或礼仪中，而是存在于刹那间交会的常识感觉中。

3. 阳明学的良知与场识

瑞士学者耿宁认为："王阳明开启了中国在 19 世纪末西方文化大举入侵的最后一次哲学——心灵活动。王阳明学派在中国是后无来者的。它拥有一大批重要的追随者，并影响了中国明代（1368~1644 年）最后一百二十年里的整个精神文化氛围。"③ 明代中后期，以王阳明思想体系为主、以

---

① 〔英〕凯伦·阿姆斯特朗：《轴心时代》，孙艳燕等译，海南出版社，2010，第 451 页。
② 〔美〕赫伯特·芬格莱特：《孔子：即凡而圣》，彭国翔等译，江苏人民出版社，2002，第 6 页。
③ 朱承：《信念与教化：阳明后学的政治哲学》，上海人民出版社，2018，第 1 页。

阳明弟子和再传弟子为主要组成人员的阳明学派是中国历史上最后一次对儒家核心思想的复兴，它所探讨与实践的核心内容与西方近代以来提出的现代性提案，虽然来自不同的时代，却属于同一个命题。

然而，阳明学在中国历来是被误读最为严重的一个领域，这种误读就是将阳明学定义为"心性儒学"，将王阳明的"心体"肢解为"心灵"，将"良知"曲解为"良心"，这使晚明这场儒学复兴运动最终夭折，也与世界近现代史上的现代性反思运动失之交臂。心性儒学的定义流毒甚广，它让王阳明所坚信的"人人皆可为圣贤"，变成了一种"满大街都是大师"的局面。王阳明曾说："某于此良知之说从百死千难中得来，不得已与人一口说尽，只恐学者得之容易，把作一种光景玩弄，不实落用功，负此知耳。"正如他所预料的，"满大街都是大师"的原因就在于心性二字让"学者得之容易""把作一种光景玩弄"①。阳明学之所以能够引发明末理学革新运动甚至是社会思想运动，形成"门徒天下，流传逾百年"的思想界盛况并影响到东亚邻国，绝对不可能是因为"天理即在人心"这些口号。很显然，王阳明及阳明学派所开启的世界，绝不在道德意志、意识情感、心灵价值、主观信念、内在的道德自律自觉等这些虚玄缥缈的道德理性维度之中。事实上，将王阳明的及阳明学派的思想体系仅仅定位为"哲学—心灵活动"显然是极其狭隘的。

明末清初思想家黄宗羲在《明儒学案》里指出，阳明学流传广泛而深远的主要原因在于它给普通人点出了成圣成贤的方便法门，所谓"自姚江指点出'良知人人现在，一反观而自得'，便人人有个作圣之路"②。徐梵澄曾将阳明学的创立类比为"圣人设教"，"设教是求有益于人人，不能只限于造就哲学家。但必已确立其超上义谛，为其基本；随之以俗谛千言万语，皆有其止归，'于止知其所止'。……于是上下通彻，不旁落于空守虚寂。上根中智，皆可得益。此所以成其教法之大，而亦具见其设教之苦心"③。王阳明所开创的这条"圣人设教"的"作圣之路"既不是内诉本

---

① 王阳明：《王阳明全集》，卷三十四《年谱二》，上海古籍出版社，2011。
② （明）黄宗羲：《明儒学案·姚江学案序》。
③ 徐梵澄：《陆王学述》，远东出版社，1994，第191页。

心，也不是外求诸缘；既不是纯取超上义谛，也不仅是并立世俗义谛，它不是纯理性批判，而是实践理性批判。① 它的本质是将人们向外诉诸天理神灵的"求神—求道—求佛—求心"路线转变为通过"进场""在场""合场"的当下现成方式，在场域实践中直接体悟"系统良知"。因此，王阳明"学说日益简易精微、施教日益真切高明；能降龙伏虎，折服奇人异能之士；也能深入普及，启发一般的田野俗人"②。王阳明其实并不否定传统朱子学中天理的意义和价值，他所主要探究的是从哪里体认天理、从何处认知天理以及如何践行天理，阳明学的意义在于把"作圣之路"重新引向日常实践世界，来发现日常实践中的神圣意义。

阳明学在本质上并非心学运动，而是一场"社会教化与社会试验的运动"③，只是这种教化与试验并不是从"心灵"开始的，而是从"良知"开始的。良知是阳明学派最为核心的观念和标志，是阳明学的核心所在。王阳明坚信，"仆诚赖天之灵，偶见于良知之学，以为必由此而后天下可得而治""千圣皆过影，良知乃吾师""良知之在人心，不但圣贤，虽常人亦无不如此"。然而，良知并不是一种精神本体、道德标尺和自谴机制，它不是从内心中寻找道德和伦理生活的依据。对良知最普遍的误读在于将其视为一种内在的罪恶感，内部的、良心的制裁、惩罚和谴责④⑤，或者将其视为一种发挥着"社会制裁代理机构"作用的"超我"。例如，日本学者作田启一就认为，日本社会价值体系中的"耻感文化"就是良知系统运行的一种内在秩序表现，西欧文化圈的"罪文化"则需要通过外部的惩罚才能了解，知道耻的人会自己控制自己。⑥

事实上，良知与精神、心灵、道德、良心并无关系。王阳明认为，"所谓汝心，亦不专是那一团血肉。若是那一团血肉，如今已死的人，那一团血肉还在，缘何不能视听言动？所谓汝心，却是那能视听言动的，这

---

① 徐梵澄：《陆王学述》，远东出版社，1994，第191页。
② 邓艾民：《朱熹王守仁哲学研究》，华东师范大学出版社，1989，第111~113页。
③ 朱承：《信念与教化：阳明后学的政治哲学》，上海人民出版社，2018，第2页。
④ 〔日〕作田启一：《价值社会学》，宋金文、边静译，商务印书馆，2004，第93页。
⑤ 〔日〕作田启一：《价值社会学》，宋金文、边静译，商务印书馆，2004，第93页。
⑥ 〔日〕作田启一：《价值社会学》，宋金文、边静译，商务印书馆，2004，第295页。

个便是性，便是天理。有这个性，才能生。这性之生理，便谓之仁。这性之生理，发在目便会视，发在耳便会听，发在口便会言，发在四肢便会动，都只是那天理发生，以其主宰一身，故谓之心。这心之本体，原只是个天理，原无非礼，这个便是汝之真己"，这个作为"天理""真己""性之生理"的心之本体就是良知，而且王阳明重点强调，良知不是一个实体，而是一个生成的过程、发生的过程。只有进入发生的场域，合于发生的场域，才能自然而然地体悟到良知的存在。王阳明举例说，"知是心之本体，心自然会知：见父自然知孝，见兄自然知弟，见孺子入井自然知恻隐"[①]，"故致此良知之真诚恻怛以事亲便是孝，致此良知之真诚恻怛以从兄便是弟，致此良知之真诚恻怛以事君便是忠"[②]。合于事亲之场自然知孝，合于兄弟之场自然知悌，合于孺子之场自然知恻隐，合于事君之场自然知忠，而孝、悌、恻隐、忠无非都是良知的表现形式、显化方式和表达方式，并无实际的道德意义和行动指向，一切都依情境之变而变。王阳明说，"夫良知之于节目时变，犹规矩尺度之于方圆长短"，而真正不变的，真正主宰一身的是良知。健身界有个说法叫核心力量，在训练的过程中会逐渐体悟到那个核心的存在，这个核心力量就是良知。因此，良知具有体验性和实证性，经得起推敲和考证。当然，人心、意识，往往容易被外物、名相、度数所误导，"但在常人多为物欲牵蔽，不能循得良知"[③]。传统文化研究通常将王阳明哲学的核心理解为"心外无物"的唯心主义，其真正的核心却是"场外无物"的空间物理主义，与现代性意义上的空间哲学在逻辑与机制上完全相同。

良知的发生过程、生成过程，其实就是合于发生场域的过程，这个过程叫"合"。先秦左丘明在《晏子对齐侯问》中以羹、声来解释合的概念，"和如羹焉。水火、醯醢、盐梅以烹鱼肉，燀之以薪，宰夫和之，齐之以味，济其不及，以泄其过，君子食之，以平其心。君臣亦然，君所谓可，而有否焉，臣献其否，以成其可；君所谓否，而有可焉，臣献其可，以去其

---

① （明）王阳明：《传习录》上，载《王阳明全集》，第6页。
② （明）王阳明：《传习录》中，载《王阳明全集》卷二，第95页。
③ （明）王阳明：《传习录》中，载《王阳明全集》卷二，第78页。

否。是以政平而不干，民无争心。……声亦如味，一气、二体、三类、四物、五声、六律、七音、八风、九歌，以相成也；清浊、小大、短长、疾徐、哀乐、刚柔、迟速、高下、出入、周疏，以相济也。君子听之，以平其心，心平德和。……若以水济水，谁能食之？若琴瑟之专一，谁能听之？同之不可也如是"①。传统文化中，"和"被误读得比较严重，这个字在现代意义上通常仅具有"加和"的意思，然而，不同类事物的简单"加和"并不具有整合、合一，乃至于也不具备生成一个新事物的属性，因而往往是僵化的、固态的、静态的，并没有生机和活力。《国语·郑语》中说，"夫和实生物，同则不继。以他平他谓之和，故能丰长而物归之，若以同裨同，尽乃弃矣。"② 王阳明的良知则是一个从"和"走向"合"的过程，合描述的是一个发生、生成、合成的过程，正如"水火、醯醢、盐梅、鱼肉、薪"合于"羹之场"，"一气、二体、三类、四物、五声、六律、七音、八风、九歌"合于"声之场"。

与此同时，"良知"与社会世界的"名物度数"并不相关，它只有通过入场、在场和合场才能成就，"名物度数"会在"临场"时自然脱落。王阳明强调，"人只要成就自家心体，则用在其中。如养得心体，果有未发之中，自然有发而中节之和，自然无施不可。苟无是心，虽预先讲得世上许多名物度数，与己原不相干，只是装缀，临时自行不去。亦不是将名物度数全然不理，只要'知所先后，则近道'。"③ 当然，"名物度数"在"临场"时并非全然无效，但是一定是基于场性逻辑的"良知"在先。在脱场和离场的情境下，人们很难通过思辨捕获"良知"的踪迹，阳明后学的欧阳德指出，"离却天地人物，则无所谓视听、思虑、感应、酬酢之日照，亦无所谓良知者矣。"④

总而言之，对于王阳明来说，"良知"先于经验而存在，具有先天性、本体性的至高地位，是圣门唯一之路，"予惟良知两字，是千圣从人之门，

① 左丘明：《左传·昭公二十年》。
② 左丘明：《国语·郑语》。
③ （明）王阳明：《传习录》上，载《王阳明全集》卷一，第 24 页。
④ （明）欧阳德：《答罗整庵先生寄〈困知记〉》，载《欧阳德》卷一，第 17 页。

自初学至于成德，只此一路，惟有生熟不同，更无别路可走"。① 王阳明所说的"良知"实际上就是日常实践世界中作为"第一性"存在的"常识"，如其自身所定义的，"不离日用常行中，直造先天未画前"。② 良知离不开日用常行，这意味着只有切实地参与日常世界的实践，才能体悟真正的良知，良知也唯有在日常实践中才能发挥效能，并彰显其存在性和其超越性意义。良知源于场景、情境所形成的场域，良知就是场识。当场启动的时候，作为第一性的场识就启动了，在次序上先于宗教、伦理和道德，正如王阳明所说，"知所先后，则近道"。

比如，任何一个系统初建的时候往往都是最有活力的，因为良知在场，任务和序位清晰。反而是系统成熟之后，序位是最难维系的，此时良知退场，神龙隐遁，所以自古以来都是"打江山容易，守江山难"。举例来说，在一支特种作战队伍中，战争之场的第一性就是良知。战斗中的成员，每一个动作都是下意识的，脑子中根本不会想起什么战争法则，如同一个演员进入表演情境时根本不会想到什么卡夫卡、布莱希特。对于战场中的战士来说，不服从临场、现场的良知只有死路一条；对于表演中的演员来说，不服从临场、现场的良知只有尴尬至死。从这个意义上来说，良知是任何一个系统中能够统帅所有元素、调集所有场力以及让所有成员合于一体而使某种目标或任务得以完成的实践过程，它在系统中是第一性，位于第一位置，它决定了场中所有的关系、冲突、共识和行动。战场上的利他主义、袍泽之情、兄弟情义都是一种幻想意义上的情境再现，以及文学意义上的类型化，它们只是对场域中某种共同行动状态、潜在的集体人格的类型化表达，并给局外人提供一个可以理解的阐释框架，以便让场域中的行为符合外部社会学的修辞想象。然而，真实的情况是，兄弟情义、袍泽之情、利他主义并不存在，战场上的舍生忘死实则源于临场、在场状态下的良知觉醒，作为第一性的系统良知要求每个个体都必须做出符合场性逻辑的行动，而文学若要对这种行动进行描述就只能借助修辞。因为良知是无法描述的，不具有情感意义上的可读性，这也是为何战场上

---

① （明）王畿：《桐川会约》，载《王畿集》卷九，第53页。
② （明）王阳明：《传习录》中，载《王阳明全集》卷二，第872页。

的指挥官往往看上去都很冷血，因为他必须遵循系统良知；而战士在回想战争场景时，由于无法在众多的阐释中找到适合的言语，也只能借助修辞来表达对系统良知的崇高敬意以及真正的臣服。然而，任何一个战士都能明白，修辞并不具有组织力和动员力。系统良知是生死驾临那一刻的终极法则，比如协调、默契、配合、奉献、信任、服从等，诸如此类。可以说，战争是检验良知的终极情境，在生死存亡之刻，必须有一个指挥官进行统一指挥，这个指挥官必须具有洞察和服从系统良知的绝对信仰，而这恰恰就是王阳明在明代能够统帅指挥无数次战役而都能取胜的原因。王阳明的良知学说，与其说源于他的参禅悟道，不如说源自他无数的战争临场经验。

电影也是一个检验良知的终极情境，决定电影的不是剧本，而是演员的良知。演员能否在表演的情境中捕捉到系统的良知，即场景中的细微法则，决定着电影的真实性和颗粒度，而这种良知也会被观众轻易地识别出来，因为这种良知就是日常实践世界中每个观众都会遭遇却又轻易忽视的常识。因此，演员的功力在于剧本所描述不到的地方。剧本可能会构建一个场，但是通常无法抵达日常实践世界的常识维度，常识的捕捉和提炼，完全依赖进入场中的演员。当然，如果演员只是按照剧本念台词，那将会与系统良知彻底分道扬镳，其表演也会让观看电影的观众陷入无底的困惑深渊。常识就是这样一种先于经验而存在的事实，它并不是什么粗糙的现实，而是作为日常实践世界根本逻辑而呈现的紧密协调性。

场传统是中国儒家社会一以贯之的真正文化传统。芝加哥大学人类学家雷德斐尔德（Robert Redfield）在1956年发表的《乡民社会与文化》一书中提出了"大传统"（great tradition）与"小传统"（little tradition）的概念。大传统指的是都市文明，代表精英、知识阶层的文化；而小传统指的是地方性的乡土文化，代表大众和底层文化。① 然而，大小传统的区分其实是牵强的，是表面现象。其实，真正的文化传统并不分精英阶层和乡民阶层、都市文明和乡土文化，因为都市和乡村、精英和大众、不同的知识阶层所面对的常识困境是一样的。都市中公司的治理逻辑，与乡土中村

---

① 陈来：《古代宗教与伦理》，生活·读书·新知三联书店，2009，导言。

镇的治理逻辑、人与人的交往逻辑没有本质的区别。大小传统中所缺失的东西基本上是一致的，它们都处在同样的空间场域之内。王室的亲族关系结构与乡土的亲族关系结构没有不同，皇帝与农夫都同样面临大儿子与小儿子谁来继承财产的问题。文明并不是由大传统所决定的，大小传统这种形构的形成是被权力阶层、专职化的知识阶层所人为设想的结果。在中国儒家社会中，大传统与小传统的分界并不明显。事实上，中国儒家社会并不存在大小传统，儒家一以贯之的始终都是基于常识的场传统，场传统才是形塑文明结构形态的主要动力，因常识而形塑的气质才是相对恒定持久的，而因阶层、知识分化、时代所形成的表象只是文明的剩余物，会随着历史的消散而消散。

场传统的常识逻辑不是费孝通所讲的环环外展的水生涟漪，而是月照千湖。项飙认为，"帝国的想象，跟我们今天心目中的图景很不一样。它不是说北京高于我们，我们地方是边缘，从属于帝国。它的想象是，帝国的基本原则，即儒家伦理，是内在于我们每一个人、每一个地方的，不管你在哪里。所以每个'地方'都有一套帝国，除了没有皇帝。它所想象的地方与中心的关系不是等级化的关系，有高有低，而是像月照千湖，每一个湖里都有自己的月亮，靠这样构造一个共同性"①。

事实上，场传统的阐释框架到了阳明后学时代就已经被正式确认，阳明后学是中国文化史上第一次真正具有现代性意义的儒学复兴和向日常实践世界的回归。如王畿意识到良知的超验性和先天性，"阳明先师良知两字，乃是范围三教之宗"②。王艮及泰州学派则反复强调"百姓日用即是道""愚夫愚妇与知能行，便是道""百姓日用条理处，即是圣人之条理处"③。

在阳明后学中，李贽最有代表性，因为他向来反对儒教、道教、佛教，而且影响力极大，是明朝万历年间的学术明星。在中国现代"批孔"的文化运动中，李贽还被树立为反儒的英雄。但是自从李贽接触过阳明后学泰州学派的王畿、罗汝芳等人之后，对阳明学则深信不疑，并且被视为

---

① 项飙、吴琦：《把自己作为方法：与项飙谈话》，上海文艺出版社，2020，第24~25页。
② （明）王畿：《桐川会约》，载《王畿集》卷九，第215页。
③ （明）王艮：《语录》，载《明儒王心斋先生遗集》卷一，第2、4页。

阳明后学泰州学派的重要传人。李贽本人也曾自述阳明学对他的影响，"余自幼倔强难化，不信学，不信道，不信仙释。故见道人则恶，见僧则恶，见道学先生则尤恶……不幸年甫四十，为友人李逢阳、徐用检所诱，告我龙溪王先生语，示我阳明先生书，乃知得道真人不死，实与真佛真仙同，虽倔强，不得不信之矣"①。阳明学那种强大的自证性、体验性和可检验性让李贽"不得不信之矣"，自此自甘伏首拜阳明，并且证悟出"'道'只在五伦之内""世人厌平常而喜新奇，不知言天下之至新奇，莫过于平常也"②。总而言之，在阳明后学看来，日常实践世界的神圣意义与真佛、真仙、真道、先天元神无异。

良知最核心的属性就是实证性和操作性，阳明学派认为"天下无一人不生知，无一物不生知，亦无一刻不生知"，这是能够使当时那些文化程度不高的"愚夫愚妇"理解、并且在日用常行中发挥力量的根本原因。日本学者沟口雄三曾认为，中国阳明学在历史上的第一作用就在于儒教的大众化。③很显然，如果要实现教化的作用，理论需要具有有效性，还要能够执行操作。如果只是口号肯定起不到教化作用，如此才能实现"满大街都是圣人"的教化结果。王阳明强调，"你们拿一个圣人去与人讲学，人见圣人来，都怕走了，如何讲得行！须做得个愚夫愚妇，方可与人讲学"④。他又曾对学生说道："与愚夫愚妇同的，是谓同德。与愚夫愚妇异的，是谓异端。"⑤正是如此，阳明学才能够深入民间，参与乡村伦理建设、普及乡村书院，让目不识丁的普通民众也能参儒成圣。阳明学派进行了大量的讲学，建立民间团体，制定乡约、会约、民规、箴语、族谱、家谱、家规、民规等民间生活规范⑥，进行了一场规模浩大的、跨度逾百年的、将传统儒家精神贯彻到民间生活秩序中的大型社会实验。

虽然阳明学在中国并没有在日常社会层面获得创造性的传承，但在日

①　（明）李贽：《阳明先生年谱后语》，载《王阳明全集》卷四十一，第1780页。
②　（明）李贽：《复耿侗老书》，《焚书》卷二，第60页。
③　朱承：《信念与教化：阳明后学的政治哲学》，上海人民出版社，2018，第11页。
④　（明）王阳明：《传习录》下，载《王阳明全集》卷三，第132页。
⑤　（明）王阳明：《传习录》下，载《王阳明全集》卷三，第121页。
⑥　朱承：《信念与教化：阳明后学的政治哲学》，上海人民出版社，2018，第13页。

本进行了创造性的转化。日本主义近现代运动中文化驱动力的核心其实就在于将儒学以及阳明学的实践理性纳入顶层设计以及制度设计。日本主义的诡计在于，他们没有将儒学以及阳明学在政治层面上制度化，而是在日常世界维度将其制度化甚至体系化了。美国学者斯托克指出，"日本在奈良时期大肆引入中国文化，又在平安时代实现了中国艺术的本土化"。① 在近现代时期，"日本主义"学者之所以认为亚洲国家的文明未开化，是因为他们认为亚洲国家的文化在日常世界维度中还是混沌未开的。如日本明治时期的美学家冈仓天心在《茶之书》中说，茶虽然最早来自中国，但是中国"无力保护亚洲遗产，欧美又奉行物质至上的观点，是简单粗暴的商业思维，因而无法培养高雅的审美水平"②。冈仓天心认为，唯有日本发展出了融合宗教、艺术与日常三个世界维度的茶道。不仅如此，日本文化、日本美学之所以总是能够在平凡和日常生活中创造一些非凡的洞察方式和表现方式，也是因为它的底层逻辑其实是基于日常实践世界的。日本文化充分地转化了阳明哲学，因为良知确实就隐含在寻常事物之中。因此，良知并非幼稚道德主义和庸俗社会学的代名词，反而是实践哲学的终极纲领，而这种实践哲学引领了日本工艺的导向。比如，日本工匠对场的关注与塑造具有"神话和精神的维度"，"在日本的木工传统中，木材被看作一个有灵魂的、仁慈的、需要被尊敬的神（kami，神道教的神）。古老寺庙里的木匠大师被期望尊重一个神圣的空间内身处其命运语境中的每一根木材"③。传统文化研究通常从外在表现形式上将日本美学简单地视为"物哀"美学，实际上它是典型空间美学和场美学。

据研究，日本平安时代的宫廷，"贵族对抽象的哲学研究兴趣寥寥，更乐于欣赏美与文化"，具有"品位之治"的美誉。④ 这种文化观念进而渗

---

① 〔美〕南希·K.斯托克：《神奈川冲浪外：从传统文化到"酷日本"》，张容译，社会科学文献出版社，2020，第 297 页。

② 〔美〕南希·K.斯托克：《神奈川冲浪外：从传统文化到"酷日本"》，张容译，社会科学文献出版社，2020，第 297 页。

③ 〔美〕托马斯·莱迪：《平凡中的非凡：日常生活美学》，周维山译，河南大学出版社，2018，第 32 页。

④ 〔美〕南希·K.斯托克：《神奈川冲浪外：从传统文化到"酷日本"》，张容译，社会科学文献出版社，2020，第 58~59 页。

透到宗教、艺术和政务之中，甚至被视作政治任务，物哀成为重要的精英美学标准。但是，这个词极其容易引起误解，让人以为日本文化对美的形式敏感，自然之物容易引发日本人的怅然等情绪，这显然是一种严重的误读。日本文化传统所看重的风范与美学体验，不是源于外在的物美学，而是源于礼。对于日本文化而言，礼是一种剩余道德原则。轴心时代之后，原始宗教仪式的神明体验、动物献祭、以及曾处于宗教核心地位的神圣的戏剧性场面，在日本都被纳入和转化到了日常礼的世界之中，而这恰恰是日本主义的核心。"日本的宗教将贯穿在身份阶层制中的丰富而细腻的礼仪习惯神圣化。然而，这里的和睦价值与中国的儒教不同，它不是超越集团的、普遍主义的'道'的秩序在现实中的反映，而是报恩的一种手段。"① 报恩不是简单的道德修养，而是对空间序位的尊重，进而日本文化将礼上升到了神圣化的维度，而日本近代化与现代化的核心其实是以礼的序位代替了宗教伦理。

除此之外，日本佛教也对中国的儒学和禅宗进行了彻底的改造，其中最为重要的核心改造就是日本佛教没有神灵，是一种典型的现代性意义上的实践神学。日本禅宗的临济宗和曹洞宗两个主要流派都诞生于日本中世时期。临济宗是荣西（1141—1215 年）创立的。日本临济宗提倡用"公案"来将人的头脑从理性思考中解脱出来。公案是一种特殊的故事文体，包含模糊或对立表述的故事、对话或词语，它看似毫无逻辑，其实是将人代入情境和场景，其目的却不是讲道理，而是通过模拟临场而让人感悟良知。而且研习公案具有标准化的流程和固定课程。② 日本禅宗的另一个主要流派是道元（1200—1253 年）从中国引入的曹洞宗，"曹洞宗的参禅自省不限于正式的坐禅形式，做工、进食、走路、休息等日常活动皆可与参禅同时进行"③。比如，"淘米时，将沙子除去，但不可丢掉一粒米。见米时也要见沙，见沙时亦要见米，两者都要仔细审看。这样，才能做出六味

---

① 〔日〕作田启一：《价值社会学》，宋金文、边静译，商务印书馆，2004，第 10 页。
② 〔美〕南希·K. 斯托克：《神奈川冲浪外：从传统文化到"酷日本"》，张容译，社会科学文献出版社，2020，第 98 页。
③ 〔美〕南希·K. 斯托克：《神奈川冲浪外：从传统文化到"酷日本"》，张容译，社会科学文献出版社，2020，第 99 页。

完备、三德俱全的一餐饭"①。而这恰恰是孔子在《论语》中讲"食不厌精，脍不厌细"的本义。总而言之，日常实践世界的存在本质中具有超验的一面，这种超验不是超自然，而是基于空间场性的实践理性。在日本文化中，实践理性渗透到了园艺、书法、水墨画、茶道、武士道等一切日常生活场景与活动之中，实现了宗教艺术哲学、日常生活世界与日常实践世界的三界融合。

中国儒学的核心就在于其基于日常世界维度的实践理性，阿姆斯特朗在《轴心时代》中指出，"如果没有人类的劳作，天帝就无法施加影响"②，因此在儒学传统中，"人世间平凡的活动于是被神圣化，成为神圣的行为，使人们得以分享这一神圣的过程。当人们清除森林、平整乡村、修建道路之时，周王即完善了天帝早已开始的创造。在《诗经》中，诗人使用了同一个词语，用以描述天帝的神圣工作与人类在尘世间的活动。周太王和文王成为天帝的助手，而如今他们在世的子孙后代必须继续这一神圣使命：天［作］高山。大王荒之；彼［作］矣，文王康之。彼徂矣，岐有夷之行。子孙保之"③。日常劳作在儒学传统中具有绝对的神圣化意义。"当中国人谈及大地、宇宙，或者甚至是华夏帝国，这些世俗的范畴也包含神圣的意义。相对于寻找某种'遥远的'神圣者，他们对通过确保此世符合上天的原型而使之彻底神圣化更感兴趣。在宇宙和自然进程中揭示出的'天道'，比起任何高高在上、被人们精确地予以阐释的神祇更为重要；他们在日常劳作中体验着神圣，在尘世中促使万事万物符合'天道'。"④

当然，实践并不等于狭义的劳动或劳作，它指的是一个具有主体间性的，生成人的伦理规范和意识的整体过程，李泽厚称之为"人类学本体论"⑤。人们通常认为宗教、审美是高级的东西，而实践是低级的，高级的

① 〔美〕南希·K. 斯托克：《神奈川冲浪外：从传统文化到"酷日本"》，张容译，社会科学文献出版社，2020，第99页。

② 〔英〕凯伦·阿姆斯特朗：《轴心时代》，孙艳燕等译，海南出版社，2010，第41页。

③ 〔英〕凯伦·阿姆斯特朗：《轴心时代》，孙艳燕等译，海南出版社，2010，第81页。

④ 〔英〕凯伦·阿姆斯特朗：《轴心时代》，孙艳燕等译，海南出版社，2010，第82页。

⑤ 李泽厚：《从美感两重性到情本体：李泽厚美学文录》，马群林编，山东文艺出版社，2019，第64页。

东西怎么能从低级的东西里面出来呢？而实际上恰恰相反，实践场域是先验的，是伦理、宗教和审美的根源和前提。杜维明以孔子为例解释了这种实践美学的审美属性，"孔子具有使行为举止和所遭遇的各种事物完满协调的能力，《论语》第十篇（乡党）中的生动描述，即为显例。有关孔子的衣着、面部表情、姿势和习气的独特叙述，正是夫子人间性情的清晰说明及表达。孔子的行走、言语、进食和教学，甚少有'神秘'的色彩。孔子就像他自己所描述的，是位学不厌教不倦的人，即使是个性也无神秘之处。然而，对他的学生及此后数世纪追随其教诲的人而言，孔子平凡无奇的人生风格却能激起人们的敬畏。对他们而言，孔子作为师表的伟大力量，即潜藏在其平常性里。由于孔子意识的抉择不曾借助异常、权力、超人或超现世的能力以打动人们，而被尊崇为真正内在力的表征"①。事实上，正如阿姆斯特朗所洞察到的，周文王、孔子意识到了宇宙的神性和全部奥义就内含于行为、举止、行走、言语、进食、劳作等日常实践的常识世界之中。因此，儒学致力于阐释具有真正内在力的日常世界的常识逻辑，这种内在的常识逻辑并不是通常意义上的人文化、世俗化、伦理化和人性化，而是人间性。人间性与神性有着世界维度上的区隔，神性往往象征着纯粹的超自然力量，具有超凡品格和魅力的先知，以预言和戒律为特征，从而超出了日常实践世界的维度，成为玄学领域的禁欲主义和神秘主义，信仰领域的宗教主义，以及世俗领域的威权主义的源头。儒学之所以能够统领人世间的各个领域而实现其文化性和宗教性权能，不在于其发明了某种超越性的理念，而在于其实践性，这是一种可以体验到、感悟到，能够进行实证、可以实现的"作圣之路"。这种从神话主义、宗教主义向实证主义的转型，奠定了儒学文化与价值的方向，进而形成了它独特的精神气质、风格与审美的基调。从此，人间不再被视为纯粹的幻觉，而是被当作修行的道场。拯救与救赎不在于来生和神界，彼岸与此岸、来世与今生实现了根本性的统一。

总体来说，儒学创造了日常实践世界这一全新的价值领域，然而，日常实践世界的结构和传统社会对道德秩序的理解迥然不同，这个世界入于

---

① 杜维明：《灵根再植：八十年代儒学反思》，北京大学出版社，2016，第63页。

世间却又不属于世间。孔子说，"吾道一以贯之"，"一以贯之"的这根线索虽然若隐若现、明灭不定，但是它从未断绝，它在日常生活的广阔实践中，依然让儒学的灵魂充满生机。而作为日常世界实践者的儒家，与选择隐退的道家、脱离红尘的佛家也决然不同，儒家经由对日常世界的全然阐释，以及对空间宇宙的合理化设计，而成为社会世界中教师、顾问、监察官、谏诤者、宰相和臣僚等人间秩序的仲裁者。①

虽然儒学确实经历了一个吉登斯、查尔斯泰勒等人所说的"巨大的脱域"，从传统的常识共同体中抽身而出，进入一种由外部社会学组织起来的现代社会，但是当我们发现其实"人人心中有仲尼""人人皆可为圣贤"时，良知和常识这条"一以贯之"的"作圣之路"依然会重新照亮中国社会。

（二）儒学实践观的工夫逻辑

总的来说，现代性的反面有两个：一个是过度地向外探索外部世界，表现为科学主义；另一个是盲目地向内探索人类的精神世界，表现为玄学的神秘主义。它们都离开了日常世界而停留在异识世界的范畴内，日常世界被封印带来的一个最直接的后果，就是失控感与无助感，需要借助制度化、政治化、宗教化、哲学化等种种外力来制衡这种失控，然而事实证明这些道路都是行不通的，现代性的危机只是通过日常世界来解决，从日常中来，回到日常中去。因此，西美尔提出的现代性解决方案其实可以总结为一种提案，即究竟以什么形式才能充分表现日常世界的场性逻辑，这个问题其实是中国儒家致力于回答的。

从这个角度进行考察，我们会发现，轴心时代那些伟大的思想先驱，其实无非都是日常实践逻辑的发现者，他们都发现了日常世界中的神圣性和宗教性，但都无意建立宗教，佛陀说"不立文字，教外别传"，老子说"道可道，非常道"。轴心时代的圣贤认为，伦理意义、道德意义、精神生

---

① 杜维明：《灵根再植：八十年代儒学反思》，北京大学出版社，2016，第66页。

活都不是解决人类处境的关键所在，解决之道在于实践一种能够与上帝、涅槃、梵、道相匹配的生活方式、行为方式和生命状态，而这种超越之路就在日常世界之中。"问题的关键并不在于你相信什么，而在于你的行为举止。宗教关乎你所做的事，而这可以深刻地改变一个人。"① 事实上，"西方哲学有向应用伦理、实用主义伦理学等方面转向的趋势，对身体和情感的关注更是重中之重，这一切都指向对生活经验的整体性恢复，以及在抽象和具体之间重建一种适当的平衡，以恢复实践智慧的独特价值。这一切并没有完成"②。而西方哲学所要完成的实践智慧，实际上就是儒学的本体所在。儒学不是以主观的自我为中心，也不是以外在客观的物为中心，而是以日常世界的行为、行动，以及现场临在的交会为中心，正如杜维明所说，儒家"本体论的发掘，则是把注意力从对天道的描述转向对万物最后根源的领会。问题的方向集中在探究现象内层的真际"③，"己所不欲勿施于人"正是在这一交会中产生的金规则。虽然轴心时代的思想停止了对神圣超越世界的崇拜，但是在轴心时代中唯一明确拒绝建立宗教形式的却只有中国儒家而已，"有超越的本体感受但不神化天命；有内在的道德觉悟但不夸张自我；有广泛的淑世悲愿但不依附政权；有高远的历史使命但不自居仁圣"④。

论述至此，我们不得不承认，中国儒学其实本身就具有最完整的现代性基因。汉学家芬格莱特早已发现儒学的现代性成分，他认为中国儒学"在心理学上是真实的"，"对于体现在孔子言说之中的那种视域的深度和广度来说，现代世界的这种情形并没有从中剥夺什么"，"孔子思想中有着十分重大的类似于西方新思想的成分"。⑤ 汉学家罗思文和安乐哲则认为，古典儒家哲学教义完全可以根据现代感受进行修正，"可以构造出一种观

① 〔英〕凯伦·阿姆斯特朗：《轴心时代》，孙艳燕等译，海南出版社，2010，第3~4页。
② 〔美〕罗思文、〔美〕安乐哲：《儒家角色伦理——21世纪道德视野》，吕伟译，浙江大学出版社，2020，第28~29页。
③ 杜维明：《灵根再植：八十年代儒学反思》，北京大学出版社，2016，第44页。
④ 杜维明：《灵根再植：八十年代儒学反思》，北京大学出版社，2016，第8页。
⑤ 〔英〕赫伯特·芬格莱特：《孔子：即凡而圣》，彭国翔等译，江苏人民出版社，2002，序言。

念结构，为当下的道德生活提供基础，自由主义者、保守主义者、宗教信徒、怀疑论者，可以共存其中，且不带任何神学背景"①；甚至提出，"儒家传统不仅适用于东亚人，而且可能适用于所有人；不仅适用于过去，而且可能永远适用"②。这是因为，儒家文化在本质上并不是一种类似于哲学的理论体系，也不是类似于宗教的教义体系，而是对人类社会日常世界逻辑体系的描述；仁义礼智信、孝悌、忠恕等实践逻辑并不是儒家和中国文化所独有，而是存在于人类社会日常交往行动之中的常识逻辑；在不同的民族、国家、区域文化中，其名称、概念、阐释可能不同，但是其背后的逻辑、结构、情境却是实在的、恒在的。儒学、儒家、儒圣的命名框架束缚了其文化逻辑的传承和传播，儒学之所以能够成为圣统，源于其日用而不知的、隐蔽的、阐释日常世界逻辑的常识体系以及对其实践逻辑的认同。儒学在文化中国的生活世界中被真正默认的其实不是儒家、儒圣，而是儒学背后的常识。儒之实践逻辑不因儒家的出现而存在，也不因儒学的隐退而消亡。在文化现代性的演变中，中国儒学也从未落后。

对照西美尔的现代性提案，我们会发现，儒学的道统始终拒绝的就是因果逻辑、生物性逻辑、人性逻辑、德化逻辑，而一直致力于恢复场性逻辑的神圣尊严。它是一种日常世界根本教义之不变值，兼具科学的明晰性和宗教的笃信性，这种笃信不是源于神话，而是源于日常生活实践中的实证。儒家不像宗教和法律那样诉求外在于日常世界的因果逻辑，如基督教中基于"罪恶—拯救"因果逻辑的原罪文化、佛教基于"轮回—涅槃"因果逻辑的因果文化、现代社会基于"进步—未来"因果逻辑的制度文化；没有先知、神灵、灵魂、神话，没有丝毫神性、神秘主义的气息，也没有威胁和恐惧，其回馈并非位于彼岸和来世，而就在当下。儒家也不依赖于本能和利害关系的生物性逻辑和人性逻辑，不同于西方新教伦理下的现代社会，日本的耻感文化，而更像是遵循人类生理、生物逻辑的动物社会。

---

① 〔美〕罗思文、〔美〕安乐哲：《儒家角色伦理——21世纪道德视野》，吕伟译，浙江大学出版社，2020，第3页。

② 〔美〕罗思文、〔美〕安乐哲：《儒家角色伦理——21世纪道德视野》，吕伟译，浙江大学出版社，2020，第59页。

不仅如此，儒学也并非基于自然哲学的形而上学体系，它不像哲学和文化那样诉求内在于主观世界的德化逻辑来实现社会整合和个体内在的统合。宗教的神性依赖于神迹、德性依赖于德行，但是德性绝对不是符号意义上的修桥、铺路、建庙、捐款、放生，这种误读常将文化的表现和文化行动引向表演型文化，甚至对罪恶的掩盖。事实上，人们对德性的评判基于隐性的实践逻辑和常识秩序，其评判标准在于是否吻合常识，是否吻合常情常理。而儒学的实践逻辑揭示了人们对此是知晓的，观察者心知肚明并且心照不宣，表演者则是掩耳盗铃。问题是，人们是如何得知的？又如何判断的？这成了儒学的起点。因此，儒学的意义并不在于"学做人"，而是发现和探索日常世界逻辑的"天经地义"——"经"是常识的表征，"义"是一日不可或缺的常法。① 儒学体系从本质上来说，是一种根植于日常实践世界的常识文化，儒家的道统就是日常世界的常识逻辑，其研究重心是基于认识日常世界的形式逻辑、辩证法、思维方式、思维模式等方法论。恩格斯在《反杜林论》中说："在以往的全部哲学中还仍旧独立存在的，就只有关于思维及其规律的学说——形式逻辑和辩证法。"② 如果说神话和原始宗教的基质依赖于情感的统一性，那么儒学的基质则依赖于实践逻辑的法则。

如果将儒家视为以上逻辑的任何一种，都将会让我们对儒学的认识和传承迷失方向。儒学从来不是一种作为认识论信仰存在的客观实体，也非主观信仰，它是基于日常世界根本性常识逻辑的实践信仰，即使灵魂拯救是生命完形动力的最高实现，也只能通过灵魂与场的相互关系才能实现，而这种相互关系在儒家看来并不是概念性的关系，而是基于实践的场性逻辑关系。事实上，轴心时代的思想家都普遍强调教义的实践性、检验性和经验性，无法经过实践检验的教义无法成为真正的信仰，阿姆斯特朗认为："贤哲们当然不会试图将其自身关于终极实在的观点强加于人。与此相反，他们认为，人们永远都不应该将任何宗教教条或道听途说的东西接

① 杜维明：《灵根再植：八十年代儒学反思》，北京大学出版社，2016，第14页。
② 恩格斯：《反杜林论》，人民出版社，2015。

受为信仰。质疑一切并对照个人体验，以经验为依据去检测任何教义。"①
但是与人们普遍将儒家视为世俗主义、修身主义，认为儒家与宗教相比缺
乏神秘力量的认知不同，儒家的神秘力量就藏于日常实践之中。罗思文和
安乐哲坚信："儒家思想同时也解决了西方视角中的宗教问题，并且在其
世俗性中提供了一种可被称为抵达'神圣'的方法、就像芬格莱特在他的
《孔子——作为神圣的世俗》一书中令人信服地主张的那样。"② 儒学"提
供一种罕见的但精神上真正具有超越能力的形式，即一种超越特定时空的
能力，赋予我们的个人人格以人类共通性，因此也有了强烈的连贯性，贯
穿过去和未来"③。传统文化研究往往只关注儒学的表象，如重孝、亲人、
贵民、崇德、祖先祭祀、宗族成员的情感、家庭家族的义务、亲族关系
等，而忽略了儒学的神圣维度。西方与神的关联需要通过"信"，印度
与神的关联需要通过"悟"，儒学与神的关联则需要通过"行"，其神奇
魅力在于"一个具体的人通过礼仪、姿态和咒语，获得不可思议的力
量，自然无为地直接实现他的意志。事实上，孔子所强调的美德都具有
'能动性'和实践性。例如，'恕'（人际关系的相互性）、'忠'和'信'
（对他人善良的信念），都内在地涉及到一种与他人的动态关系。"④ 神圣的
力量在儒家那里显化为人间关系和人间道场。儒家的神性不是一种外在性
的、他者的、超自然的力量，救赎也不在于彼岸，没有时间和空间上的距
离，而在当下。

儒家文化是一种典型的西美尔意义上的实践信仰，所有儒学文化的外
在形式，都是内在实践逻辑的显现形式。它从不用片段式的未来图象来遮
盖日常世界的整体感，也不用宗教的致幻性来麻醉当下的实际感受，相
反，它是日常现实世界的全息图、全景图，它只是提供了"一种相互关联

① 〔英〕凯伦·阿姆斯特朗：《轴心时代》，孙艳燕等译，海南出版社，2010，第3~4页。
② 〔美〕罗思文、〔美〕安乐哲：《儒家角色伦理——21世纪道德视野》，吕伟译，浙江大学
出版社，2020，第58页。
③ 〔美〕罗思文、〔美〕安乐哲：《儒家角色伦理——21世纪道德视野》，吕伟译，浙江大学
出版社，2020，第56页。
④ 〔美〕赫伯特·芬格莱特：《孔子：即凡而圣》，彭国翔等译，江苏人民出版社，2002，第
48页。

的，具体的、完美行为（仁）的叙事视角"①，"关注'特殊性'（the par-
ticular），即源于日常人类经验，作为特定语境，特定个人意义的'particu-
lar'"②。儒家的本质在于关注日常世界的场性逻辑，以及实现基于关系、
处境、情境、事件和位置的位格。儒家坚信，位格不调整，任何治标的努
力都是无用功。在儒学宇宙中，美好与卑鄙、善良与丑恶在场中都有位
置，"每一个人都有变成'神圣的容器'的可能性"③。儒家并不做道德评
判，只做场域呈现，呈现出场性逻辑结构中应有的样子，而无关善恶。它
只呈现"是"本身，并不试图建立一门学说去谈为何是、如何是。儒家的
道统准确地说是基于常识感受的统一性，是一种共时性的空间秩序，而不是
历时性的时间秩序；是空间秩序与割裂过去、现在和未来的时间秩序进行对
抗时产生的象征体系；是家国、社会、文化、个体生存与血肉有机体在时空
交会点中的位格。因此，儒家道统并非只谈论宇宙的结构或自然的孕成，而
是直接证会日常世界的本体，它并不存在于社会系统之外，而是存在于社
会系统之内，用以内在地、隐蔽地调节社会内部各种活动间的实践感知。

儒学存在一些预设的前提、结构和语境，若要理解儒学，需要首先领
会这些前提、结构和语境，如此才能真正进入并且深刻地领会儒学世界，
不然就会始终徘徊在儒学世界的门外，而不知道这里面究竟发生了什么。
罗思文和安乐哲强调："与其认为孔子头脑简单或极度天真，我们更倾向
于假定他在描述、分析和评价人类行为时用了一套完全不同的词汇，他在
对人类所生存的世界的预设方面有着与西方完全不同的背景，而很多个世
纪以来西方人对此已经形成了自己牢不可破的标准。"④ 儒学既无法封闭于
庙堂，也无法没落于荒野，因为儒学的门槛既非常高，又非常低。高的原
因在于，儒学需要亲身体验和实证，是与武学一样有着严密实证系统的工

---

① 〔美〕罗思文、〔美〕安乐哲：《儒家角色伦理——21世纪道德视野》，吕伟译，浙江大学
出版社，2020，第86页。
② 〔美〕罗思文：《莫把〈论语〉作书读》，何金俐译，北京大学出版社，2020，第65页。
③ 〔美〕罗思文、〔美〕安乐哲：《儒家角色伦理——21世纪道德视野》，吕伟译，浙江大学
出版社，2020，第56页。
④ 〔美〕罗思文、〔美〕安乐哲：《儒家角色伦理——21世纪道德视野》，吕伟译，浙江大学
出版社，2020，第21页。

夫，必须能够进行实证、实修和检验；而低的原因则在于，对于儒学的认知与知识水平、语言水平、知识阶层没有"必然的关联"，如礼义廉耻的践行因为每个人都可以体会和证悟到，并且童叟无欺。与此同时，也并非任何人都可以自称儒学的导师，佛学讲开悟、道学讲悟道，儒学讲成圣，一个真正的儒者是需要认定的。杜维明指出："社会的承认从理论上说并不重要。然而，在实践上，某种形式的公众承认绝不是无关紧要的。"① 事实上，从孔子到王阳明都曾被认证过，自诩、自封、自称都是不算数的，唯有如此，才能获得儒学导师的资格。如王阳明在悟道后的 1509 年，贵州提学副使席书曾多次拜访王阳明，与王阳明沟通其通过大悟经验得到的理解，对其思想的可靠性从满怀疑虑走向确信不疑，并断言"圣人之学复睹于今日"，后由官方正式下令重修省立书院，"并亲自率领贵阳官学学生（秀才）以师礼尊事阳明。于是，阳明的儒学导师的角色第一次得到了官方的承认"② 除了官方认证之外，在师徒关系中也存在一种隐蔽的工夫认证体系，这种认证类似于武学的传承，师父的武学水平高低一经较量便分上下。对于王阳明来说，"师徒关系是阳明的人生历程中的一个极为重要的事项"，而且"拜师有高度仪式化的制度"③。从王阳明的第一个弟子、被誉为阳明弟子中之颜回的妹婿徐爱（1487~1517 年）到其他核心门徒，都举行过正式的拜师仪式。官方认证事件和门徒的工夫认证体系充分说明了，无论是明朝贵阳官方，还是学术界都对阳明学说的实践性、实证性进行过明确无误的校验，这也足以证明儒学绝非故弄玄虚、自欺欺人的野禅、神仙术，"龙场悟道"无论是在形式上还是在实践上都与禅宗和道家的修养、修行、修炼没有任何关系。④ 而王阳明本人对神仙术本身持有明确的反对态度，"阳明说，神仙术不仅浪费时间精力，而且是骗人的，因

---

① 〔美〕杜维明：《青年王阳明：1472—1509：行动中的儒家思想》，朱志方译，生活·读书·新知三联书店，2017，第 123 页。
② 〔美〕杜维明：《青年王阳明：1472—1509：行动中的儒家思想》，朱志方译，生活·读书·新知三联书店，2017，第 194、195 页。
③ 〔美〕杜维明：《青年王阳明：1472—1509：行动中的儒家思想》，朱志方译，生活·读书·新知三联书店，2017，第 125 页。
④ 〔美〕杜维明：《青年王阳明：1472—1509：行动中的儒家思想》，朱志方译，生活·读书·新知三联书店，2017，第 165 页。

为它没有考虑到宇宙的自然过程"①。与此同时，"龙场悟道"也绝非隐藏着某种秘密图谋、动机的哲学发明，王阳明甚至提醒他的学生不要对那些无法通过实践检验的哲学发明进行"诡随"。② 他对朱熹学说以及盲目坚持朱熹学说的人所进行的批判，其核心指控在于朱熹学说无法诉诸行动，进而也无法得到实践的检验，坚持朱熹学说的人"从来没有亲身体验过朱熹所讲的那种行动方式。实质上，朱熹对他们的肉体和心灵都没有丝毫的触动，而现在他们却突然把自己装扮成朱熹学说正统的捍卫者"③。有些坚持朱熹学说的士人，动机和动力也是不言而喻的，要么是"围绕着政治升迁这个特殊目的"，或是为了"通过科举考试"④，要么是为了发明一些类似于"生命+"的伪哲学概念浑水摸鱼、欺名盗世，毕竟那些既不能证实也不能证伪，更不用进行行动和实践检验的概念，太容易编造了。而在王阳明看来，真正的儒学从来不交流、辩诘和论证抽象的真理、玄思、理论，儒家确信"以己之昏昏，焉能使人昭昭"。因此，儒家思想的首要价值在于实证、实践和实战，这种实证遍涉日常生活领域，王阳明强调"哑子吃苦瓜，与你说不得。你要知此苦，还须你自吃"，内在经验必须通过亲身经历和体验才能获得。与此同时，这种实证不仅覆盖日常生活领域，同时也涵盖了超凡脱俗的神圣领域，王阳明甚至曾反问那些认为儒学只有世俗性而无超验性的人："盖吾儒亦自有神仙之道，颜子三十二而卒，至今未亡也，足下能信之乎？"⑤

儒家信仰的核心是基于实践的工夫信仰，而儒学之所以能够作为传统科举考核依据的前提则是，既然对儒学的认知是基于实践体察的工夫，那么儒学认知的高低自然也就是实践工夫的直接呈现。这种实践在武学、体

---

① 〔美〕杜维明：《青年王阳明：1472—1509：行动中的儒家思想》，朱志方译，生活·读书·新知三联书店，2017，第154页。

② 〔美〕杜维明：《青年王阳明：1472—1509：行动中的儒家思想》，朱志方译，生活·读书·新知三联书店，2017，第136页。

③ 〔美〕杜维明：《青年王阳明：1472—1509：行动中的儒家思想》，朱志方译，生活·读书·新知三联书店，2017，第215页。

④ 〔美〕杜维明：《青年王阳明：1472—1509：行动中的儒家思想》，朱志方译，生活·读书·新知三联书店，2017，第125、146页。

⑤ 王阳明：《答人问神仙》，载《阳明全书》第二十一卷，第4页。

育、竞技、手工艺等显性文化中比较好理解，但是在政治、思想、文学、哲学、交往、修养等隐性文化中则较为隐蔽。儒学六经的奥义就在于实践工夫，工夫的主要任务是追寻日常世界的轨迹，在人的行动逻辑与场性逻辑之间的关系达到巧妙的平衡。《易经》六十四卦三百八十四画中的每一画（爻）都包含着日常世界逻辑的"至教"，蕴含着如防止、推动、隐含、激烈、对抗、收敛、静守、防卫、养护、培育、克服、冲突、上升等行动方式和行动方案的线索。《易经》是作为恒定的结构性关系的场性逻辑的映射，而当人的行动一旦进入场中的结构性位置时，场的结构性力量和逻辑力量就启动了，因此孔子才会说："加我数年，五十以学《易》，可以无大过矣。"而"自宋代大儒之后，这种关系的真实意义就丧失了。一些人埋头于'六经'的词句分析（训诂），'六经'的宗旨被分割支离；一些人只关心辞章作文，通过科举考试，'六经'的宗旨被遗忘"①。阳明学说的奥秘实际上就在于它并非纯理论的论证、哲学的思辨和应付科举的文章辞令，而是恢复了儒学作为可以实证和亲证、内在经验与外在经验合一、具有可传授性且能够击穿世俗性和神圣性界限的"工夫信仰"的面貌。关于儒学的实证性，王阳明曾反复"参照儒学经典的说法来反证他的经验，并用'莫不吻合'来形容他的思想活动的结果。五经之言，都支持他的新认识的正确性"②。不仅如此，凡是经历过阳明学证悟实践的阳明门徒，都对王阳明学说确认无疑，并且"愿意投身其中，即使牺牲科举仕进带来的功名利禄也在所不惜"③。正是因为这种基于亲身实践的工夫性，王阳明强调儒学传承必须"通过亲身传授"，"这种亲身传授，不仅采取对话的形式，而且还要以身示范"④。在王阳明看来，师徒关系对于传播儒学真义具有独特的作用，其原因就在于工夫根本无法通过中介习得。王阳明为了避

---

① 〔美〕杜维明：《青年王阳明：1472—1509：行动中的儒家思想》，朱志方译，生活·读书·新知三联书店，2017，第146页。

② 〔美〕杜维明：《青年王阳明：1472—1509：行动中的儒家思想》，朱志方译，生活·读书·新知三联书店，2017，第171页。

③ 〔美〕杜维明：《青年王阳明：1472—1509：行动中的儒家思想》，朱志方译，生活·读书·新知三联书店，2017，第126页。

④ 〔美〕杜维明：《青年王阳明：1472—1509：行动中的儒家思想》，朱志方译，生活·读书·新知三联书店，2017，第187页。

免各种中介的误传甚至烧毁了悟道后的心得总结《五经臆说》，认为"只致良知，虽千经万典，异端曲学，如执权衡，天下轻重莫逃焉，更不必支分句析，以知解接人也"①。在王阳明看来，文字、话语、知识正是儒学道统传承的根本性障碍，"王阳明焚书"可以说是中国思想史上最具现代性启蒙意义的象征性事件。

王阳明的真正任务并不是去建立一个新的信仰领域，而只是去除文化的遮蔽，恢复儒学的本真面目。王阳明说，"圣人之道，吾性自足，向之求理于事物者误也"，此处的"吾性"并非自性而是场性。只有将阳明思想中的"良知""格物"放在西美尔的位格前提下，我们才能正确理解王阳明的良苦用心。"格"是动词，是合于某物的动态指向，"物"则是日常世界的常识逻辑。而纵观中国历史，在儒家自我修养的维度下阐明良知、格物意义的努力基本是徒劳。王阳明讲的"知行合一"，既不是认识指导行动，也不是行动指导认识，而是知和行都必须"合一于良知"。知行恰如阴阳一样，位于阴阳之前的那个交合点、连接线才是本体，阴阳都由这个本体生出。知和行的前提则是作为场性、作为本体、作为第一性的良知，知和行都扎根于同一个本体，都由良知生出。王阳明说，"未有知而不行者；知而不行，只是未知"，不存在知而不行，或行而不知，问题都出在没有"合于场"。反之，只要意识到"场性"的存在，人人皆能孝悌，人人皆具圣心圣行。王阳明把良知的实现过程称为"践形"，②而践形的过程也就是参与自然、宇宙、众生大化的过程，也就是格物的过程。王阳明无疑是将日常世界遮蔽的隐性逻辑进行显化的工夫大师，与此同时，这种工夫不仅能够通过他本人及门徒进行显化，同时也能够通过平民教育彰显结果，其效力不证自明。但是由于我们今天已经失去了明代学者以及当时话语体系对儒学概念的直接理解，因此也使得儒学的现代性转化遭遇了转译的难题。

日本汉学家沟口雄三将儒家道统称为中国文化的基体。"中国有中国

---

① 王阳明：《五经臆说十三篇》，载《王阳明全集》，上海古籍出版社，2011。
② 〔美〕杜维明：《青年王阳明：1472—1509：行动中的儒家思想》，朱志方译，生活·读书·新知三联书店，2017，第 154 页。

固有的展开，而且这里的中国是指在南北混合，辽金元清等异族与汉族不断冲突混淆的过程中，在发生变形的同时被牢牢地继承下来了的'基体'。也就是说，所谓固有的展开，就是指以基体自身的内因为契机的辩证法式的展开。"① 在沟口雄三看来，基体具有自动纠错的功能，因此，不应该把中国近代看作西化的过程和旧中国崩溃的过程，相反，应该将其视为作为道统的基体蜕化、再生和进化过程。如果把中国的近代化放到 300 年或更长的时期来实际检测这些运动的频率，就很容易看出这些变迁基本上仍是中国基体的延续。② 西方现代化虽然对中国社会造成了冲击，但是并没有破坏甚至瓦解中华的道统，也根本无法取代中国的基体，只不过是在基体的进化过程中造成了一些变形。在近代历史中，中国或许因为与西方选择历史道路的不同而在发展中出现了阶段性的僵滞，但是中华文明并不比基督教文明落后，相反它比西方文明更具现代性。

但是，在现代社会整体脱离日常世界的情境下，如果放弃儒家外在的整合方式，同时淡化儒学的内在逻辑机制，则不免会对儒学进行现代性转化形成阻碍。为了向世界主张中国文化的地位，有必要重新从中国的文化底层逻辑出发，回到日常世界的现代性逻辑上来，以儒学为方法论，以现代性为目的，以世界为标准，重新创造儒学。而重新阐释儒学的过程，也就是重新阐释中国道统基体的过程，也是向世界提供中国式现代性路径的过程。

（三）儒学实践观的身体逻辑

儒学的实践观不是一种心理状态，更不是对制度化教理和信条由精神自由决定的信从，它本质上是一种基于场识的身体状态。③ 儒学的实践型

---

① 〔日〕沟口雄三：《作为方法的中国》，孙军悦译，生活·读书·新知三联书店，2011，第55 页。

② 〔日〕沟口雄三：《作为方法的中国》，孙军悦译，生活·读书·新知三联书店，2011，第56、57 页。

③ 〔法〕皮埃尔·布迪厄：《实践感》，蒋梓骅译，译林出版社，2012，第97 页。

信念，是在场的实践中建立起来的直接信从关系，是一种不言而喻的场经验，它源于习得而不是学习。实践的客观一致性源于场逻辑的一致性，这使得实践活动在客观上趋于一致。事实上，脱离场的任何策略考量或有意识的规约都是无效的。场识的秩序性在于，它不需要通过外在的形式调整，也无须进行任何明确协商就能够进行结构的重新排列组合。如同一个特种作战部队的指挥官牺牲的时候，团队成员会自动推举出一个最能洞察场性逻辑、最能把握系统常识秩序的人出任临时指挥官，并且团队组织会自动重新秩序化并且自动服从指挥。因此，场识规定了实践者的潜在行为倾向，并规定了实践者在场中的相对位置，这一过程是自发的过程，并不受经济、政治、权力、道德等因素的影响。场识意味着它是一种没有指挥的协调，一种没有外在作用力强加的组织动态生成程序，它能赋予实践活动以规律性、统一性和系统性。但是，现代社会因为不了解这种自发协调的真正机制，因此才会陷入靠制度、权力和意识来进行协调的现代化陷阱。

与此同时，身体化是场识得以充分实现的魔法。身体美学的正式诞生有一个明确的标志，那就是美国学者理查德·舒斯特曼（Richard Shusterman）于1999年发表的长篇论文《身体美学：一个学科提议》。另外一位美国学者马克·约翰逊的《身体的意义——人类理解的美学》一书，也深入探讨了那些被西方传统主流哲学所忽视的、身体化的意义与认知的各个层面。为我们理解实践哲学开拓了一个新的视角和维度。身体化不是人格化或组织化，其并非如人格化的世系君主政体、金融资本主义或宗教的教会那样。恰恰相反，人格化和组织化的实践活动逻辑往往并不符合常识。比如，资本家并不是资本的人格化，"有钱人""经济活动"与"资本家""资本主义"并不能等同。身体化与外在的社会表现形式和权力关系存在隐形的差异，甚至与圈层、阶层的社会待遇也没有必然的联系，它只能在场中才能得到显化和确认，并被持久地铭刻于身体和实践信仰中。

准确地说，儒学是一种把身体当作备忘录的实践隐喻，是一种"准身体倾向"的内隐思维。与儒学相对立的是，基于知识社会学的外部型社会学家从理论上来说根本不能谈论他者的信念或仪式，除非他自己先将之身体化，将之转化为自身的身体实践和身体的自动性。常识寄居于实践之中，是一种看不见的生成原则，处于常识流中的行为人完全不知道自己所为，但是一切又都合乎情理。与之相对应，一切常识秩序都寄居和储存在身体之中，只要把身体置于一个能够引起与其相关联的感情和思想的总体处境和场域之中，就能触发这种处境和场域相对应的身体感应状态。这种基于处境和场域的感应状态，表演中的演员、做工中的木匠、战斗中的士兵，以及种种劳作、劳动场景中的实践者都能捕捉到。

因此，儒学的现代性转化若要在实践中变得可行，就必须在现代社会的实践中、在行动的场域中，将特定行为的常识逻辑持久地客观化，此外还必须将内嵌于身体中的固有的行为逻辑持久地客观化，同时对于违背常识的行为和身体倾向进行识别并予以标记。只有同时完成常识结构的客观化和身体化，儒学的现代性转化才能直接适应常识结构，在客观上也才能具有协调、统一的系统性，拥有超越主观意图、个体意识或集体计划的客观意义。

具体来说，儒学的身体化包含"行为—具身—位相"三个结构维度，若要对儒学做出根本性的解释，必须从儒学话语的身体化倾向、行为化倾向、具身化倾向，以及基于行动场景的位相方面去寻找其以日常逻辑系统化地引导社会行为的赋序原则。

首先，儒学话语往往都对应着相应的行为，儒家的每个叙述都是一个关于行动的描述，这些叙述包含了"行动者、行动者的意愿、可能的世界状态，以及变化，还伴有导致变化的原因和行动者有关什么导致变化的叙述；我们还可以向其中加入精神状态、情感和环境"[①]。行动者和行动对象之间往往具有方向性、呼应性和逻辑性，而这种行为结构中的逻辑性，又与自然物理空间中人的习惯性、适应性、自然性互相映射。这并不难理解，比如体育竞技运动中的打高尔夫球和射箭，讲究的是物性逻辑（球、杆、箭）、自然逻辑（风、力、角度等）与身体逻辑（呼吸、姿势、动作、节奏等）的匹配，参与者只有将三种逻辑完美结合、协调、配合才能打出好球，我们将其统称为常识逻辑。

---

① 〔法〕帕特里克·瓦蒂尔：《社会学的知识》，王赟译，上海人民出版社，2022，《导言》，第6页。

认知逻辑指的是基于社会、文化、法律、伦理、道德、政治，乃至宗教表述体系的话语逻辑，我们也可以将之定义为显逻辑，也就是我们平常说的常理。显逻辑具有理论上而非逻辑上的合理性和正当性。比如说，宗教话语体系中说的"爱"；伦理话语体系中说的"善"；文化话语体系中说的"好人""义气"；社会话语体系中说的"为你好"；情感领域话语体系中说的"我爱你"；人际领域话语体系中说的"我帮你"；等等。商家说"爱客户"、明星说"爱粉丝"、皇帝说"爱百姓"、臣子说"忠诚"，认知逻辑只有在体知逻辑成立的时候，才能激活，不然就会流于抽象而空洞的符号。

"体知逻辑"指的是基于感受的"直觉逻辑"，吻合"常理"但是不见得吻合"常识"，"常识逻辑"往往是隐性的。虽然事情还没有发生，但是我们的身体已经感觉到了"危险"，危险一旦发生会有难以估计的严重后果。人们的身体会对反常识逻辑的话语体系极为敏感，虽然他们当下"没做什么"，但是身体会本能地排斥和抵触，乃至引发具身性的情绪反应，而且这种情绪很容易被引爆。

实践者的认知与行动模型分为四个维度（见图1），在右上象限中，认知逻辑和体知逻辑吻合，同时符合常识逻辑，这是一种与场性良知合一的状态，也是儒学追求的状态；左上象限中，虽然具有认知逻辑，但其不具有体知逻辑，也不吻合常识逻辑，这是一种与场性良知分裂的状态，也是罪感的根源，西方的基督文化通常属于这个模型；右下象限中，认知逻辑虽然很弱，但是体知逻辑很强，这是一种偏离常识逻辑的耻感的来源，日本文化通常属于这个模型；左下象限中，认知逻辑和体知逻辑都很弱，这是一种出离常识逻辑和场性逻辑的恶感的来源，战争、犯罪、黑恶势力通常都属于这种模型。

布迪厄指出，"神话—仪式"的系统其实源于日常世界的常识逻辑。"诸对立物接合与剥离"就是一种实践逻辑，比如在织机与织物的关系中，织物通过强行切割来摆脱织机。这种实践逻辑与小麦从农田（或土地）中割离，以及孩子从妇女（或妇女肚腹）中剥离的逻辑是一致的。实践逻辑的构建模式之所以能被实践者接受，是因为它能用来解释全部直接相关的

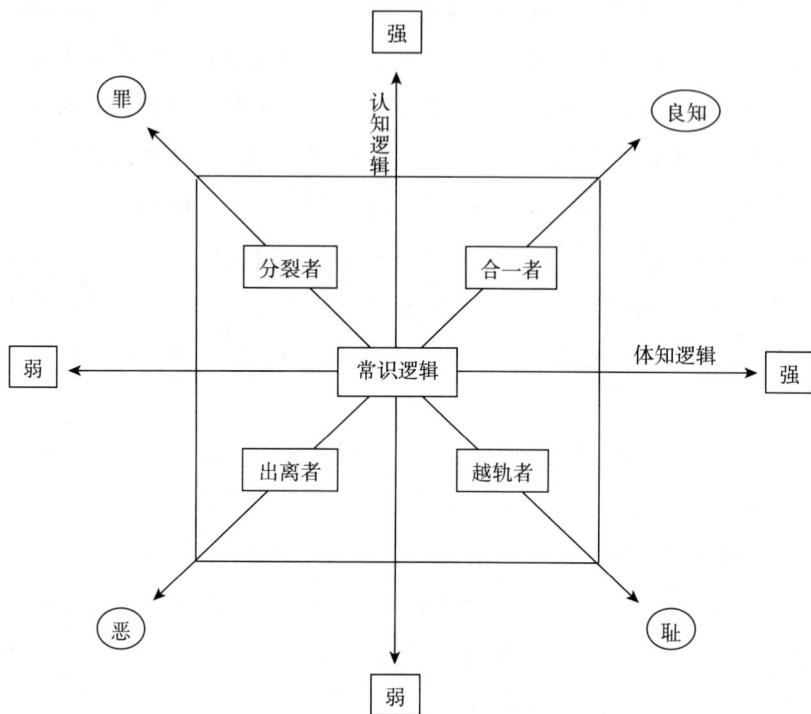

图 1　实践者的认知与行动模型

事实，并且在理论上重新生成这类事实，而不必求助于无休止的概念叙述。与此同时，实践模型并不是行为人的实践活动原理，也不是实践活动的生成原则。它是无意识的，不是独立而严密的生成公式，而只是常识。布迪厄指出，如果按照能够意识到的生产规则进行实践活动，就会丧失其全部的定义特征。① 对照布迪厄的实践观，我们发现，儒学其实蕴含着一种近乎自然逻辑的文化现实，它不带有明显的意图，不同于抒情的解述，也不是简单的推断，相反，它含有隐蔽的统一原则，是严密而统一的感知图示的产物。儒学的图式，虽然是无意识的、不完全的，但是具有明晰的必然性。

儒学中的实践逻辑具有具身化倾向。体育中的身体处于显化状态，文化中的身体则隐藏在背景结构之中。阿南塔斯在心理学研究中发现，一位

———————

① 〔法〕皮埃尔·布迪厄：《实践感》，蒋梓骅译，译林出版社，2012，第 17 页。

患有阿尔茨海默病、认知能力严重损伤、只能说出单个词语的老年男性，在一次恰逢犹太人庆祝西赫托拉节（Simchat Torah）的活动中，老人无意中被犹太教会堂招呼去布道坛上唱颂祈祷文，出人意料地是他居然非常流利地背诵出了全部的祈祷文。阿南塔斯认为，并非他仍旧保留有某种完整的认知，原因其实在于现场的拉比、聚会、庆祝、教会、祷告等元素所形成的拉托节这个"场合"导致在各种因素之间形成了一种基于经验、规范、关联、功能、位置、标记、路线、过程等场性逻辑的关系结构，同时激活了场中人的具身自我（embodied selfhood），并且呈现出相应的身体习惯、姿态、状态、行为以及行动，这才使得老人在布道坛那个场合有此表现，但是要把这位老人带到他自己的房间，脱离拉托节这个场合，他就无法再背诵祈祷文了。① 人在场域中，在基于场性逻辑进行协调和整合的过程中所形塑并具现的角色、关系和状态，包括内在的整合状态、外在的整合状态，以及与场性逻辑的契合状态，我们称之为位相，而每个人都是场域中的一个位相。位相是德勒兹现代性哲学的一个关键概念，德勒兹等认为，对于思维与存在的关系来说，是先有存在后有思维，有存在方可思维。场域中所有的组成成分、元素都是以变式、时机、动向、动词性的位相形式出现的。②

位相是具身自我的显化状态。比如知道怎样骑自行车就属于这种记忆，我们是无意识地提取这种记忆的。③ 但是我们在认知保持完整的时候不会注意到具身自我以及具身认知的存在，它们退匿在背景中隐而不显，只有当我们的认知出现故障，它才会变得显著起来。具身认知是和世界打交道的首要方式。美国社会学家米德（George Herbert Mead）认为，"身体本身并不是自我；只有当其在社会经验的背景中发展出心灵之后，身体才成为自我"，具身自我是"一个不可化约的社会过程。我们并非一开始就拥有心灵然后可以彼此交流；相反，是因为我们不断进行交流，我们沟通

---

① 〔美〕阿尼尔·阿南塔斯：《不存在的人：从精神分裂、人格解体、离体体验探索自我感从何而来》，李恒熙译，机械工业出版社，2017，第57页。

② 〔法〕德勒兹、伽塔利：《什么是哲学？》，张祖建译，湖南文艺出版社，2007，第234页。

③ 〔美〕阿尼尔·阿南塔斯：《不存在的人：从精神分裂、人格解体、离体体验探索自我感从何而来》，李恒熙译，机械工业出版社，2017，第43页。

彼此的心灵，才变得心意相通、志趣相投"①。"活着作为一个经验事件"，"并不是指某个有机体有基于具身自我的具身认知，这是一种内隐记忆、非陈述记忆、程序记忆和自传性知识，这种记忆不需要有意识的体表皮（皮囊）之下所进行的某些活动：活着总是一个包容广阔的事情，涉及有机体内部与外部时空中的存在，以及与更远地方的高级有机体的连接和互动"②。心灵并不存在于"一个不存在空间概念的独立界域"，也不能"将神经系统，尤其是大脑或大脑皮层作为心灵的'位置'"③。

罗思文和安乐哲发现，身体在儒学中的地位举足轻重。中国儒学的核心特征就是一种从自己身体感觉出发来建构的常识哲学体系，如"反身而诚""己所不欲勿施于人"等。因为对于儒学来说，"身体是一种媒介"，"'身体'始终是人与世界、有机体与环境之间的协作，它既是肉体的又是生命的，既是可见的又是生活的，既是接受的又是响应的。不仅世界塑造我们的身体，而且通过身体的感觉器官，我们也在构造、概念化和理论化我们的经验世界"④。与此同时，儒学将家庭、家族视为一个特殊器官，以及一个特殊的由身体为纽带的、生动活泼的有机整体系统。在家庭、家族这个场域中，各种关联元素会进行多层次、多元素之间的相互作用。当然，正如杜维明所说，"这些作用必须在交互影响的关系中才能发挥特定的功效；任何应有的功效如果失灵或减退，终必损害整体的健康"⑤。这些动态、有机的关联元素包含大小、上下、左右、先后、远近、强弱等物理机制，而与道德元素无关，这也恰恰是儒学"忠恕"理论的核心维度，即感受、体知、位置和关系。"有机系统之间大小、上下、左右、本末、先后、内外和精粗的连接，皆属互为因果关系"，"从点、线、面和体各种角

---

① 〔美〕安乐哲：《孔子与杜威：跨时空的镜鉴》，姜妮伶译，上海人民出版社，2020，第87页。

② 〔美〕安乐哲：《孔子与杜威：跨时空的镜鉴》，姜妮伶译，上海人民出版社，2020，第89页。

③ 〔美〕安乐哲：《孔子与杜威：跨时空的镜鉴》，姜妮伶译，上海人民出版社，2020，第90页。

④ 〔美〕罗思文、〔美〕安乐哲：《儒家角色伦理——21世纪道德视野》，吕伟译，浙江大学出版社，2020，第9页。

⑤ 杜维明：《灵根再植：八十年代儒学反思》，北京大学出版社，2016，第31页。

度正确地透视它们各自的'认同'和彼此的'适应'","从动态的观点来洞察它们发育、生长、成熟和衰退的变化轨迹,从动态的观点来认识它们层层限定又层层突破限定的发展方式,有机整体中各大系统之间相互依存的微妙关系"①。比如,《周易》中讲的"左旋知往,右旋知来",就是身体的动作逻辑与时空逻辑的一种结合。再比如,孝在中国儒学的所有条目中排在第一位②,但是孝的核心本义并不在于透过我们的身体而与祖先保持连接,也不在于透过生命的延续保持文化的传承,孝的本质其实是家庭、家族这个特殊场域系统中一种以身体为轴心的,基于大小、上下、左右、先后、远近、强弱等先天物理机制的序位系统。

布迪厄也注意到了文化中隐蔽的身体逻辑,他在考察很多民族的传统生活方式时,都发现"住宅的空间转换原则可以归结为诸如向后转这样的身体动作的'适应性',转向这个或那个方向,左转或右转"③。举例来说,中国传统的住宅风水设计在看似玄学的概念框架背后,其实也隐藏着布迪厄所发现的身体适应逻辑;再以京剧为例,这也是一个身体逻辑应用的典型艺术形式,京剧虽然取消了一切拟真场景布置,但是京剧中的人物动作却包罗万象,并且保留了真实场景中人物动作的合理性与逻辑性。因此,即使是在遮隐语言、声音、背景的前提下,人们依然能够通过动作来还原现实场景;而世界很多民族的传统仪式都将身体动作视为必须坚守的仪轨,其原因也不在于其符号性和象征性,而是在于身体逻辑与自然逻辑存在互相映射的呼应性。

儒学的核心洞察在于对基于场性逻辑这种常识结构的发现,将各种隐蔽在文化背景中的对立、对比、对等关系,以一种看得见的具身化形式,彻底应用于一切实践活动之中,以赋序原则来赋能人类社会的整个关系系统。因此,我们在《论语》中发现,孔子并不是特别关注弟子们的学习与认知,而是专注让弟子们付诸行动,以自己的特定方式践行,进而获得具

---

① 杜维明:《灵根再植:八十年代儒学反思》,北京大学出版社,2016,第31页。
② 〔美〕罗思文、〔美〕安乐哲:《儒家角色伦理——21世纪道德视野》,吕伟译,浙江大学出版社,2020,第9页。
③ 〔法〕皮埃尔·布迪厄:《实践感》,蒋梓骅译,译林出版社,2012,第14页。

身化的感知。^① 因此，儒学的学习不是一种精神练习，而是一种场练习。而我们在研究儒学话语体系的时候，也会发现儒学的任何一个概念都拥有一个德勒兹意义上的位相空间，都包含了"行为—具身—位相"的动态生成结构，并且始终采用这个结构去解释日常世界中的各种关系逻辑，用具身解释结构，用位相解释场景，儒学也由此成为日常世界可能之行动的索引，同时也唯有领会儒学的这种特殊叙述结构，我们才能真正进入儒学的世界。现代社会的主要风险则在于，在失去方法论的前提下，人们是凭生理、本能、头脑的反应来应对各种孤立状态下的关系，而失去了对各种基于场性逻辑的关系结构的把握和判断。

总而言之，儒学的场域是一个生态的、有机的、全息的图象和全息的焦点，在虚与实、黑暗与光明的半影（penumbra）里同时拥有全事（everything）和全时（all the time），是一个共时性和历时性兼备的整全视角，同时包含了远方和过去，"当下行为中直接隐含了一个广泛而持久的环境"，"这个持续过程的每一个时刻都不可孤立，也并不独立，而是在其中包含着通常不很清晰但总是无尽的经验场域"^②。安乐哲指出，焦点指的是事件，场域指的是全息生态，而杜威的民主指的其实就是这种基于交感的相互协作^③，"这种术语的哲学含义与其日常含义之间的不一致阻碍了对杜威的解读和理解，使其思想的影响力推迟了几乎一个世纪之久"^④。现象学将这种现象称为"内在生命的律动"，"这种律动既是整体的也是具体的，它要求我们摒弃内在（inner）与外在（outer）这些独立域"，理解儒学"必须在焦点—场域、全息语境下重新审视之前'内在'与'外在'的关系，意识到它们只是突出和强调了同一现象中的不同方面，具体而言就是我们在自身叙事中作为焦点的个人身份，而我们的叙事正是内在和外在的

---

① 〔美〕罗思文：《莫把〈论语〉作书读》，何金俐译，北京大学出版社，2020，第52页。

② 〔美〕安乐哲：《孔子与杜威：跨时空的镜鉴》，姜妮伶译，上海人民出版社，2020，第92页。

③ 〔美〕安乐哲：《孔子与杜威：跨时空的镜鉴》，姜妮伶译，上海人民出版社，2020，第206页。

④ 〔美〕安乐哲：《孔子与杜威：跨时空的镜鉴》，姜妮伶译，上海人民出版社，2020，第206页。

场域（field）。内在关乎我的关系质量如何影响我的经验场域；外在关乎在我对情境化他人的尊重中，外部世界如何'进入'我并成为我的一部分"①。

（四）儒学实践观的空间逻辑

1. 儒学的空间观

现代性的核心分水岭是时间性和空间性的问题，现代的叙事逻辑是时间性的，儒学的叙事逻辑则是空间性的。西方现代主义的纪年表，是一种基于时间性的历史建构模型。现代时间观念源于一种线性的、不可逆的、前进的、进步的现代时间观。尤其是当西方基督教以耶稣诞生为公元元年开始基督纪元之后，人类就开始了以时间为主宰的现代主义历史。与此同时，"源自于宗教的这种向前的时间观为启蒙主义者所继承，并且在天文学和航海的地理发现的支持下，逐渐标准化和普适化，并被运用到现代工业生产、市场交换，随之扩展到全世界，成为现代的标准和标志"，"新的时间观意味着事或者人，按照时钟和日历的共同标准而具有一种时间上的一致性；同时又具有因果和逻辑链条上的关联性"②。然而，时间从本质上来说是一种人造概念，宇宙中并不存在时间这种物质，人类社会被时间观人为地切割了。卡林内斯库指出："只有在一种特定时间意识，即线性不可逆的、无法阻止地流逝的历史性时间意识的框架中，现代性这个概念才能被构想出来。在一个不需要时间连续型历史概念，并依据神话和重现模式来组织其时间范畴的社会中，现代性作为一个概念将是毫无意义的。"③

现代时间观对中国近现代史的影响非常深远。史书美的研究指出，中国五四启蒙主义者对中国文化和社会进行的根本改造也在于用基督纪元的现代时间观替换了基于空间性的中国历法。中国古代的时间观是基于空间性的，

---

① 〔美〕安乐哲：《孔子与杜威：跨时空的镜鉴》，姜妮伶译，上海人民出版社，2020，第93页。

② 徐建勇：《现代性与新儒家》，人民出版社，2019，第13~14页。

③ 〔美〕卡林内斯库：《现代性的五副面孔：现代主义、先锋派、颓废、媚俗艺术、后现代主义》，顾爱彬、李瑞华译，译林出版社，2019，第11页。

是循环的、永恒的，如二十四节气、十二属相、六十甲子，现代时间观则是
线性的，来而不返，具有不可重复性。在现代时间观中，现在不是过去的重
复，相反它一定是向前发展的，现在与过去不同，现在比过去好，而且将来
一定会比现在更好。在现代启蒙者看来，"中国只需要克服掉自身的落伍
性和过时性，便可以将自身转变为'现代的'"，这种线性的时间隐喻抹除
了中国的历史和过去，对东方与西方在空间的共时性给予了否认，"时间
而不是空间成为决定性的范畴"，"时间思考方式之地位远远地高于空间思
考方式之地位"。① 1949 年 11 月 20 日，《人民日报》发表了一首长篇政治
抒情诗《时间开始了》，这也意味着现代时间观成为中国现代主义运动的
主导力量，而"这一可估量的时间是达尔文主义意义上之线性发展的时
间，是黑格尔意义上之'世界历史'的时间，是现代西方时间表中全球意
识出现的时间"。② 中国历史的连续性和主体性在现代时间观的冲击下遭遇
了千年以来从未有过的重创。事实上，即使在马克思唯物主义辩证法中，
也并未对现代时间观对人类社会的影响做出根本性的批判，甚至采取了默
认的态度。张君劢指出，"唯物主义辩证法的最大问题在于，它将过去与
现在之间的时间区别、空间区别和共存关系看成是相互矛盾的"，"空间区
分和共存关系看成是历史的另一种模式，这种模式暗示了一种多线的、多
元存在的和同时并存的时间性"。③ 遭遇同样阐释困境的是精神分析学说，
史书美指出，精神分析学说"是一种有关过去的哲学"，"精神分析学说事
实上是一种通过解释过去以理解和处理当下的方式。精神分析学说并非是向
前看，而是向后看和向内看。同时，这一学说并不探询外部的具体进步，而
是钻研潜意识的深处。在此过程中，线性时间观被打乱；为便于仔细观察，
时间不得不来回地跳跃，被放慢、被倒转，或被空间化。"④ 然而，精神分

---

① 〔美〕史书美：《现代的诱惑：书写半殖民地中国的现代主义（1917—1937）》，何恬译，
江苏人民出版社，2007，第 57 页。

② 〔美〕史书美：《现代的诱惑：书写半殖民地中国的现代主义（1917—1937）》，何恬译，
江苏人民出版社，2007，第 58 页。

③ 张君劢：《欧洲文化之危机及中国新文化之趋向》，载陈崧编《五四前后东西文化问题论
战文选》，中国社会科学出版社，1989，第 452~461 页。

④ 〔美〕史书美：《现代的诱惑：书写半殖民地中国的现代主义（1917—1937）》，何恬译，
江苏人民出版社，2007，第 73 页。

析这种空间哲学在中国现代时间观的改造运动中并未在集体顶层设计方面表现出多大作用，相反它在中国变成了一种类似于玄学的娱乐游戏。

现代时间观创造了统一性、标准性、普适性和目的性的宏观历史观念，然而，这种时间观同时也割裂了过去、现在与未来之间的连接，也切断了人与自然、人与世界、人与日常世界之间的关联。因此，现代性的核心本质其实在于对时间观这种人类底层逻辑的反思，对于现代性理论家来说，"将过去、现在和未来看成是同时代的共存物，从而在三者之间建立起了关联。空间而不是时间，成为了他们跨文化理论模式的显著特征；空间被看成是东西遭遇的相互作用的领域"①。以列斐伏尔为例，他被视为引起西方思想界完成空间转向的领袖人物之一，他于 1947 年出版的《日常生活批判》一书，也是 20 世纪思想史上的空间哲学的代表著作。但是，列斐伏尔的空间哲学通常被误读成地理属性的空间，并常常被归入城市社会学、地理学领域，进而通常将列斐伏尔误解为城市社会学与地理学家。②之所以出现这种误读，恐怕是因为空间这个概念。空间哲学的空间指的不是客观世界的地理空间，也不是主观世界的意识空间，也非社会世界的人文空间，而是日常世界的实践空间。日常实践空间是"最为人所熟悉因此也最为人所忽略的社会存在"，是人类"最重要的、最基本的"生活现实③，"它不是一个抽象的名词，而是一个关系化与生产过程化的动词。列斐伏尔理论的核心是生产与生产行为空间的概念，空间是一个社会的生产的概念，而不是自然的或精神实体的概念"④。在空间生产中，过程、事件是实体，作为模因的常识事件不断复发，并且生成社会组织、社会机构等社会实体。这个过程具有偶然性，而传统本体论中看似稳定的、物质的、纪念的、实质的、个体的事物，包括一些文化形式实际上都是偶然的。真

---

① 〔美〕史书美：《现代的诱惑：书写半殖民地中国的现代主义（1917—1937）》，何恬译，江苏人民出版社，2007，第 180 页。

② 刘怀玉：《现代性的平庸与神奇：列斐伏尔日常生活批判哲学的文本学解读》，北京师范大学出版社，2018，第 23 页。

③ 刘怀玉：《现代性的平庸与神奇：列斐伏尔日常生活批判哲学的文本学解读》，北京师范大学出版社，2018，第 39 页。

④ 刘怀玉：《现代性的平庸与神奇：列斐伏尔日常生活批判哲学的文本学解读》，北京师范大学出版社，2018，第 449、450 页。

正能够提供内在连接的是空间，空间生产创造了群体、文化的谱系传承。每个时代的表现形式都在变化，每个时代的模因重现都需要通过重新编码来发挥影响力，每一个当下的历史时刻都是在内在逻辑上接续常识的编码时刻。列斐伏尔将抽离了常识的社会称为徒具形式而无实质生活内容、无交互主体性、无交往可能性、伪在场、假现场目击状态的"零度空间"①。"零度是一种中断交流和关系的透明性，一切事情似乎是可交流的，这是因为一切事情似乎既是理性的也是真实的；但实际上在这种交流的过程中，没有任何东西可用来交流！"空间感知的丧失让语言变成了符号，让物体肢解为元素，让空间表现为陈列，让历史变成博物馆，让体验变成欲望，让日常实践世界彻底冻结。无论是集体主义还是个人主义都解决不了空间感、位置感、方向感丧失的问题，因为人们都失去了空间中的位置，因此喜欢扎堆成群、彼此参照，然而这终究是一场徒劳。

列斐伏尔认为，唯有空间才具有能够战胜想象界的本体论基础②，他把马克思的社会历史辩证法翻转为一种空间化本体论，将历史辩证法空间化和身体化，从而消解了社会历史线性发展的时间性逻辑，重新赋予了一种"瞬间化、空间化、身体化的辩证历史想象"。在列斐伏尔的空间本体论中，将马克思主义的"物"或"社会关系"的生产转换成了"空间的生产"，提出现代哲学要在社会性和历史性维度之外，关注第三种维度即空间性。"不同于马克思致力于征服自然、改造社会的那种能动的和技术主义的'实践'概念"，③ 列斐伏尔提出，马克思哲学本体论的实践本体论要转向以日常实践空间的实践本体论④。同时断言"马克思的再生产——全面实现的人与尼采的权力意志——超人必然会在'空间的真理'这个思想地平线上相遇。马克思的人类革命道路与尼采的超人孤旅天涯之路将会在

---

① 刘怀玉：《现代性的平庸与神奇：列斐伏尔日常生活批判哲学的文本学解读》，北京师范大学出版社，2018，第391~393页。

② 刘怀玉：《现代性的平庸与神奇：列斐伏尔日常生活批判哲学的文本学解读》，北京师范大学出版社，2018，第448页。

③ 刘怀玉：《现代性的平庸与神奇：列斐伏尔日常生活批判哲学的文本学解读》，北京师范大学出版社，2018，第417页。

④ 刘怀玉：《现代性的平庸与神奇：列斐伏尔日常生活批判哲学的文本学解读》，北京师范大学出版社，2018，第438、439页。

'空间的岔路口'相汇"①。列斐伏尔认为，无论哪一种革命的胜利，无论哪一种国家、制度和宗教，都解决不了革命成功后"第二天"的日常生活问题。艺术、节日、狂欢甚至革命都属于非常态事件，与日常实践毫无关系，"革命曾经被认为是对天道和上帝的绝对真理的缺陷的补偿，但它却不能建立新的生活，国家被认为要衰亡，异化被认为要消退。但并非如此。工业化社会的历史正带着我们走向终极的烦冗"②。而日常实践却是超历史的永恒的问题，它并不是"观照个人平常生活解救之道的微观文化心理分析"，也绝非"将个人的生命意志的自由作为本体论"；相反，日常实践世界是"现代性压迫最深重的领域，也是现代性最无法解决的难题"，因此，它也"成了总体性解决与解放现代性的革命策源地"。③

总体来说，在现代性理论看来，当我们从时间主义转向空间主义，也就掌握了时间，不论过去、现在和未来，时间都会成为生命序位的侍奉者，成为支持性、侍奉性的力量。反之，如果我们以时间为本体论，则会被时间所奴役和限制。日常实践世界是在空间中构建的，而不是时间，如果在时间序列中展开就会被分解，唯有通过在空间中的位置调整才能获得顺序、方向和意义。空间往往具有清晰的视觉形象，人类具有按照事件空间顺序讲述触发情感的故事的倾向，能够流传下来的故事结构，之所以其叙事让人产生强烈的情绪反应，数年之后依然记忆犹新，实则源于空间结构的稳定性，而与时间无关。比如，当你把钥匙扔进花盆里的时候，脑海里会形成两个物体的空间位置关系的图象。而绝大多数历史事件，人们根本记不住事件的前因后果，但是能够记住事件的空间结构。空间结构中往往附着着序位逻辑，能够穿越时空让人产生认同，同时像模因一样传承。再比如，人们对数十年前随便某个日子的微不足道的细节都想不起来，但是如果和某个著名的事件产生关联，人们就会记忆犹新。2001 年 9 月 11

① 刘怀玉：《现代性的平庸与神奇：列斐伏尔日常生活批判哲学的文本学解读》，北京师范大学出版社，2018，第 445 页。
② 刘怀玉：《现代性的平庸与神奇：列斐伏尔日常生活批判哲学的文本学解读》，北京师范大学出版社，2018，第 45 页。
③ 刘怀玉：《现代性的平庸与神奇：列斐伏尔日常生活批判哲学的文本学解读》，北京师范大学出版社，2018，第 49 页。

日的恐怖袭击事件，纽约市的世贸中心被摧毁，华盛顿特区的五角大楼也遭到严重破坏，美国很多人至今都能回想起自己在得知这起恐怖袭击事件时正在做什么。[①] 在人类记忆的空间中，有一个相互参照的位置，这跟时间无关，但是跟空间有关。

在时间中，一切都是相对不可预料的，不可逆转的，但是在空间中，却存在某种必然性和确定性。在基于空间性日常实践世界场域中，传统的国家、制度、文化形式即使毁灭，它依然在共时性的空间场域中占有一个绝对性的位置。举例来说，西方和西化日本的现代观是外来物，它在中国文化社会的空间场域中并没有真正实在的位置，而是一种空心化的、幽灵化的符号，不具有实体性，这种幽灵化危机已经越来越严重。若要实现真正的现代性，则必然要实现日常实践世界的空间转向，这不是概念的分歧，而是世界维度的彻底改变。

从"时间观—空间观"的辩证维度来看，儒学与按照时间连续的组织原则进行构建的历史、哲学、宗教谱系不同，它是一种按照空间恒定的组织原则来阐释日常生活实践的空间地理学和空间物理学，是一项关于空间场景的社会学技艺。与此同时，与基于时间性的、进化论的社会生物学不同的是，儒学思想的哲学基础在于过程主义、在于常识主义，常识是整合社会时间和社会空间的方法论的共轭部分，儒学是基于空间性的、常识论的社会物理学。传统的社会学研究的是群俗心理、经验规则、定规知识，社会化过程的表现和结果，以及在日常世界中"以其所是"的呈现方式，儒学包含的则是纵向的基于经验的历时性时间和横向的基于行动的共时性时间，并最终在一种无时间性的空间场域中检验社会关系。儒学的叙事结构是历时性、共时性、空间性的拓扑结构，与水平方向的时间性叙事结构完全不同。儒学叙事一个较为特别的方面，就是将世间万物，包括非人类的动物、非人的事物、无生命的物体、集体，甚至概念，都视为场域中的一个特殊位置，既不是拟人化，也不是形象化，而是序位化。[②]《系辞》中

① 〔美〕罗伯特·希勒：《叙事经济学》，陆殷莉译，中信出版社，2020，第84页。
② 〔美〕安德鲁·阿伯特：《过程社会学》，周忆粟等译，北京师范大学出版社，2021，第41页。

说，"天尊地卑，乾坤定矣。卑高以陈，贵贱位矣。动静有常，刚柔断矣。方以类聚，物以群分，吉凶生矣。在天成象，在地成形，变化见矣。是故刚柔相摩，八卦相荡，鼓之以雷霆，润之以风雨；日月运行，一寒一暑，乾道成男，坤道成女，乾知大始，坤作成物"。序位意味着每个人都按照固定的位置结构与其他人互动，每一个当下的、瞬时的时刻，都受到过去的历史性，现在的关系结构，以及当下社会性（地点、设施、约束条件）的共同塑造。这种瞬时时刻中的结构是儒学悠久的研究传统，具有明确的过程主义、空间主义，是空间中的情境而不是时间中的情境。① 它始终关注，在远处的历史行动如何在本体论意义上影响着当下社会结构的作用机制和生成机制。因此，儒学并非简单的分析式的、隐喻式的哲学思辨，相反，它始终将常识视为实体事物，并以本体论的方式谈论它。常识不是一个理论框架，而是一个可以用来解释各种类型社会结构的场域生态。儒学并不关注作为个体生物的生存或死亡，它关注的始终是被常识驱动的场域之间的相互作用。

儒学的常识逻辑是一个存在于熟悉世界里的原始物理逻辑，一种具有前逻辑特征的实践思维。实践思维受空间意识引导，通过各种位置、序位、位阶来展开。因此，儒学认为人的心理状态、意识状态和行为状态对应的不是主观化和客观化，而是基于空间组织的物理化，并且不可避免地需要附着于一个未经客观化的主体。儒学的常识逻辑反过来也可以成为社会分析的工具，常识逻辑是对外部社会学科学话语、政治话语进行批判的最有效武器。

具体来说，日常实践世界的空间属性体系在日常生活的各个方面，如社会组织的合作空间结构、建筑风水的宇宙空间结构、人际交往的价值空间结构、亲族系统的关系空间结构，以及身体动作和行为的具身空间结构，都体现了空间组织原则。在儒家看来，时间只是空间系统的子集。以儒家的基本意象、在《论语》以及各种儒家经典中频繁出现的代表性词语——"道"为例，人们通常从伦理、道德、哲学等时间性维度去理解

---

① 〔美〕安德鲁·阿伯特：《过程社会学》，周忆粟等译，北京师范大学出版社，2021，第41页。

它，将其视为方法、途径、道路、模式、路线的比喻。这基本上都是以"路途上的线性时间旅行"的象征含义为主导，由此，对道的理解延伸为"人生之正道""治国之道""人的存在的理想大道""宇宙之道""存在本身创生性—规范性的方式"等。① 但是，研究者往往关注道的引申意义、象征意义和道德意义，而忽视了其本质意义很有可能就在于其意象的空间性本身，就在于行走、踪迹、遵循、贯穿、进入、离开、到达、前进、停止、垂直、水平、平坦、曲折、方位、面对、正视、朝向等空间系统以及方位系统的此在本身②。不同位置具有不同的属性，具有不同的位阶标准，这才是人们所能真实感受到的道。时间逻辑是变动不居的，空间逻辑却是恒定的不变值。因此，儒学关注的不是象征，而是象征背后的结构以及实践策略，如进与出、满与空、关与开、系与解等，往往都与空间中的具体身体动作、空间方位的标记有关，我们的身体借助于这些动作和世界建立关联，进而延伸出一些价值关系，如舍与得等。事实上，人们无法理解作为抽象概念的舍与得，只能通过空间中的具体动作才能理解。儒学中空间的概念涉及几个组成部分，包括任务、行动者、位置、关系，以及非实体性的物。空间中的诸位置并非是预设的，场中的位置是一个在行动者和位置之间构建关系的交会的过程，这个过程实际上同时构成并界定了行动者、位置和隐含的顺序。交会具有优先性，行动者和位置则是派生因素；空间并不是一个空的连续体，位置不受外部强加的规则坐标来定义，它具有内部产生的拓扑结构。

2. 儒学的物理观

空间序位是儒学宇宙秩序的先在依据和不变的第一原则。对儒学内容进行任意性阐释，是儒学的真正危机所在。研究发现，任何一种脱离场域空间关系网络的孤立状态下的儒学词语、儒学概念、儒学主题其实都无法

---

① 〔美〕赫伯特·芬格莱特：《孔子：即凡而圣》，彭国翔等译，江苏人民出版社，2002，第17页。

② 〔美〕赫伯特·芬格莱特：《孔子：即凡而圣》，彭国翔等译，江苏人民出版社，2002，第17页。

表示任何东西，既无法被人领会，也不具有任何意义。唯有将儒学的细节、元素、特征、行为、象征、仪式等位格元素纳入完整的空间关系网络，以及诸如对立、对等、对比、节奏、韵律等关系序列，同时将各种关系对象化，并确立它们在系统中的位置，才能发现被关系所掩盖的事实，进而才能对儒学概念进行完整的规定并予以真正的阐释。

罗思文、安乐哲发现，"在中国的这种世界观里，面对某种特定现象，人们更重视感知其变化发展的情境和存续情况（相比于苹果树本身，更容易注意到某个果子里生了虫）"①，儒学"更注重相关性，他们不注重描述事物本身是什么样的，而是描述这些事物在特定时期与其他事物之间如何联系"②，这如同心理咨询师并不关注当事人发生了什么事件，当事人具体是什么样子的、是对是错，儒学对任何结果不做任何评判，只关注关系关联性和过程。因为当事人是变化的，任何事物都是变化的，关注变化没有任何意义。而关联性而非关系是固有的，具有本体论的意义。"任何事物或任何人都没有本质，只能在某个时间点'通过彼此的关联'加以定义，其他时候则拥有不同的关系；具体情况决定了我们是关爱朋友、邻居、爱人、同事等的人，还是受他们关爱的对象。"③没有什么东西总是属阴或属阳，只有考虑到与一个或多个其他事物的关联，才能根据具体情况确定其当前的阴阳属性。所以，易经文化的核心不是阴阳五行，而是阴阳五行的转化，如旺、相、休、囚、死五种转化状态。既然没有本质，也就不可能存在阴柔或阳刚的特质，善恶也不是一种特质。

常识是一种看不见但是能够感觉得到的物理作用力，它外在于行动，却又能为互动赋予形式的形塑力量，进而对内容进行调整甚至改变。常识左右和调节着个体间的交流形式和交流内容，并具有自我凝聚和自主构型的特征。从本质上来说，常识是人们之间相互行动、相互交流场域的位格

① 〔美〕罗思文、〔美〕安乐哲：《哲读论语：安乐哲与罗思文论语译注》，彭萍译，中译出版社，2022，第24页。
② 〔美〕罗思文、〔美〕安乐哲：《哲读论语：安乐哲与罗思文论语译注》，彭萍译，中译出版社，2022，第25页。
③ 〔美〕罗思文、〔美〕安乐哲：《哲读论语：安乐哲与罗思文论语译注》，彭萍译，中译出版社，2022，第26页。

（hypostase）①，即位置以及由相互位置所构成的场，如大小、主次、先后、上下、远近、冷暖等。位格存在于主客体之外，它是一种意向性的指向，是一种在相遇中生成的想象图景，这些想象图景由场景和位格所唤起。比如在"男女在陌生情境下"的场景中，面对男人的撩拨，两个人的关系会面临三种指向：第一种是女方漠视、无反应或离开；第二种是女方愤怒继而结束；第三种是女方视之为玩笑，并以玩笑回馈，这通常被称为暧昧。然而，问题是，在暧昧中究竟发生了什么？事实上，一种外在于主客体的力量已然发挥作用。我们发现，只有当第三种暧昧情况产生的时候，男方才能规划下一步的行动，在前两种情境下，交流无法产生，关系场无法建立，行动只能终止。暧昧是一个初始时刻，当暧昧发生的时候，场就形成了，同时也会产生场中的位置以及位格。常识的社会化过程就是这样一个过程，具有交流可能的个体通过它使得社会、人群的聚合和联合成为现实，它是存在于交会中的一种暧昧的场。人作为一种社会存在，只能通过一些决定因素才能进入相互行动的场域，只有通过基于常识的相互确认才能使社会交往得以可能。而我们习惯上称为社会的这种存在，只是一个不坚固的、无休止地作用于常识形式和不稳定平衡之上的产物。② 如同民谚所说，"树怕三摇，女怕三撩"，世界上不存在坚固、稳定、平衡的形式，正是在摇与撩的过程中，新的社会组织形式不断生成。

交往关系的本体其实是常识，这是位于关系之外的一种节奏、分寸、考量和互动的频率，具有极其隐蔽的形式。无论是个体，还是组织、秘密社团，成员之间的忠实和认同并不遵循组织的目标期许，也不受权力等外部目标的控制。相反，忠实和认同是一个秘密的博弈过程，是在经过反复谨慎的试探、犹豫和拿捏之后产生的社会化行动。在社会行动以及社会化形式完全实现之前，其结果早就已经实现了。③ 这个博弈阶段虽然是没有完全实现的"无"，但是已经产生了完美联系所有的内容和表象。以婚姻为例，外部社会学关注的是"离婚"这个结果，而未关注"已婚人士和第

---

① 〔法〕帕特里克·瓦蒂尔：《社会学的知识》，王赟译，上海人民出版社，2022，第156页。
② 〔法〕帕特里克·瓦蒂尔：《社会学的知识》，王赟译，上海人民出版社，2022，第156页。
③ 〔法〕帕特里克·瓦蒂尔：《社会学的知识》，王赟译，上海人民出版社，2022，第158页。

三者暧昧"这个社会化过程。因此，常识是一个在场却不被互动所支配的表现形式，是一种场中的行动者都能感受到却又无须中介而发生的相互作用力。在"金莲时刻"中，常识处于潘金莲与西门庆的个体意志和两个人的客观关系形式之外，传统社会学关注的是对行为主体、客观形式的评价，而常识社会学关注的则是"金莲时刻"本身，这个时刻富有一种充满实践理性精神的场作用力和自动构型的生命力。

常识往往是我们不希望进行公开交流的那些暧昧交织的场性因素，它是一种物理作用力下的场状态，生产义务和情感等剩余物，从而将人们进行连接，以保证日常生活中的理解。然而，社会表演体系中的理解并非真正的理解，它只是说着人们希望听到的台词，并在所有宏大社会形式中扮演角色。常识是维系系统稳定性的一个根本动力，它是保证系统利益和整体利益的独一无二的、自动的形式，它服从于场性，并且独立于"暧昧时刻"初始状态中的各种相互关系和具体内容，常识会让系统中的个体以及个体间的关系自我稳定下来。事实上，只有通过对建立在预期、评价和类型化过程的常识氛围进行把握，社会学的研究才是可能的，也只有通过这种对于"交会时刻"的观察模式和视角，我们才能感知到场域中所有事件和生命事件的跌宕起伏，每一个元素的不可切分性，以及各种元素的实现、失却、改变和平衡。在上述一系列过程中，常识都不能被辜负。

如果说暧昧在初始状态中可以通过身体的美感和生物性的骚动而被激发，关系的维持则依仗初始冲动和初始暧昧之外的常识力量。常识是社会关系存在之可能性的一个先决条件。这个世界上没有先于场域系统而存在的情感。常识虽然涉及某些心理学知识，但是它并不是心理学，而更像是一种社会物理学，它关涉的是人们就其他人的所知或不知的现象学范围。同时，它也是文学所抵达不到的地方和领域，任何日常场域中的暧昧时刻都会比文学所描述的、所想象的还要丰富。由此可见，文学根本无法指导日常实践，因为文学只是一种假设、一种修辞。然而日常实践中的关系生成根本不可能有任何假设。

常识无关信任与怀疑，它不关注是否可信，是否变节背叛的问题。常识也无关于圈层、信念和身份认同。常识既与行动者的道德品质无关，也与某种独特的能力无关，它只缄默地信任场性。常识是日常交往中的分寸、慎重、秘密和信任，以及彼此都能够保有其身份和维护各自颜面的基本逻辑。尼采说，有必要"在人与人之间寻求一种出于良好愿望的掩饰，就好像我们没有看破他人行为的动机一样"。① 人们通常依据常识将他人的行为动机进行分类，而这些分寸和谨慎通常是秘而不宣的。正是因为常识系统的隐秘运行，才让个体间的相互确认、进一步的行动、行动的形式以及行动的内容成为可能。表面上看，全世界似乎充满了让人们上当受骗的陷阱，然而身处其中的人早晚都会警醒，常识将调动场力永远朝着平衡的方向发展。

在儒学的世界里，抽象的人性是不存在的，存在的只有这些基于模组逻辑的编结过程。模组逻辑以常识的方式存在，不断地在由事件组成的空间单元的组合裂变及流动中再现。而社会中的个体和群体只有在契合空间单元的模组结构时才会显现为特定的身体、自我或人性。儒家从本质上并不承认存在抽象的人性、美德、道德缺陷，也不承认有抽象思考的孤立的个体，而只承认存在位于"空间—模组—单元"中的位格，人不是一种具有内在属性的存在，而是空间关系中的位格性存在，因此儒家是一种基于空间逻辑秩序的位格伦理，位格是场景、位置、角色、事件和过程的总和。举两个故事为例，其一是"及门亟还"的典故，记载于北宋邵伯温所著的《邵氏闻见录》。太宗赵光义请陈抟算算哪个皇子能够吻合太子之位，陈抟走到三皇子门前，不进门、不见皇子就离开了。太宗不解，问起原因，陈抟答道："王门厮役皆将相也，何必见王？"如果门下杂役都是将军名臣之相，其主人也必定是称皇之人。其二出自司马迁《史记》，楚汉时期的著名相师许负，曾预测西魏王魏豹的侍妾薄姬会生下皇帝，魏豹本来没有争雄之心，觉得自己老婆生的孩子不就是自己的儿子吗，自己儿子能当皇帝不就等于自己能当皇帝吗，于是起兵攻打刘邦，最后兵败而亡。而薄姬后来却被刘邦充入后宫，为刘邦生下了第四子刘恒，后来继承皇位。虽然这两个故事的玄学性、神秘性和野史性不在我们的讨论范围之内，但值得我们关注的是，这两个故事中都体现出，儒学易理关注的并不是具体

---

① 〔法〕帕特里克·瓦蒂尔：《社会学的知识》，王赟译，上海人民出版社，2022，第187页。

的人，而是空间场域中的位置与位格。

儒家伦理并不是简单的角色伦理，如安乐哲就从形式出发将儒家伦理误判为角色伦理。实际上，人们在具体家庭和群体中所承担和扮演的基本角色只是表象，并不具有本体论上的稳定性，人的权利并不是由角色决定的，而是由模组、单元和位格决定的，人实际上并不具有自由、自主以及理性的选择能力，相反，人的行动是被空间逻辑所赋序的。与此同时，儒家也不是简单的人际关系伦理。以《论语》为例，孔子实际上从未描述过人际关系，从来没有从自由、自主的角度来描述人类行为，比如如何做人、如何做事、如何恰当表现以及如何存在，更从未论述过关于道德、人格、人性的日常经验，也没有像西方道德哲学作品那样刻意塑造典型的英雄形象。相反，他只描述了各种空间遭遇中完形状态下的位格图景，而且这种完形结构的叙述在《论语》文本中具有强大的一致性和连贯性，无论是过去还是现在。在儒家的位格伦理中，角色以及关系不是由家庭、社区、法律、道德律令进行规范的，也不是由联系、交互、协作进行约束的，而是由基于"模组—单元—位格"的空间逻辑秩序规定的。儒家没有超级的自我，只有超级的场性。个体不是没有独特性，而是其独特性存在于各种动态的空间位格结构中。因此，将儒家伦理误判为角色伦理或人际关系伦理的这种形式社会学的肢解阐释存在将儒学庸俗化的危险。

儒学是一种空间主义，它的内在逻辑在于，人们一旦用历时的时间性来考察儒学时，儒学的本体论就分崩离析了；只有当我们以共时的空间性来看儒学，儒学的本体论才会浮现。因此，儒学并不是作为一种不同时期、不同年代、不同朝代的历史性、因果性力量在一个遥远的他处发挥作用，而是作为一种恒定的空间结构始终决定着每一个当下的特殊实践时刻。

与此同时，空间中不同的位置会以模组原则组合成一些更大规模和未归位的维度或结构，即基于特定时刻、特定位置、特定过程和特定结构所形成的物理关系单元，单元是微观社会世界的基础。就像文学叙事中将每个事件定位在一个更大事件链的某个节点、链中所有事件都被一些隐藏逻辑串起来一样，儒学的模组原则也具有清晰的物理逻辑性，如儒学表述常常使用叙述动词将当下的行为、事件、过程编结成具有模组特质的空间单元，要么是进入空间单元，要么是抽离出空间单元。

罗思文和安乐哲发现，汉字中的字、词，以及字与字之间都具有关联性、动态性，而且受到某种逻辑机制的约束，不仅汉字本身具有这种约束性，"写下这些字的人是以同样动态而又受到约束的方式体验世界的"。[①]而这种约束性就是来自汉字中的字、词，以及字与字之间的关系，这种关系指涉着某种空间单元。如在"君君、臣臣、父父、子子"这个经典的短语组合中，君、臣、父、子既不是名词，也不是动词，更不能简单地将其定义为动名词，事实上，我们根本无法通过基本含义和字面意思来定义。准确地说，汉字是一种借助于语义、语音，以及关联元素所形成的，具有空间性、单元性、模组性的场域、情境和场景。例如，"君"就具有典型的空间性，《白虎通义》中将其解释为"君，群也，下之所归心"，其潜在的假设是"群聚在一起尊君"的图象。[②] "善治"并非作为名词的"government"，也不是作为动词的"to govern"，也不是作为动名词的"governing properly"（正确合理的治理），[③] 而是作为空间情境中的完形图象（gestalt Icon）而存在的"gestalt governance"，即"完美的治理应该是什么样子的"。因此，儒家话语体系中的字和词指涉的都不是孤立状态下静态的事物或表面形式，往往都与空间中的参照物、空间中诸元素的互相关联、空间中事件单元的组合和生灭过程紧密联结在一起，具有典型的"空间—模组—单元"的属性，而且这种组合并不是随意的，而是一种遵循空间逻辑秩序的、永远处于完形过程中的全息场景图象，是对空间中处于离散状态下诸元素的统合，并且"强化了世间的存在具有动态、变化的特点"。[④] 安乐哲将儒学词汇、儒家哲学核心概念的这种"空间—模组—单

---

① 〔美〕罗思文、〔美〕安乐哲：《哲读论语：安乐哲与罗思文论语译注》，彭萍译，中译出版社，2022，第30页。

② 〔美〕罗思文、〔美〕安乐哲：《哲读论语：安乐哲与罗思文论语译注》，彭萍译，中译出版社，2022，第31页。

③ 〔美〕罗思文、〔美〕安乐哲：《哲读论语：安乐哲与罗思文论语译注》，彭萍译，中译出版社，2022，第30页。

④ 〔美〕罗思文、〔美〕安乐哲：《哲读论语：安乐哲与罗思文论语译注》，彭萍译，中译出版社，2022，第31页。

元"的属性定义为"概念簇"[①]，"早期儒学著作在描述、分析和评价人类的行为方面设置了一个与此不同的概念簇，其中心内容是'仁'，包括心、孝、德、信、君子、知、小人、义、诚、礼等。所有上述术语在英语中都是多义词，因此在进行翻译时，我们不能孤立地看待每一个汉字，它们中的任何一个都要与集群中的其他术语相关联。它们中没有一个能很好地或很容易地融入'moral'的概念簇中。它们形成一个相互渗透的网络结构"[②]。安乐哲认为，"在儒学被引入西方学术的过程中，人们对概念簇所设定的解释语境没有给予足够多的关注。西方学术界用西方的价值观改写了儒学的关键哲学表达和艺术方面的术语，这些表达和术语并不是儒学原本所有的，这就降低了儒学的学术性，必然成为一些人眼中具有基督教性质的形式"[③]，"'天'是'Heaven'（天堂），'礼'是'ritual'（仪式），'义'是'righteousness'（正直），'道'是'the Way'（道路），'仁'是'benevolence'（仁慈），'德'是'virtue'（美德），'孝'是'filial piety'（虔诚），'理'是'principle'（原理），等等。总而言之，这样一个词汇群（vocabulary cluster）让人联想到一个预先设立的、单一秩序的、神灵认可的宇宙，它由正义的上帝之手引导，理应得到人类的信仰和服从"[④]。在这种简化、标准化、归约化、线性化的翻译中，儒学的丰富内涵被消解，儒学思想被连根拔起。也正是因为儒学词汇的全息性和完形性，安乐哲认为"在西方伦理学史上没有相应的对应物"[⑤]，因此若要整体性地理解儒学概念，则必须进入儒学的完形宇宙。中国式现代性的构建则跟"文字现代性"关联紧密，现代汉语在现代化进程中，因从日本文字体系中挪植了大

① 〔美〕罗思文、〔美〕安乐哲：《儒家角色伦理——21世纪道德视野》，吕伟译，浙江大学出版社，2020，第4页。
② 〔美〕罗思文、〔美〕安乐哲：《儒家角色伦理——21世纪道德视野》，吕伟译，浙江大学出版社，2020，第21页。
③ 〔美〕罗思文、〔美〕安乐哲：《儒家角色伦理——21世纪道德视野》，吕伟译，浙江大学出版社，2020，第22页。
④ 〔美〕罗思文、〔美〕安乐哲：《儒家角色伦理——21世纪道德视野》，吕伟译，浙江大学出版社，2020，第22页。
⑤ 〔美〕罗思文、〔美〕安乐哲：《儒家角色伦理——21世纪道德视野》，吕伟译，浙江大学出版社，2020，第4页。

量根据英文直译的文字，在汉语文化中不具有相关的关联情境。古汉语以及儒家核心概念，也因抽空了关联情境而导致其变成了干瘪的符号，这或许将会成为中国式现代性构建的一个核心难题。

在儒学看来，空间场域中物理关系单元之间的模组逻辑具有时态化、时序化的方向性、视角性、倾向性、序列性，是在位置与位置之间、单元与单元之间存在的一种客观的、不可见但是却可感知的关系强度地图，如哪些结构是近的或远的、哪些是隐藏的或可见的、哪些是可达的或不可达的，以及哪些是低强度，哪些是高强度。而这一模组逻辑地图的绘制过程绝不是源自内心的或主观性的，而是由空间性的物理结构所决定的，它体现为位置与位置、单元与单元之间的关联强度、移动的障碍和阈限。单元是由一些具有关联度、比邻性的位置聚合而成的，是一种基于内容的类型单位。比如，美德类型，就是一个关系强度高、关系流畅、结构完形的单元；缺陷类型，就是一个关系强度低、刻板生硬、结构未完形的单元。与此类似，童年是一个类型单元、成年是一个类型单元。比如，作为成年人的父母在教育孩子时，可能会被卷入童年单元，表现出一些孩子的角色属性才有可能跟孩子交流；同理，儿童也可能会被卷入成年人的单元，因家庭变故或生活所迫，被迫承担起成年人的角色与义务。因此，角色并不是人为的，而是由场中的位置决定的。罗思文发现，儒学往往通过位置来对人的属性进行定义。比如，"如果我能问孔子'我是谁'，那么我相信，他的回答大致如下：如果你是小亨利罗思文，那么你显然是老亨利罗思文和萨利罗思文的儿子。"[1] 对于儒学而言，"我"根本不被视为一位自主的个体，而是被"位置"规定的，如人们的身份是被如下位置所确定的，"儿子、孙子，或重孙；然后，为父、岳父、公公，或祖父；亦是丈夫、老师、学生、同僚、邻居，等等，不一而足。对孔子来说，只有当所有诸类角色给定，其相互关系明晰后，'我'才会成为'人'，才会知'我'是何人；'我'也才会在祖先祠堂里与其他与我有关系的人同样，有自己的位置"[2]。

---

① 〔美〕罗思文、〔美〕安乐哲：《儒家角色伦理——21世纪道德视野》，吕伟译，浙江大学出版社，2020，第54页。

② 〔美〕罗思文：《莫把〈论语〉作书读》，何金俐译，北京大学出版社，2020，第71页。

德国心理学家海灵格也提到，从感觉及其伴随的敬意来看，当孩子的父亲在提及妻子的父亲用"孩子的外公"而不是"岳父"，称呼妻子的母亲使用"孩子的外婆"而不是"岳母"，一切将更美妙。相较之下，丈夫叫妻子"孩子他妈"，而不是"我的老婆"会更充满爱意，同时也吻合序位。"这样将使所有有关联的人更自由，因为身为外公的他现在能以特别的形式与这个年轻的家庭联结并成为它的一部分"①，"这样做将使一切都与最根本的事物保持联结，而不会使人有所期待并制造依赖倾向——那是重担而非侍奉"，"父母、子女、祖父母、外祖父母、孙子孙女、外孙子外孙女等名义就能继续下去，并且一清二楚"②。实际上，中国民间社会的习惯叫法就是"孩子他妈""孩子他爸"，而现当代社会则变了，人们口头上叫着"老公""老婆""爸爸""妈妈"，但是内心感觉却充满抵触，因为这种叫法不吻合系统的常识。在中国的儒家秩序中，并不存在"我老婆""我先生""我夫人"这样的"位置"，因为这是一个不稳定的位置，因为不稳定，所以也不存在，而且"老公""老婆"这两个词在现当代社会早已失去了神圣性。现代社会有时也会习惯叫人名字，但是人名也可以改，因此也是虚妄的。回归常识，就是回归最根本的事物、最本质的关系、最真实的联结。既无不切实际的期待，也无虚假的责任与负担，乃至随之而来的怨恨。进而言之，当代中国社会的官称也同样存在常识性的错位，通常都是"姓氏+官称"，如"某某书记"，在强化个体官位意识的同时，却淡薄了系统意识。很显然，在儒学看来，只有空间的位置以及相对关系才是真实的。而儒家之所以不相信角色和人际关系，因为它们并不一定是真实的。比如说，妻子的丈夫、孩子的父亲、孩子的祖父、兄弟的兄弟、朋友的朋友、邻居的邻居、学生的老师、老师的学生、同事的同事，等等。以上这些角色与关系能否成立都有赖于关系强度。

儒学叙事中的位置、单元并不具有指代性，既不将特定的因果关系嵌

① 〔德〕伯特·海灵格：《成功与序位：海灵格组织系统排列的隐秘力量》，世界图书出版公司，2020，第138页。

② 〔德〕伯特·海灵格：《成功与序位：海灵格组织系统排列的隐秘力量》，世界图书出版公司，2020，第138页。

入目的论关系序列，也不将单元主题嵌入更大的社会结构甚至历史洪流中进行再定义，更不带有直接或间接的情感，而是仅止于强调位置、单元和模组逻辑的在场性，这是一种具有深层次稳定性的常识结构，它既不会消失，也不会空无，在场域的空间中始终都是最实在、永恒的存在，而反观人类社会的历史事件，则无非是漂浮在常识海洋上的浪花。如八卦中各种连续或中断的线条组合、螺旋形的相互派生结构，实际上是将场域中具有超验性的各种模组逻辑呈现出来。曼陀罗也是对宇宙、政治、建筑等各种场域中不同强度值的模组逻辑、各种维度对应关系的表面映射。儒家思想本质上来说是一种空间绝对性逻辑和模组实在性逻辑的映射，而其本体则是不经过任何中介的抽象的虚空与庸常的此在的交接点。正是在常识结构维度中，中西方文化的接触将回到安德鲁·阿伯特所定义的"文化零点"[①]，中西方文化也唯有在常识的维度才能够被共时性地理解。

3. 儒学的序位观

儒学作为中国式理解社会世界的方法论，它的讲述方式并不是以变量为基础的故事，也并不纠结于人、机构、组织、事件的真实性，它始终关注的是在特定的时间位置和社会空间位置之间，在线性的历史时间和瞬时性的永恒时间的交叉点上所形成的空间关系以及空间策略，这种策略并不是去遵守一些被明确设定疆域或服从范畴的规范，而是对系统所涉诸元素的相对位置进行基于空间模型的总体调控。《中庸》反复重申了这一点，"中也者，天下之大本也。和也者，天下之达道也。致中和，天地位焉，万物育焉"；《周易》说"天尊地卑，乾坤定矣；卑高以陈，贵贱位矣"，也是在强调位置；郭店楚墓竹简《语丛一》中说，"上下皆得其所之谓信。信非至齐也"，"物各止于其所，我行"；《汉书·东方朔传》有"元元之民，各得其所"；程子说，"万物底事莫不各有其所，得其所则安，失其所则悖"，"位者，所处之分也。万事各有其所，得其所则止而安"。儒学中关于位置的论述不一而足。

---

① 〔美〕安德鲁·阿伯特：《过程社会学》，周忆粟等译，北京师范大学出版社，2021，第134页。

值得注意的是，儒学中的位置与等级制度、阶级属性、权力地位并没有必然的关系。如《论语》中说的"君君、臣臣、父父、子子"，它强调的更多是位置间的关系强度。中国传统文化中所讲的君与民只是一个比喻或隐喻，君指涉的不是具体的皇帝，而是任何一个场域中的主导位置，而民指的也不是具体的民众、具体的人，以及抽象的人民，而是指的常识秩序。如《泰誓》中说"惟天惠民；天矜于民，民之所欲，天必从之；天视自我民视，天听自我民听"，这种表述经常被误读成"民意论"——一种庸俗社会学的曲解。① 民意或天意指的自然不是人民的意志或上天的意志，其实是场意志，天命指的是系统秩序，民意指的是常识逻辑。传统的解读过于泛政治化和政治庸俗主义。以君臣关系为例，在任何一个场域中都存在君臣关系，这种其实指的是一种主从关系。如中医讲"君臣佐使"，《黄帝内经·素问·至真要大论》说，"主病之谓君，佐君之谓臣，应臣之谓使"，"主药之谓君，佐君之谓臣，应臣之谓使"。元朝李杲《脾胃论》说："君臣有序，相与宣摄，则可以御邪除病矣。"显然，庸俗政治社会学是一种误读，将其僵硬地比附于统治阶级、君主政权、政治文化和民众，都是没有实践基础的，而儒家显然也不会继承这种庸俗政治社会学。君与臣并非地位的区别，而是位阶使然。举个现代的例子，老板请员工干活，实际上员工的位阶要高于老板，因为老板要发薪水、发福利给员工，老板在下，员工在上，这是一个下与上的关系。员工如果位阶低于老板，老板就会觉得你无用，反而拿不到钱。君求臣，则臣位阶高；臣求君，则君位阶高，位阶是变动不居的。总的来说，空间关系是一种基于施与受关系的位阶关系模型。安乐哲认为，"孔子描述的不是个人之间、平等者之间的行为，而是我们日常生活中施恩者和受益者之间的行为"，"我们均为日常生活中的施恩者和受益者"②。"我们不仅对不同的人扮演施恩者和受益者的角色，还经常对同一个人扮演不同的角色：我们年轻时是父母的受益者，父母年老体衰时我们成为施恩者；当我们需要朋友的帮助时，我们是

---

① 陈来：《古代宗教与伦理》，生活·读书·新知三联书店，2009，第214页。
② 〔美〕罗思文、〔美〕安乐哲：《儒家角色伦理——21世纪道德视野》，吕伟译，浙江大学出版社，2020，第86页。

其受益者；当朋友需要我们的帮助时，我们是朋友的施恩者。这些也是我们生活中的经验事实。"①

以儒家的中心概念礼为例，传统研究往往只关注礼的伦理意义、道德意义、交往意义，而忽略了礼本身的空间性。而对于孔子来说，礼的意义不在于其符号、象征和隐喻那些外在的表现，而在于礼仪空间系统中那些明确、细致、具体的空间模式、空间路线和空间地图。礼就是基于场性逻辑的空间秩序，但是作为空间场域的礼并不等于作为具体形式的礼仪。礼是一种以场性逻辑为目的的实践仪式，在场性逻辑的实现中得以实现自身。因此，礼的仪式化指的不是那种应该做、需要做、非做不可的具体行为，也不需要知道为何而作，以及为谁而作，更不需要探讨它们有何象征的意义。严格地说，礼的仪式化可以既无意义，也不具功能，它的价值就在于提供一个作为存在本身的场，以及基于场所形成的定向空间。而人只要进入场的结构性空间中，自然能够感受到场中的空间秩序和结构关系，也能自动归合于场性逻辑。因此，礼的本质也是一种良知自我显化的物理计划。孔子在《论语》中以舜的"恭己正南面"为例阐释了这种伟大的空间性原则，"无为而治者，其舜也与？夫何为哉？恭己正南面而已"，也就是说，圣王要做到无为而治并不需要采取什么具体的行动，只需要让空间秩序吻合场性逻辑，就能让圣王之治自动自发、自然而然地发生。如果空间秩序不吻合场性逻辑，那么任何礼仪都会成为机械的、僵死的、贫乏的，其中没有任何精神和能量的空洞形式。《论语》中说，"名不正，则言不顺，言不顺，则事不成，事不成则礼乐不兴，礼乐不兴。则刑罚不中，刑罚不中，则民无所措手足。故君子名之必可言也，言之必可行也。"此处的"名"显然也是一种基于空间的位置、序位、位阶。

这种空间序位也体现在日常世界交往中，如《韩非子·外储说左下》中齐宣王问匡倩"儒者弋乎？曰：不也。弋者，从下害于上者也，是从下伤君也，儒者以为害义，故不弋。又问：儒者鼓瑟乎？曰：不也。夫瑟以小弦为大声，以大弦为小声，是大小易序，贵贱易位，儒者以为害义，故

①〔美〕罗思文、〔美〕安乐哲：《儒家角色伦理——21 世纪道德视野》，吕伟译，浙江大学出版社，2020，第 86 页。

不鼓也。宣王曰：善。仲尼曰：与其使民谄下也，宁使民谄上"；《论语·泰伯》中说，"不在其位，不谋其政"。《增广贤文》中讲"人求我时我为大，我求他人低三分；人来求我三春雨，我求别人六月霜"，"为上而骄下"，"骄下而不殆者，未之有也"，"圣人之立政也，若循木，愈高愈畏下"。我们会发现，儒学的经典论述中始终是密集地围绕上与下、大与小等空间序位关系展开的。上与下、大与小、在位与不在位，都是一种基于序位化的视觉空间。"仁者人也，亲亲为大"，孔子这句话既不仅仅是一个观点，也不是一个刻意的论证，而是描述了一个"何以为仁"的情境。"亲亲为大"，讲的是位置与位置间的互动情境。第一个亲字是动词，表达的是亲近于、亲敬于、亲昵于的意思；第二个亲是"亲者的序位"，表达的是尊重亲者结构的状态。"仁"是一幅图像或图景，图像最大。序位不是由个体决定的，而是一种先验的、超然的系统法则，位置之间会形成"态势"，新的态势会被观察、感受、体验到。如"塞人之美，阴人之恶"，强调别人的好，会让序位颠倒，他人为大；隐蔽他人的恶，也是把他人摆在大的位置上。态势常常看不见，摸不到，但是每一个身处其中的人都能感受至深。比如，我们经常被教导要对他人好，要客气、大度、忍让、舍得、付出、热情，但实际上，"讨好者"往往得到的不是物质、利益、情感的回应，而是"被拿捏"与"被控制"。一个位置的损失、伤害、离开，让另外一个位置占到便宜，会让两个位置间的施受关系失去平衡。位置间的场作用力超越得失、超越有罪与无辜、超越加害者与被害者。海灵格认为，无人能够不以他人的损耗而存活，但是损耗一定要对应着付出。[1] 像跷跷板一样，只有施与受的力量均衡，才能让常识的嬉戏进行下去。

儒学的空间政治性体现在社会生活的各个维度，天、地、君、亲、师处于同一个空间秩序中，天、地的感知距离虽然遥远，君、亲、师却是近身可触的、可感知的。例如，儒家的祖先崇拜谱系从本质上来说是一种典型的空间政治，而非时间政治。儒家认为，无论时间多么久远，亲族系统

---

[1] 〔德〕伯特·海灵格：《成功与序位：海灵格组织系统排列的隐秘力量》，邱俊铭译，世界图书出版公司，2020，第38页。

都位于同一个场域空间中，并且始终存在互相影响和作用力。而这种作用力不是基于作为个体的人格关系或作为亲属、家族的血缘关系，而是基于场域空间的位格关系。布迪厄认为，血缘、亲属、家族关系由于是一个直接可见的、可以想象的关系系统，因此通常会引导人们误以为它具有集体象征效应，认为其中包含了逻辑上必然的隐性公理体系，并且据此来规定一些约束和禁忌。如将中国传统社会定义为宗法社会、差序格局社会，都是源于这种显而易见的象征。然而，布迪厄认为，这种象征化的定义忽略了血缘、亲属、家族关系中的各种具体实践。实际上，真正的事实并非如此，这些象征性的约束和禁忌的力度，与实践空间中的物理力成反比。①血缘、亲属、家族之间的逻辑关系，只是为行动者提供的"可能路径的地图"，或"空间示意图"，是一种理论上成立的关系，它们类似于旧地图上一些被废弃的道路，但并不是实际可通行的道路。正如布迪厄所说，无论是传统中国还是现代中国，中国社会的本质都不是以血缘为基础的差序格局，而看上去更像是自内向外扩展的"涟漪"，且是一个想象性、象征性的"假象"。实际上，"涟漪"是位置与位置之间的能量连接和互动，而能量连接根本不取决于血缘、亲属、家族关系，而是取决于场序。这一点从古代社会的同床异梦、同室操戈、斧声烛影，以及现代社会中血缘关系、亲族关系的淡漠就足以得出结论。因此，中国社会并不存在差序格局，只存在场序格局。中国历代王朝都是成于场序，败于差序。

总而言之，场作用力就像重力一样具有牵引性，进是一种向前推进的力量，退是一种吸引我们的力量。任何位置都遵循某个秩序在移动，一旦偏离秩序就会有一股反作用力将我们带回应该具有的位置，而作用力聚集的中心点就是儒学讲的"中庸"。当然，中心点也在移动，一切事物的移动都是绕着某个中心点在移动。这种移动不是认知的移动，不用做出思考的判断，既非身体，也非灵魂力，也不是意识的灵性洞见，而是场作用力的移动。常识法则的运作则是为了侍奉系统的有序移动，任何组织都存在系统位置的有序移动，而常识则意味着个体位置的移动侍奉系统的程度，而这一点，作为场域中的个体都是心知肚明的。因此，儒学从本质上来说

---

① 〔法〕皮埃尔·布迪厄：《实践感》，蒋梓骅译，译林出版社，2012，第59页。

不是道德性的，也不是意识形态性的，而是物理性的。儒学中将这种过程形容为"斫轮"，"斫轮，徐则甘而不固，疾则苦而不"入"，不徐不疾，得之于手而应于心，口不能言，有数存乎其间。臣不能以喻臣之子，臣之子亦不能受之于臣。"常识只关注关系以及关系中的秩序，不关注任何问题的细节，不刻意去区分个性和权衡轻重，更不关注任何自我原则。能够驾驭常识的人，行事完全顺乎场性，最终能与最深奥和最神圣的宇宙节奏相契合。

4. 儒学的位置观

儒家最经典的理论恐怕是孝道，这是中国传统文化的核心。孝道所对应、所衍生的并非集体主义，孝道也并非是抹杀人的个体性的元凶。其实，传统研究的误区不在于孝道这个概念本身，而在于忽略了研究孝道的逻辑究竟是如何运转的。中国古代最突出的伦理规范是孝，然而，孝的表现和实践并不限于亲子之间，上溯至祖先，横向推至父系宗亲。同时涉及五品、五伦、五教、八政等诸多范畴。如《孟子·滕文公》讲的五品，"圣人有忧之，使契为司徒，教以人伦：父子有亲，君臣有义，夫妇有别，长幼有序，朋友有信"；五种人伦关系包括父子、君臣、夫妇、长幼、朋友；五教包括亲、义、别、序、信。《左传》中说，"舜臣尧……举八元，使布五教于四方。父义、母慈、兄友、弟恭、子孝，内平外成"；《逸周书·常训》中讲八政包括夫妻、父子、兄弟、君臣；郭店简《六德》中讲，"内位父、子、夫也，外位君、臣、妇也。疏斩布、杖，为父也，为君亦然；疏衰齐牡麻经，为昆弟也，为妻亦然。袒免，为宗族也，为朋友亦然。为父绝君，不为君绝父；为昆弟绝妻，不为妻绝昆弟；为宗族瑟朋友，不为朋友瑟宗族。门内之治恩掩义，门外之治义斩恩。"这似乎在说，即使在非血缘共同体的关系场域中，也需要家庭伦理的规范和调节。实际上却并非如此，正如君臣是空间秩序的隐喻，此处的"父子""夫妇""长幼""朋友"也都是相关序位的隐喻。总体来看，"五品""五伦""五教""八政"显然不是家庭伦理道德范畴的简单化概念，概念性的说法不仅无法遵从也无法执行。孝并不是基于宗族共同体的特殊凝聚需要、基于亲情的自然情感或功利情感，也不是共同体的一般伦理原则。① 不仅如此，孝也与男权制度无关。虽然传统研究认为，父权制的家庭制度是中国古代文明的基础，儒学是建立在父系制度的基础之上的，但这是概念范畴的表面现象，它会误导人们将男权与女权分立起来。准确地说，孝是系统场域中的空间秩序。

孝道的空间秩序跟"姿态"有关，如"高姿态""低姿态"；孝亲的一个最严重的问题是"高姿态"，即将对父母的孝视为傲慢的恩惠、施舍和照顾，这就违背了常识的法则。在系统的场域中，"子女"是一个位置，这个位置有它的法则，不以子女之位应有的法则去"侍奉"，就是对儒学的背离。基于常识逻辑的孝道法则应该是"我们当以子女的位置来侍奉"，而不是"以爱之名""以孝之名"等。孝不是一种头脑思辨行为，而是依据常识逻辑展开的；常识的奥义在于，只要回归这个位置，常识的能量自然回归，自然知道该如何做。在"父母—子女"的相对关系中，父母的位置永远是"大"的，子女的位置永远是"小"的；在"父母"面前，应该始终持守"孩子"的位置；在"父母"面前"变小"，不会让我们"变弱"，反而会让我们更加强大、让秩序更加流畅。我们借由"位置"的持守来侍奉生命的法则。就像在公司里，你可以不尊重 CEO 这个人，但是需要尊重 CEO 这个位置。众生万物皆有其位置。当然，位置不等于"角色"，例如春秋战国的诸侯争战中，诸侯争抢的是"角色"而不是位置，这是因为位置有其自然法则。从表面上看，位卑者要遵从位高者。而本质上，位置与位置之间不存在强弱之分，因角色而"强"的，会立刻在场域中变"弱"，而因角色而感觉"弱"的，则会在场域中更"弱"。例如在中国历史中，"妖女"之所以让君王迷恋，是因为她们占据了君王的情感导师、命运导师、事业导师，甚至是启蒙导师的位置，这实际是师者之位高于"男性"这个生物属性的位置。事实上，性别在空间场域中是没有位置的，男权与女权从本质上来说都不存在。

序位意味着每个位置都对应着空间中的角色，都有"所属的位置与应

---

① 陈来：《古代宗教与伦理》，生活·读书·新知三联书店，2009，第 352 页。

有的权利"①，这种位置和位置间的相对关系能够给予所有属于现在或过去的人以归属感，而这种位置间的逻辑法则就是先验性的常识，这并不是一种超自然的力量，而是一种互相牵引的场力。传统社会中的祖先具有在场性，他们在场中的位置是一定的，没有任何人、事、物、力量能够将其占据；看上去是"无"，其实是"有"，正是"空中妙有"。位置在场力作用下的移动意向、移动方向和移动方式，并不遵循自身的想法或个人意图，而是被隐藏的场作用力所驱使和推动，这种隐藏的场作用力就是常识。在常识的作用下，最终会呈现出一个让所有位置都感觉舒适、具有合理位置间性关系的空间排列，如果这种排列无法让每个位置都感觉舒适，则移动会继续进行。现实生活中，每个人都是"位置"的代表。比如在企业里，董事长是"公司最高决策力"位置的代表；CEO 是"企业最高执行力"位置的代表；官员是"某一领域统筹力"位置的代表，每个人都只是在扮演位置所应许的角色。我们可以征服一个角色，但是无法征服一个位置；同理，我们可以赠送或丢弃一件物品，但是无法赠送或丢弃一个位置。位置以及位置间的序位遵从更高的秩序法则，它赋予每个位置以能量，而人、事、物只有处在正确的位置上，才能与这较高的秩序及其创造力和谐相处。在组织中，有能力的人，可以形成大系统中的子系统，但是不能取代大系统。这如同功劳大的将军，可以在小系统内占据主导位置，但是在国家的大系统中不能取代主导位置。古代中国曾有"臣大君小"的君臣序位，如徽宗与岳飞、雍正与年羹尧、嘉靖与海瑞几对君臣。这时，虽然实质性的君臣地位并未颠覆，但是体现了对系统位置的不尊重，这相当于取代了传统序位。历史上有很多未造反却被诛杀的将军，他们虽然没有形成真正意义上的反叛，但"情势"已然如此，必然有此下场。个人能力即使再大，也大不过系统，这就是系统法则。中国历史上的许多忠臣良将，并非死于昏君和奸臣，而是死于对系统法则的忽视。庸俗历史社会学一个最严重的误区是用道德绑架常识，实际上位置的僭越比真正的反叛更可怕。常识往往是未发生的、未知的，但态势已经昭然若揭；如果用道德绑架常

---

① 〔德〕伯特·海灵格：《成功与序位：海灵格组织系统排列的隐秘力量》，邱俊铭译，世界图书出版公司，2020，第 6 页。

识，只能将道德流于形式，最终形成一个"互害型社会"①，这也是儒家一直所批判和抵制的。

在各种社会场域中，常识都是第一性的，对常识的识别就是良知，忠实、忠诚、认同等社会属性只是常识的衍生物。常识是社会得以运行的先决条件，是一种隐形实在形式，但是，常识的缺席会导致婚姻、家庭、公司、帮派等社会组织不复存在。从严格的儒学意义上来说，忠诚是毫无意义的幻想，忠诚是对已然形成的关系场之常识逻辑的承认。因此，忠诚不是某种动机或旨趣，它不是从一种关系出现之后才开始的，而是在关系场已然形成之前就开始的，没有场就没有忠诚的位置。以"中国合伙人"问题为例，在未成立公司之前，即场建立之前，关系结构可能是夫妻、亲属，也可能是同学或亲密的朋友；此时场还未诞生，只有激情的想象；此时没有场性逻辑，场域良知也未诞生。然而，一旦成立公司，场就开始形成，场域空间中随之出现了序位、位置结构，此时常识系统就启动了。婚姻这种关系场域也是如此：即使恋爱阶段关系暧昧，但只要婚姻关系和家庭未成立，场就未启动；一旦结婚，家庭场域的常识系统就随之启动。常识致力于维系场的系统运行和存续，它不是某种情感，或某种内部的关系，而是一种场作用力，它面向关系和系统本身，而不是简单地面向某个人或某个他者。而诸如爱、义务、责任等众多旨趣，只是常识关系的产物或剩余物，而不是常识关系的根源，剩余物一旦统治了世界，就会出现马克思所担心的"异化"。异化都是面向他者的，唯有常识是致力于维持关系系统的。换句话说，失去了场，诸如爱与责任都将荡然无存。因此，常识的本质是一种爱与责任等关系的剩余物。关系是一种幻象，在场域的移动中，要么失去它们初始时的力量，要么纯粹简单地被遗忘，常识结构则持续存在。因此，相对于其他学问来说，儒学更为强调那些处于生成状态的常识结构，以及关系的保持等结构性问题。而在这种关系结构的维持中我们发现，强制、习惯、法律、道德、惯例等外部性力量所扮演的角色微乎其微。以婚姻这一基础社会形式为例，一旦常识结构缺席，什么"角

---

① 武志红：《巨婴国》，浙江人民出版社，2016，第99页。

色"都阻挡不住它分崩离析的步伐。因此，系统基于常识，并以场域良知为前提；它致力于维系已然成型的关系结构和关系场，并以对隐形常识的承认和赋予为前提。

在空间中没有"空位置"，因为位置的拓扑结构是在相互作用过程中被相对定义的，因而是完全内在的。① 哈贝马斯在文章《恩斯特·布洛赫：一个马克思主义的浪漫派》中说："上帝死了，但在他死后他的位置仍在。人类想象中上帝和诸神的所在，在这些假想消退之后，仍是一个阙如的空间。无神论最终的确理解到，对这一空间的深层测度勾勒了一个未来自由王国的蓝图。"② 现代时间观通常将时间分割为过去、现在与未来三个阶段，它假设时间是一种物质，从过去流动到现在的此刻，再流向未来。然而，这只是一种线性的意象。事实上，过去无法真正地消逝，虽然物性消失，但是位置恒在，并与当下的场元素共同存在，我们只能在一个共在的场里面移动。因此，过去是一种无形且具有实在性的实体，它影响的其实是场的秩序，也就是位置间的相对关系。过去作为"不在场的场位"，如果其位置不合乎序位，那么当下的秩序体系就会出现裂隙，系统就会坍塌。

祖先崇拜是传统儒家宗族体系的突出表现，其背后的逻辑是对空间秩序的敬畏；承认空间的存在是祖先崇拜的前提，祖先崇拜的本质是对空间位置的认同与敬重。儒学对位置的尊重体现在祭祀仪式中，斯人已逝，但其位置仍在。"每位参与祭仪的人至少都会司一职，即后代之职。该礼仪有一个独特的角色，就是尸（祝）。汉语中，这个名称跟'尸体'的'尸'恰是同一个字。就字面而言，就是少者（通常为死者的孙子或孙女）代表逝者'席坐'，接受敬，年少者事先需经过净仪，才可以准备担当尸祝之职。尸祝在仪式过程中饮酒馔食，也时而被请赐福于奉祭的诸位子孙后代。"③ 事实上，中国的祖先祭祀或祖先崇拜传统既非宗教也非迷信，而是一种基于空间性的实践理性。祖先并非以直接或间接的方式对人世生活

---

① 〔美〕安德鲁·阿伯特：《过程社会学》，周忆粟等译，北京师范大学出版社，2021，第48页。

② 〔美〕卡林内斯库：《现代性的五副面孔：现代主义、先锋派、颓废、媚俗艺术、后现代主义》，顾爱彬、李瑞华译，译林出版社，2019，第67页。

③ 〔美〕罗思文：《莫把〈论语〉作书读》，何金俐译，北京大学出版社，2020，第71页。

发生影响，而是通过在亲族关系场中占有位置的方式与现世连接，因祖先之位而形成的关系结构具有恒久的实在性。《礼记·中庸》："鬼神之为德，其盛矣乎！视之而弗见，听之而弗闻，体物而不可遗。使天下之人齐明盛服，以承祭祀。洋洋乎！如在其上，如在其左右。"传统鬼神观中，空间性和系统的位置性两个特点常被遗漏。传统观念中的鬼神，既非精神性也非物质性，不是"气"也不是人形、人格化的鬼神。中国儒学"绝地天通"的实践理性在于，祭祀往往求告于先祖、祖先，而非天神，其中隐藏的功能在于通过对祖先在亲族场域中位置的承认和重复强调，进而强化系统秩序，让紊乱的系统元素归位。换句话说，即使存在万物有灵的神灵世界，一旦人世间的序位紊乱，系统也将会坍塌。祖先崇拜象征着常识逻辑在历史中的"第一性"地位，祖先被置于风雨、山川、土地等自然神祇之上。因此，祖先崇拜不是作为巫术也不是作为宗教出现的，而是作为系统空间序位排列的实践理性被广泛认同的。祖先崇拜的主要功能是维系族群系统的运行，小到家族、大到国家和民族，都以此为运行原则。同时它也超出了简单的家庭关系范畴和纪念性的范畴。但在现代社会中，祖先祭祀的神圣性和纪念性逐渐消解，这也意味着作为系统第一性的常识逻辑正在逐渐淡化并退出中国社会的传承场域。因此，现代社会中的家庭和亲族，虽然存在表面的人格关系和血缘关系，但对空间秩序的忽视或否定，使祖先对家族成员的行为已经失去了制裁力，祖先崇拜也随之消失了。

儒学虽然没有世界上其他宗教体系的神灵体系，却具有高度的、直接的宗教性。这种具有宗教性的拓扑结构就是常识。其实，任何社会世界都包含预先存在的拓扑结构，位置在空间场域中被新近定义，它既不由当前的位置定义形成，也不由普遍功能形成，而是由一系列变量组成，如排他性、强度（强弱）、划分类型、地位（影响力）、外部认可（识别度）、节奏、周期等。举例来说，在19世纪以前，婴儿分娩通常被认为是一个"家庭事件"或"家族事件"，而在现代社会则被视为"健康事件""医学事件"。被置换的空间情境场域随现代性而来，这也导致了场域空间诸位置的失位和失序。但是，虽然空间发生了置换，但是常识无法置换，即位置的效力依然存在。系统序位是否顺畅、是否具有较强的流动性，是国家、组织、家庭和企业是否良好运转的判断标准。系统的紊乱必然与位置有关，修复位置序位能帮助系统序位回归流畅，这在任何时候都不晚。一个王朝消亡了，从理论上来说，它依然"在场"。例如，一个新建立的王朝如果尊重前朝皇帝及其臣勋，其统治秩序就会稳固；如果对前朝的追随者展开杀戮，其统治秩序就会坍塌。这种尊重不是针对角色或具体某个人的尊重，而是对历史场域中位置的尊重，这就是系统的常识法则。王朝更替数代之后，其位置则不断叠加而在系统场域中形成一个更大的位置。一个生命无法否定其祖先，没有祖先就没有当下的生命体，一个国家也是如此，如果否定历代的国家传承，就等于否定了国家作为一个生命体在历史场域中的位置。我们探讨历史往往主张"道德历史主义""事功历史主义"，而非基于常识的"序位历史主义"。但只有承认与肯定了系统中本应存有的"位置"，才能实现对系统完整性和我们自身位置合法性的承认与肯定。正如电视剧《康熙王朝》中，康熙借由祭祀朱元璋，承认与肯定了明王朝的位置，同时也真正开启了一个新的王朝。尊重敌人是古今中外的作战传统，这种尊重能够赋予自己的系统以能量；在尊重对手位置的同时，自身的位置也同时被肯定和认可，对敌人的鞭笞则受到谴责。叛徒最受鞭挞，因为这是对位置的反叛；英雄的判定，则是以对位置的持守为标准。每个生命在系统的空间场域中都有属于自身的恰当位置，有些位置可能会被遗漏、忽略、排除，比如流产的、早夭的、被遗弃的或被送养的孩子，或是曾经在组织中做出贡献的人，又或者是为国家牺牲奉献的人等。虽然曾经代表这个位置的人被遗漏、忽略和排除，但是这一位置永恒在场，没有任何力量能够使之消失。如同父母作为每一个生命场中的特殊位置而存在，即使父母逝去，这个位置也依然存在，不以人的意志为转移。位置作为一种整体性的力量在家庭、组织、国家等系统中始终存在，唯有承认其在系统中的位置，才能恢复系统自身的完整性。

现代婚姻家庭关系面临着内在逻辑结构的困境。婚姻社会学一般有三个理解角度。第一，认为婚姻是一种社会再生产的策略，是一个旨在获取最大物质利益、象征利益的策略系统；婚姻遵循的是成本、利润和交换逻辑，在家庭关系的斗争场域中，个人的力量是由经济资本、象征资本和集体支持程度决定的；这种角度忽略了策略逻辑，自古以来，策略逻辑都是婚姻系统不稳定和亲族系统坍塌的核心根源。第二，认为婚姻是传统宗族关系的融合与传承，这不仅忽视了宗族系统的形式性、脆弱性和离散性，而且忽略了现代家庭婚姻系统对宗族关系的轻蔑、逃离与规避；事实上，宗族关系甚至血缘关系无法成为维系家庭婚姻系统的纽带，自古以来，血缘亲子关系和传承关系其实都根本无法成为婚姻系统的纽带和基石。第三，认为婚姻遵循的是道德和情感逻辑，这其实是家庭关系实践中普遍存在的一种幼稚的道德主义想象，在人类社会中很少被真正地实践过。

实际上，以现代性为基础的婚姻关系应该符合常识逻辑，即常识应该占据婚姻关系的第一位置。从常识的角度来说，在家庭结构中，夫妻关系是第一位的，亲子关系是第二位的，父母关系是第三位的，但是现代社会常常把后二者放在夫妻关系之前，这是序位的错置。在夫妻、亲子、父母三对关系之间，夫妻的序位应高于父母；这不是同一个水平面空间内的高低，而是两个不同的维度。即，父母关系是一个空间，夫妻关系是另外一个空间，夫妻的生活空间最好与父母的生活空间隔离开来。家庭结构像是一个环环相扣的常识链条，任何一环常识的缺失都会导致系统的紊乱，解决家庭问题的核心要旨不是情感、道德或责任，而是序位。

除此之外，现代社会的母婴关系常常将男性排除在外，在中国家庭场域中，父亲和孩子的互动太少。这看似是因为男性太忙，事实上，是家庭场域在排斥父亲。中国式家庭的雄性大家长常常是名义上的，而家族内的实际统治者常常是女性，这与"女性地位低"的普遍社会认知是大相径庭的。在真实的家庭序位博弈中，女性的地位从不低下，尤其女性有了孩子之后，孩子们基本上都听命于母亲。比如在《红楼梦》大观园中，贾母是实际的统治者，其原因在于母子关系凌驾于一切关系之上，大多数悲剧的根源也都与此有关。中国历史上的宫廷政治中存在"母因子贵"的现象，民间也是如此，婆婆是儿子家庭的真正主宰。这意味着，中国传统家族中的第一位置是女性，男性在家族中扮演角色，但整个家族的实际掌控者是女性；同时，男性在家庭场域中是缺席的，看似在场、实则离场。例如，"垂帘听政"就是角色与位置错置的一个典型象征，这时帘前表演的皇帝、幕后的女性听政者看似都不需要再对位置负责，但实际上两者都无法真正地拥有位置。又如，中国文化经常被贴上"男权"的标签，但实际上中国家庭社会是一种母系的文化。从孟母三迁、岳母刺字到《二十四孝》，传统孝道强调的都是对母亲的孝，对父亲的孝则是缺席的，这种集体无意识现象值得深思。在中国的寓言故事中，妈妈是绝对的主角；而在西方的文化中，父亲是绝对的主角。在社会权力体系中，是男人掌权；但是在家族权力体系中，是母性掌权。在社会层面是男权社会；在家庭层面是"母系社会"。① "母婴共同体"有可能是中国社会前进的一个关键障碍。②

　　中西方共同的缺失是，常识都没有成为主角，家庭系统中的第一位置始终是阙如的。有研究者认为，"用古希腊神话来讲，可以说，中国家庭还处在大地母亲盖亚的阶段只有母亲与孩子，孩子们都效力于母亲意志之下。欧美家庭则进入了宙斯与赫拉阶段，夫妻关系是主导"③，"到了宙斯与赫拉的阶段，赫拉不是大母神，没有绝对权威，宙斯也没有绝对权威，妻子可违背他的意志，而大家可以共存"④。然而，在家庭场域中，无论是母性、父性、孩子，还是夫妻关系，都无法占据第一位置。这与集体主义、封建主义、男权主义并无太大的关系，也不是个体性与集体性的关系，而是序位的关系。男女权问题或许是传统与现代性交战最激烈之处，人们认为中国传统社会是男权的，而现代社会应该是男女平等的。"男尊女卑"是传统儒学最受诟病的一点，而现代社会对传统的颠覆在于"男女平等"。

　　在家庭这一社会最微观的组织单位中，谁才应该占据第一位置呢？究竟应该是男方还是女方？我们只有回到场论中才能理解这个问题。第一个维度是以哪一方的系统为主。在传统儒家社会中，女方要嫁到男方的家族系统中，女方要以男方的系统为家。在宗祠、家谱依然存在的儒家社会中，女方要进入男方的家谱，而不在女方的家族系统之内，因此才会有

---

① 武志红：《巨婴国》，浙江人民出版社，2016，第52页。
② 武志红：《巨婴国》，浙江人民出版社，2016，第50页。
③ 武志红：《巨婴国》，浙江人民出版社，2016，第50页。
④ 武志红：《巨婴国》，浙江人民出版社，2016，第53页。

"嫁出去的姑娘泼出去的水"的说法。作为平衡，女性要想获得在男方家族系统中的位置，通过"明媒正娶"才能"名正言顺"。传统家庭中也有以女方家族系统为主的现象，即"倒插门"，"倒插门"中的男方，在系统中依然试图争取位置。第二个维度是以位置的倾向性为主。倾向性这个问题是隐蔽的，属于常识的范畴。在现代社会中，男女双方各自都离开原生家族系统，甚至离开出生地，流动性极大。比如，农村出来上学、留在城市里建立家庭的男女，结婚后家庭中的第一位置归属于哪一方呢？过去认为经济、财富、家庭出身、门第等左右着家庭地位，而在男女平等的现代社会中，家庭地位中谁为大呢？一个隐藏的结构是，在追求与被追求、需要与被需要、欣赏与被欣赏、喜欢与被喜欢、奔赴与被奔赴、投入与被投入之间，存在一个位置间的倾向性、方向性，而与男女的性别、出身、经济地位、财富都没有关系。此时，被追求者往往占据主导位置，追求者则在依附位置或从属位置。这种情况与时代无关，与时间性无关，只与空间性有关。例如古代社会的民间故事中，不乏大家闺秀爱上穷书生的故事，"私奔"就是女方奔赴男方。男方虽然没有经济地位，但是依然占据主导位置。无论是古代还是现当代，只要是男方喜欢、追求、欣赏、需要女方，女方则占据主导，在大多数情况下，这种位置关系是隐蔽的，只有当事人才能清楚地感知和理解。

然而，现代性影响下的中国家庭既不是走向"男权家庭"，也不是走向"母婴家庭"，而是走向"常识家庭"；此时男人尊重丈夫、父亲的位置，女人尊重与遵守妻子、母亲的位置，家族成员各归其位。在中国，家庭中的第一位置有可能是"不在场的实在"，即存在但未出场。中国民间传说中存在灵魂附体、仙魅附体、转世轮回等诸种说法，这意味着角色、位置都是空壳。因此，中国儒家文化的真实境遇是，儒学的本体并未得到贯彻，社会真实的运行状况并非儒家的设计，家庭场域中常识秩序的缺失正是中国儒家秩序衰落的一个重要维度。在家庭中，角色和位置要分开，位于主导位置的角色可以是男方也可以是女方。主导位置具有家庭场域下应有的使命，比如维护家庭系统的安全、稳定、服务等，因此问题的关键不在于谁占据主导位置，而在于这个以付出为驱动力的位置不能被取代。

主导位置意味着服务，它不是一个单纯夺取权力而不履行义务的位置。那些想要在企业、组织或任何一个系统中占据超过自身应处序位的人必将失败，违反序位是许多人在其领域失败的主因。每个悲剧都是从违反常识序位开始的，明君和暴君的区别也在于是否尊重序位。无论什么时代，位置间的关系永远是存在的，因此从常识的维度上来说，没有人能够真正地"篡位"；无论是在国家、企业、组织等宏观体系中，还是在微观如家庭、夫妻和男女关系中，唯一真实的、具有本体论属性的就是基于常识的位置及其方向性、倾向性，它的存在与性别、地位、权力、出身、财富等都无关系。在常识系统中，序位排列的依据是各位置保证组织顺利运作、使组织能够顺利地联结在一起的程度，而不是年龄、资历、职务等这些违反常识秩序的因素。常识序位是任何一个系统运作的基本秩序，是无从逆转的神圣法则；人类历史上的所有悲剧，基本上都是违反常识序位的后果。

现当代社会最大的问题，不是男尊女卑与男女平等的争论，而是占据主导位置与不履行服务者职能的矛盾。如果男方不履行服务者的职能，其位置很可能被女方取代，《红楼梦》中的女性占据主导位置就是一个很好的例证。换句话说，如果女方占据主导位置，则必须履行主导位置的职能。现代女性的问题在于，只想占据主导位置而并不履行主导位置的职能，这也是大多数家庭悲剧的根源。天下之位莫大于皇帝，但这个位置是要服务天下，而不是奴役和剥削天下，否则就会颠覆；企业第一的位置如创始人、董事长，这个位置是要为员工和消费者服务，是最大的打工者，而不是奴役和剥削。任何一个组织中的主导位置，付出最多、承担风险也最多，如此才能稳居其位，也能让他人心悦诚服，家庭中的男女地位自然也逃不出这个场的定律。系统永远追求平衡性，即风险、投入、成本、付出与权益永远是平衡的，一个只谈权益不谈付出的系统注定坍塌。主导位置所应该具有的正常心态其实不是"有恃无恐"，而是"如履薄冰"，这符合常识法则。总的来说，王朝的皇帝、企业的董事长、普通家庭的家主（长）和团队领袖等，都是需要实践检验的位置，而不是一个任何人都可以扮演的角色。位置不是一个实体，但是具有明晰和实证的实在性，它需要用事件填充、用实践绘制、用行动勾勒。事实上，在一个以任务为导向的团队、组织中，每个人都可以马上找到他在整个团体中的正确位置。任务是北极星，它能照亮每一个位置；一旦将位置错解为人人都可以扮演的角色，我们就势必会进入一个异化的表演型社会。

如果我们深入考察儒学对于婚姻、家庭、亲族系统的洞见，就会发现儒家从来不承认策略逻辑、系谱逻辑和道德逻辑，儒家的婚姻观是一种基于场性良知的空间序位逻辑。婚姻的稳定性与基于利益的策略系统、基于利害的宗族和血缘系统、基于效用的道德系统、基于规则的法律系统都无关，而是取决于家庭系统场域中的位置、序位和良知等基于常识的实践关系。在男女关系中，常识是占第一位置的，常识并非仅仅倾向于安全、稳定和秩序，而是"能量的流动"。比如说，一个带着丰沛感觉的婴儿，是对家庭能量关系的拯救，通常能够让常识系统的能量流动起来，带来生机和活力。但是，这个时刻往往随着孩子的长大而稍纵即逝。组织僵化、失去生机活力的核心原因，就是常识能量的凝滞。

场序是一条隐形的公理体系，在亲属关系实践中以常识的形式存在，行为人往往倾向于使这种关系始终处于运作状态，它的表面象征体系有时是与家庭中正式的象征体系相背离的。比如男人和女人的忠诚，只跟序位有关。我们通常会将每一组婚姻关系的断裂都归因于家庭关系中的看得见的、没有前因的冲突，如暴力、男权主义等。而事实上，一切冲突都有前因，并且这种前因具有持久的倾向。所有的冲突都只是结果，而不是原因。比如，出轨的女人和情人被丈夫抓奸，女人第一反应保护的一定是情人；一个女人如果跟一个男人有恩义在先，那么无论她嫁给哪个男人，都会将其夫视为敌人。

婚姻永远受系统良知的牵引，永远无条件地服从于序位法则，这意味着常识实践的理性逻辑要优先于历史的理性。婚姻社会学对家庭关系的认识要有一个真正的转变：婚姻根本不是一个从零开始的、不含前提和前因的世界；这种前提和前因不是策略、系谱、道德和劳动分工，而是基于常识的空间序位。在儒学中，空间序位体现为"恩义法则"，施恩者为大，受恩者为小；领恩者为君，报恩者为臣；施恩者为主，受恩者为从。而恩与义是一种空间性的方向流动，恩是施与，义是回馈，在恩与义的平衡中，系统才会获得稳定。没有恩义，俱是虚妄；没有恩义，则貌合神离、同床异梦、同室操戈。因此，恩义是空间系统的常识，是关系系统建立的前提，更是"第一性"。恩义不是简单的道德范畴与哲学范畴，而属于空间序位范畴。传统社会中表面的等级性的前提也是恩义，没有恩义在，人们是不会承认这种等级差序的。无论是在家庭、合作组织、公司还是国家中，以血统、家庭原则建构的、基于差序格局的组织最终都是失效的。

家庭是一个小单位，更是国家、社会、组织等大单位的缩影。如果不能了解家庭的关系法则，以及对我们整体生命的影响，我们就无法管理企业，治理组织、国家甚至天下。这就是儒学讲的"齐家、治国、平天下"。常识的议题在齐家、治国、平天下中的秩序结构中是一致的，商业系统和国家政治系统中发生的事情，与家庭中发生的事实也是一样的，都遵循着同样的系统法则。常识的缺乏往往会导致家庭秩序、集体秩序、交往秩序甚至人与物的关系失调；失去秩序的独立意志是一场灾难，独立意志必以秩序为前提。

举例，男人的社会并不等于"男权社会"。中国传统社会主导的能量是"阴性的"，母系文化的"阴性统治"渗透在家庭、社会的每一个角落，从未实现真正的"男权社会"。书生的背后要么有岳母、孟母式的伟大母亲，要么有一个"妖女"式的红颜知己；《二十四孝》的故事讲的都是对母亲的孝，而男性只是女性获取社会象征权力位置的管道；《聊斋志异》《白蛇传》中歌颂的都是女性，男性则往往都是懦弱的、无害的、被动的、听话的，他们没有攻击性、好控制，对女性言听计从，过分地顺从和围绕女性的意志。中国社会看似以男人为主导、女性围绕男人，但实际上在精神和情感上是以女性为中心的，这形成了巨大的阴性压制力和精神控制力。

事实上，在两性、婚姻、家庭关系中，占据第一位置的不在于性别，而是空间序位；常识是第一性，第一位置与男女的性别无关。当然，这也不代表对"爱"的理解西化而简单。宫廷剧中"妖女的计谋"不在于撒娇、示好和要东西，而在于熟练地操控了场域中的空间序位。妖女是最懂得位置感的，她们往往会成为掌权者的天然杀手。即使权力高如皇帝，也会在空间序位中沦陷。妖女并不只是单纯占据了性别位置，而是占据了皇帝导师、母亲、恩人的位置。因此，皇帝并非"拜倒在了石榴裙下"，准确地说，是在空间序位中失去了主导权。历史上一些著名的女人，如武则天、吕后、慈禧等，最后都将男权玩弄于股掌之间。事实上，这种格局无关于男人和女人，也无关于男权和女权，而与常识空间中的序位有必然的关联。

传统社会学研究容易被角色理论所误导，例如有人认为，皇帝只是一个"角色"。但事实上，皇帝只有在空间序位上占据君位，其权力和角色才会稳固；在"臣大君小"的格局中，江山旦夕之间就可倾覆。因此，角色是空洞的幻象，而空间中的位置才是真实的；儒家社会并不是一种角色社会，而是一种基于空间常识的序位社会。位置是角色的前提，而角色并不是位置的必然条件。例如，在各种仙异故事中，妖物并不在乎角色，而只在乎人类社会场域空间中的位置，他们要么"夺舍"，要么"附身"于人类的身体，以此来获取空间中的"位置"。

（五）儒学实践观的完形逻辑

1. 儒学叙事的语法结构

儒学在进行现代性转化时面临的一个关键障碍是无法得到普遍公认的有效阐释和清晰有效的实践。"很多学者批评儒家模糊性很强，没有逻辑思维。黑格尔就说儒家的言论都是对道德说教，不可质疑，不可反驳，只是些教条。"① 之所以会出现这种模糊、教条的阐释困境，是因为儒学概念基本上都没有一个基于实体性的事物、事情或事实作为言说对象，因而儒学概念的"意义"也就失去了客观标准。例如，儒学中的仁、义、礼、孝、忠等概念范畴并没有一个实际的、实体的对象。中国儒学研究者往往陷于"意义是什么"，现代性哲学关注的则是"意义是如何生成的"，以及"意义的生成动力机制是什么"。意义的生成逻辑既是儒学的核心议题，也

---

① 〔美〕杜维明：《体知儒学》，浙江大学出版社，2012，第119页。

是现代性的核心议题。

严格地说，儒学并不是一门探讨真理的学问，而是一种理解世界的视角或方法论体系，如同横亘在世界和人之间的棱镜；以儒学方法论理解世界，正是透过棱镜显示自身及其作用的过程。儒学话语体系之所以会出现阐释困境，源于其词语组合是命题（propositions）而不是概念（concepts），是一种常量（constants）和变量（variants）的聚合。作为名词的概念对应的是静态化的事物，而作为动词的命题对应的则是事物动态化的状态，德勒兹将之称为事态。事态系统与儒学命题系统是一种类比关系，事态的构成元素、由变量聚合所生成的事态语法与儒学命题的构成元素、由情境聚合所生成的命题语法是相互对应的关系。因此，儒学命题对应的其实不是具体的事物，而是实践过程中呈现的、事态系统和事态语法所指涉的事态逻辑秩序。当然，对命题定义与来源的不同认识，也是儒学与超验哲学的核心冲突。儒学认为，事态的呈现源于日常世界实践经验的内在主体性，不存在外在于实践经验的超主体秩序，或者说超主体秩序与实践主体秩序是合一的；宗教性的超验哲学则认为，事态的呈现与外在于实践经验的超主体秩序相一致，而现实的事态只是超主体秩序的有限反映。不管怎样，从语言学的角度上来说，虽然儒学词汇是有限的，但是儒学词汇与情境变量的组合却是无限的，因此事态根据变量组合所生成的状态也是无限的，所以我们根本无法对儒学词汇进行概念化、静态化、事物化的定义。但是，无论外在的事态随变量如何变幻、命题的语态随情境如何重组，事态语法结构和命题语法结构都因拥有规则相对不变的常量而具有语义的独立性，这也是儒学的独特魅力所在。

基于命题与概念的区别，我们发现，儒学在现代化过程中逐渐偏离了儒学命题的原始路径而进入了儒学概念化的阐释困境，并且导致了过度的语文学主义。如陈来指出："古文字学家把甲骨文中的一个字释为'需'，认为是求雨的巫祝，并认为这是儒的起源。这样一种研究和结论究竟对理解儒家思想的起源有何意义，是很值得怀疑的。"[1] 我们不能否认这种字源学的意义，但是这种说法将儒学的起源、演进、演化、气质、取向、传

---

[1]　陈来：《古代宗教与伦理》，生活·读书·新知三联书店，2009，导言，第18页。

承、实践应用等价值语境抛弃了。布迪厄认为，语文学主义"亦即一种研究语词和文本的倾向。按照这种倾向，词语和文本似乎除了让学者辨释之外别无其他存在理由。最具悖论色彩的是有些与文字打了一辈子交道的人，竟会不惜任何代价确定象征、词语、文本或事件的一个真实的意义，而这些象征、词语、文本或事件在客观上是两可的、受多种因素决定的或不确定的，它们之所以幸存下来和受到关注，往往是因为它们一直是某种斗争的赌注，而这种斗争的目的恰恰是要确定惟一的'真'义。这种情况见于所有被赋予一种集体权威的神圣文本，就像无文字社会里的格言、警句或箴言诗，故它们的职能如同一种支配社会世界的公认权力之工具，而人们可通过解释来占有此工具，从而占有该权力"①。

正如布迪厄所言，自古至今的儒学研究者往往为了争夺符号权力，心照不宣地纠缠于这种无法检验阐释有效性的"意义""真义"辨析之中，最终只会陷入抽象而空洞的争论和清谈，既无法诉诸实际的行动，也无法经受实践的检验，更无法促进儒学的现代性转化与应用。如此，儒学从命题化的实践活动转变成了概念化的符号学书写游戏，实践被简化为符号；宗法仪式和遗风古俗等行为，要么成为一种虚假的直觉参与和虚假膜拜，要么被贴上封建的标签妄加贬斥、践踏、讨伐，或被视为一种荒谬、随意、无理据的存在。现代化进程中的儒学，由于缺少提问方法、概念、技术等思考工具而陷入僵局，使其在大众层面变成了一种难以设想的事物。现代人已经无法理解儒学礼俗为什么会存在，似乎它们的存在理由仅仅是因为它们存在。事实上，儒学从来就不曾玩弄文字游戏，它之所以具有共感参与和超现实接近的具身体验，源于在共同的经历处境中所体验到的事态逻辑秩序。并且这种事态逻辑秩序与历史、朝代、封建制度并没有直接和必然的关联。

2. 儒学叙事的完形结构

传统的历史、哲学、文学、社会学等学问话语体系的叙事模式基本上都是一种历时性的因果叙事模式，儒学的话语体系则是一种共时性的完形

---

① 〔法〕皮埃尔·布迪厄:《实践感》，蒋梓骅译，译林出版社，2012，第24页。

叙事模式。因果叙事逻辑起源于西方文明启蒙时代以来的牛顿式、哥白尼式或机械式的科学宇宙观，这种宇宙观将宇宙视为由主观经验与客观真实所组成，宇宙中的物体各自独立，像机器的零部件一样透过装置和碰撞进行联系，但是这种联系并不会促成彼此本质性的改变。客观的真实世界是一种"上帝视角"，它置身事外，独立存在于人类日常世界经验之外。① 因果叙事逻辑关注的是作为客观真实的事实、事物以及对错，具有线性因果论、封闭性系统论、机械论的倾向，其现象可分析、可辨识、可还原。此外，因果叙事具有模仿性、时间性、时序性和时态性的特征：模仿性结构以时间流逝为标志，如讲述一件事情的来龙去脉，交代事情的起因、结果和追溯事情的始末；时序性体现在叙事开头、中间和结尾的典型日期先后序列；时间性表现为叙事中的过去、现在和未来三阶段；时态性会将任何一个特定的历史时期编排成一个具有时间方向的叙事结构。因此，在人文社会科学领域，因果叙事往往运用于王朝更替、情感本体、道德主义、神奇行为等宏大叙事主题的阐释，以及如宗教寓言、民间故事中那种抽象、武断、片面化的"因果报应"类说教。

英国哲学家培根（1561—1626 年）总结了人类因果认知模型的四类局限性，即族类假象、洞穴假象、交往假象和剧场假象。② 族类假象认为人类这一族类对世界的理解依靠的是感官的觉知，在反映世界时因掺杂了主观性而使得对事物的认识产生偏差；洞穴假象指的是每个人都由于自身的经历和生活环境而使视域受限；交往假象指的是人们依靠文字和语言进行交往，文字和语言的歧义则导致无数空洞的争论；剧场假象指的则是各种教条、真理、学说像舞台戏剧一样，虚构和编排一些子虚乌有的剧本，人类的意识则很容易被剧场假象所框定。总的来说，培根所说的四种假象都是因果认知论所导致的必然结果。因果叙事模式是一种静态存在的、基于实体观念的本体论，追求形式性、物质性、有效性、符号性和真理性。但是自 20 世纪以来，随着医学、神经科学、信息科学的进步，人们已经注意到基于因果模型的科学宇宙观根本无法解释生命的复杂性和生

---

① 〔美〕尼维斯：《完形治疗：观点与应用》，蔡瑞峰等译，四川大学出版社，2007，第 25 页。
② 〔英〕培根：《新工具》，许宝骙译，商务印书馆，1984，第 19 页。

命世界的开放交互性，其逐渐被完形叙事模型所取代。完形叙事是一种区别于因果叙事的关系模型，完形是一种既不属于物理科学领域、也不属于心理科学领域的特殊实体，是一种关于事态现象的逻辑形式、结构法则和主题性骨架。

完形叙事模型的奠基与成型应该归功于德国心理学家弗里茨·皮尔斯（Fritz Perls，1893-1970）。完形理论汲取了精神分析、现象学、存在主义等西方现代哲学中的观念，同时也吸收了现代物理学和东方哲学的核心思想，进而形成了一个关于世界阐释模型的综合叙述，为理解精神病医学、哲学、政治、科学、心理学的逻辑机制，以及理解生死与人类关系之本质，甚至人神关系的本质都提供了一个全新的方法论模型。完形（Gestalt）指的是一种"经验的整体"[1]，是宇宙万物合一的动力机制。整体先于经验而存在，也通过经验而显化自身，经验与整体的合一就是完形。例如，人具有与生俱来的与子宫合为一体的动力，追求你中有我、我中有你的合一体验是生命的永恒动力，由此，人类在追求爱情合一、归属于团体的合一或者投身于某种事业使命的合一的过程中显化自身。相反，如同胎儿一直待在子宫里会死去一样，人无法只和自己本身合一；如果一个人只和自己本身合一，那他注定失败[2]。这也是世界上很多强调自我主观性的宗教修行最终失败的原因。弗里茨·皮尔斯认为："完形就如同这世界本身一样古老。这世界，而且特别是每一个生物体，维系了它自己本身，而唯一满足的定律是完形的形成——整体，完整。"[3] 而儒家经典示范和教导的无疑就是这个方法，或者说，完形叙事就是儒学这种古老的原创方法论的现代性展现。

完形叙事与因果叙事最典型的区别体现在二元本体论模型上。完形叙事并不指向原因系统，因为对于整体而言，影响某一特定事物的变量非常多，所以我们不可能从无限的经验中找出独立的意义、并把某一特定原因模式加诸某个本质不可知的东西上，更不可能做出完全且有意义的描述。

---

① 〔美〕尼维斯：《完形治疗：观点与应用》，蔡瑞峰等译，四川大学出版社，2007，第23页。
② 〔美〕尼维斯：《完形治疗：观点与应用》，蔡瑞峰等译，四川大学出版社，2007，第382页。
③ 〔美〕尼维斯：《完形治疗：观点与应用》，蔡瑞峰等译，四川大学出版社，2007，第70页。

与此同时，完形叙事也不采取基于过去、未来的历史性时间线逻辑，而是专注于此时、此地、此刻，当下的空间场域嵌入了所有基于过去的原因、经验、观点和记忆，以及基于未来的梦想、反省、期待、计划和准备。事实上，完形叙事真正关注的是作为多样性生成的、非现实化实体的理想事件，这种理想事件具有戏剧化耦合、绝对场性意志、分子感官记忆和永恒回归的特征。戏剧化耦合是指事件结构不遵循线性逻辑，而充满了巧合性、偶然性、戏剧性；绝对场性意志是指在看似无规律的事件元素中存在绝对性的场域意志；分子结构要素是指虽然作为分子结构的事件元素是分裂的，但其会根据场中的位置及相对关系进行重新组合，形成新的事件；永恒回归指的是作为过去的事件是收缩的，但是存在于场中的物理性数据，会在新的事件中呈现其原始的结构性特征。

完形理论的核心是场域观，场域的概念源于爱因斯坦现代物理学的相对论，相对性宇宙观是对因果宇宙观的取代。场域观认为，没有独立于或抽离出场域之外的主体和客体，当然也不存在主观性和客观性。事实依情境的或然率而变，场域中的元素或单位都依它们相对于其他事物的位置而改变。在牛顿式的因果宇宙中，强调的是物体及其性质；在相对性的宇宙中，则强调物体及其性质只能在场域的整体背景中才能生成其意义，任何客体都是整体事件的一部分并彼此地联结着，它们无法自外于事件的关系网络，也无法单独地、抽象地被考虑。[1] 人类并非孤立的动物，人类有机体的任何现象都被环境、社会文化与身体进行交互的场域所塑造。与此同时，场域也包括所有那些研究或观察它的人，因为场域观认为，"除非身在其中，成为它的一部分，否则无从了解此一场域"[2]。因此，完形叙事与知识社会学的叙事体系是完全不同的，它意味着观察者或研究者也包含在你的观察或研究当中，"场域的部分只能透过他们之于我们的关系，我们之于他们的关系去了解；在场域理论中没有客观性，因为你不能使任何东西客观，你无法令任何东西置身事外。你与任何事物都有关；每件事都不

---

① 〔美〕尼维斯：《完形治疗：观点与应用》，蔡瑞峰等译，四川大学出版社，2007，第24、26页。

② 〔美〕尼维斯：《完形治疗：观点与应用》，蔡瑞峰等译，四川大学出版社，2007，第25页。

同，因为你就存在于与它的关系当中。既然没有客观性，也就没有主观性，你不可能只有其一。取而代之的，只有不同的观点，不同的位置"①。因此，完形叙事从本质上是排斥各种知识性的、外在的技巧和理论的，同时也拒绝各种形式性的包装。完形理论认为，在现代临床精神医学的完形治疗师训练中，仅有知识训练是不够的，一个完整而彻底的心理治疗需要将治疗师本身的疗愈列为工作的一部分，如此才能完全地嵌入完形的场域之中。所有的知识社会学叙事逻辑强调的都是改变他人，完形叙事则强调研究者首先要疗愈自己。

结合完形理论，我们发现儒学话语体系与世界上其他语言体系的根本不同之处在于，它其实是一种典型的完形叙事体系。首先，儒学没有因果叙事，并不采取结构性的故事流，甚至根本就没有"叙事"。它并没有那种经常出现在历史性叙事中的因果论和因果故事，不会从社会过程中选择一些特定元素作为原因并回归某个特定结果，也并不试图为我们解释事情为何发生以及如何发生。其次，儒学没有模仿叙事，它与社会现实没有一致性或对应性，也不会抽象而做作地反映、再现和模仿社会现实。儒学命题甚至拒绝讨论任何的指代性、类比性、可能性与相似性，也从不设立经验的标准和超验的标准。在儒学看来，所有的模仿叙事都是主观意识的映像，也是儒学予以攻击的核心对象。最后，儒学并非我们所熟悉的任何一种"文学体裁"，也并非一种真理式、箴言式的写作范例，它没有需要解决困惑的案例，没有要教会我们的道理，也没有关于命运的解决方案。儒学从来不进行知识型教育，并不强调其形象性、道理性、教条性以及字面意义上的即时性，也不追求吸引力、愉悦感、优雅文风和情感表达。

与因果叙事相反的是，在儒学命题的构成因素之间存在完形叙事鲜明的场域特征，具有空间性以及纯粹内在性的场力。在场力的作用下，所有的关联性元素都会聚集于一个整体，整体与元素变量之间既互相区别又不可分离，彼此之间没有明确的界线，反而是相互依存、相互依赖。与此同时，元素变量始终处于运动、变化和无限组合的状态，永远生成新的指

---

① 〔美〕尼维斯：《完形治疗：观点与应用》，蔡瑞峰等译，四川大学出版社，2007，第25页。

向，也不会附着在任何事物上。因此我们发现，任何的标签或命名都会偏离儒学命题，但我们不能因此推论儒学不具有逻辑性。事实上，儒学逻辑是一种内在的实践逻辑，它无法通过概念推演得出结论，我们只能通过日常生活实践才能整体地把握它的完形过程。

具体来说，儒家的完形叙事体系体现在事件、情境、事态三个维度。从事件维度来看，儒学的主体并不是作为个体、群体或某类社会成员的人；儒学叙事不是通过事实、行动、成就等中介物对人进行的叙述和分析，而是基于事件生成过程所进行的完形分析。传统哲学有两个最基本的假定，其一是"人是理性的"，其二是"信息是完全的"，这两种哲学假定把易感知、易追踪、易整理的关于人的定量指标作为社会研究的重要参数，进而指导思维与决策①，而忽略了历史的微观生活场景。事实上，无论是能力、地位、权力、政治观点，还是偏好，儒学很少关注个体，因为"人的存在不是一个现成的静止的实体，而是一个永远在生成的过程，一个永远有待于完成但尚未完成的过程。人的需要与活动并不拥有现成的限定数量的辩证理性。由于无法复原或还原为理性存在物，人类的原质是一种既定物。它是异化所操纵的非理性与本能直觉及各种需求活动中所潜存的理性的混合物。人类的原质就是日常生活的事实。日常生活中既有直接的人类的原料原质，同时又深层地伪装着也揭露着最深层的现实性"②。罗思文和安乐哲指出，西方强调"事物"，但是儒家注重"事件"，儒学其实是一种"基于'事件'（event）的语言，而不是基于'事物'（thing）的语言"③。儒学是一种完形社会学，儒学宇宙是一个充满过程的世界；儒学中的事件并不是实体性的事物、事情、事实，不是停滞的某种形式，而是一种处于无限运动状态、处于动态过程中和变化中的"待完成"；是一个成为的过程，而不是一个基本的存在；是一个持续的进行时，而不是一个自主的"是"；是一个具体的、动态的和构成关系的配置，而不是由某个

① 〔美〕罗伯特·希勒：《叙事经济学》，陆殷莉译，中信出版社，2020，推荐序。
② 刘怀玉：《现代性的平庸与神奇：列斐伏尔日常生活批判哲学的文本学解读》，北京师范大学出版社，2018，第195页。
③ 〔美〕罗思文、〔美〕安乐哲：《哲读论语：安乐哲与罗思文论语译注》，彭萍译，中译出版社，2022，第36页。

既有机构所定义的个体化的实体。①

儒学的语法结构和语义网络，与德勒兹基于现代逻辑学提出的"事件理论"在某些层面高度相似。德勒兹认为，事件是意义逻辑的运作机制和生成机制，也是不断变化的非物质、非实体性、非具形、不宜居留的存在；事件不是发生的个案、奇特或不可思议的事物，也不是实实在在的"事实"；既不是预先存在的现实，也不是关于将要发生什么的可能性。事件"既不停止也不开始，既不发生也无终结的无尽无休，是无论它与我之间还是我的躯体跟它之间都毫无关系的无限运动"②。与此同时，事件也无法去印证、说明、同化、抽象或还原，当然也无法被遮蔽、抹除或压制。从本质上来说，事件是反对归因模式"的，它真实却不实显，理想却不抽象，具有内在的绝对主体性和绝对意志性，是完形过程的本身，"是没有实显或无所谓实显之物的纯粹的内在性"，是"纯粹的储备"③。但是，事件并不等于混沌，相反，如同电磁场一样，事件是从混沌中析出的、全部个体本质中的"可共存物"。

事件具有"间空"的属性，即"从这一点到那一点之间，从此时到彼时""介于两个瞬时之间"并没有发生什么事情；"表现为无边无际的空白时间"、是一段"模糊的和未决的地带"，"任何可能的函数都无法囊括"，但是存在无限的"等待与储备"，"既有待来临也已经来临"；"间空"不是时间、不是永恒的一部分，而属于"渐变"，类似于一些变式、抑扬顿挫的间奏曲。④"以间空作为组成成分，以一个事件作为其复合渐变的潜在性当中，不曾发生任何事情。那里不会发生任何事情，但一切都在渐变，事件因而享有时间一过便可重新开始的特权。"⑤ 德勒兹认为，"事件不是仅仅由不可分离的变式构成的，它本身也不可分离于它从中实显化或实施的事态、物体和体验"，因此唯有通过命题，才能"把握事件、渐变过程

---

① 〔美〕罗思文、〔美〕安乐哲：《儒家角色伦理——21世纪道德视野》，吕伟译，浙江大学出版社，2020，第151页。

② 〔法〕德勒兹、伽塔利：《什么是哲学？》，张祖建译，湖南文艺出版社，2007，第424页。

③ 〔法〕德勒兹、伽塔利：《什么是哲学？》，张祖建译，湖南文艺出版社，2007，第423页。

④ 〔法〕德勒兹、伽塔利：《什么是哲学？》，张祖建译，湖南文艺出版社，2007，第425页。

⑤ 〔法〕德勒兹、伽塔利：《什么是哲学？》，张祖建译，湖南文艺出版社，2007，第427页。

和不可分离的变式"①。

具体来说，德勒兹认为，事件具有无限延展、强度、共生、永恒客体四种特性。无限延展指的是，"事件是一种有着无数谐波或因数的振动"，只具有抽象的空间坐标，但是并不具有空间上的界限、时间上的极限以及级数上的穷尽②；强度指的是组成事件的内涵元素在关系连接上所表现出来的内在特性，如声音的高度、强度、音色，颜色的色调、明暗度、饱和度等③。美国神经语言学家、神经语言程式学（NLP）的创始人理查·班德勒（Richard Bandler）则进一步发现，人类能够借助五感对来自外在世界的经验进行加工，进而形成对事件的次感元认知。如视觉的次感元（包括图像的数量、动态—静止、尺寸大小、形状、彩色—黑白、聚焦的—分散的、明亮—昏暗、在空间里的位置、有边界—无边界、平面—三维、联结—抽离、近景—远景）、听觉的次感元（音量、音高、音质或音色、速率、音调、持续时间、节奏、声音方向、和谐度）、肌肉运动知觉的次感元（在身体的部位、质感、温度、脉搏率、呼吸节奏、压力、重力、强度、运动/方向）、嗅觉或味觉的次感元（甜味、酸味、苦味、浓香、芳香、刺激性或味道的强度）。④ 因此，事件虽然是一种待完成的完形，但是人们依然能够在次感元维度捕获并攫握到它；事件虽然不是某种东西，但也绝不是乌有。

事件的第三种特性是诸因素的共生。共生不是连接或接合，而是一个互相攫握的统一体；不仅能攫握公开的作为细节的部分数据，也能攫握作为私密的整体、主体或超体；所有的数据都具有先存性或共存性。"事件则是攫握的聚集"，"是一个攫握的客观化和另一个攫握的主观化，它既是公共的，又是私人的，既是潜在的，又是现实的，它参与另一事件的生

---

① 〔法〕德勒兹、伽塔利：《什么是哲学？》，张祖建译，湖南文艺出版社，2007，第427页。
② 〔法〕吉尔·德勒兹：《褶子：莱布尼茨与巴洛克风格》，杨洁译，上海人民出版社，2021，第130页。
③ 〔法〕吉尔·德勒兹：《褶子：莱布尼茨与巴洛克风格》，杨洁译，上海人民出版社，2021，第130页。
④ 〔法〕班德勒：《NLP：自我转变的惊人秘密》，胡尧等译，华夏出版社，2015，第18~19页。

成，又是其自身生成的主体"。① 与此同时，德勒兹强调，攫握者只有在攫握住作为事件的整体时，它才能真正地将自我充满，实现"一种越来越丰富的隐秘生命状态"，"体验自身生成的自得之乐"。同时，也只有在整体攫握的前提下，攫握者才能够将"潜在可能性现实化"，或者"按照其自生性使其客观化"。唯有当所有的攫握者都具有一种"真正的、完全的愉悦"融合为一体的倾向时，事件的生成才能完成。② 德勒兹举例说，在音乐演奏中，小提琴的声音和钢琴的声音具有声波、泛音在空间中传播的无限延展性，也具有高度、强度、音色等内在的强度特性。不同乐器在交互表达、彼此感知、互相攫握的过程中共生，不仅能感受到自己的声音，而且同时也能感受其他声音，还能够共同攫握到作为整体的"乐章"。因此，"乐章"是一个事件，"今晚有音乐会"也是一个事件，但是小提琴和钢琴的共同演奏不是事件，只是和声。③

德勒兹认为，传统哲学研究的问题都是"如何可以达到永恒"，而从莱布尼茨起，这个问题则转变成了"在什么条件下，客观世界才能允许一个主观新产物即一种创造得以产生"。德勒兹说，"所有世界中那个最好的世界没有其他意义，它的意义不在于是一个最不可憎或最不丑陋的世界，而是指其整体能使一个新产物成为可能的世界，而这个新产物就是'私人'主观性的真实量子的释放，而其代价是受惩罚者的减少。所有世界中最好的世界不是那个能够再造永恒的世界，而是新事物能够从中产生的世界，是具有创新能力和创造能力的世界，这就是哲学的目的论转换"④。"莱布尼茨世界"无疑正是中国儒学凝视了 2500 年的世界。

事件的第四种特性是永恒客体。事件如同河流，或者说，河流就是一个事件。虽然河流的每个分子每时每刻都在重新失去、获得和聚合，但是

---

① 〔法〕吉尔·德勒兹：《褶子：莱布尼茨与巴洛克风格》，杨洁译，上海人民出版社，2021，第 133 页。

② 〔法〕吉尔·德勒兹：《褶子：莱布尼茨与巴洛克风格》，杨洁译，上海人民出版社，2021，第 133 页。

③ 〔法〕吉尔·德勒兹：《褶子：莱布尼茨与巴洛克风格》，杨洁译，上海人民出版社，2021，第 133 页。

④ 〔法〕吉尔·德勒兹：《褶子：莱布尼茨与巴洛克风格》，杨洁译，上海人民出版社，2021，第 134 页。

有一种持久性、纯粹的东西让我们确认"这是同一条河，这是同一个事物"。因此，事件是"在所有已经发生的事情当中未被实显化的那个部分"，"它在一种事态、一个物体、一条体验当中得到实显化，可是，事件具有一个晦暗和秘而不宣的部分，这个部分不停地或进入或脱离它的实显化过程"，"事件无始无终，然而却赢得或保留了被它赋予坚实度的无限运动"。① 这种"具有坚实度的无限运动"就是永恒客体，永恒客体就是在任何时候都保持着的"同一状态""共存质性""共存实体""在事件流中被实现的可能性""在攫握中被现实化的潜在性"。② 攫握只有在捕获到永恒客体的前提下，才能真正把握住事件，即"永恒客体浸入了事件"。永恒客体有可能是能够定义事件的一种逻辑结构或终极性质，有时会显现为一种色彩、一种声音、一种形状或一种物质，如金字塔、黄金、大理石，而"每一个共存实体也都需要有一种能够标识它的终极性质"。永恒客体不是符号或景观，而是终极结构，是"在振动或事件流中被实现的纯粹可能性"或"纯粹潜在性"，例如乐章就是永恒客体。在"莱布尼茨世界"中，所有存在的分子、个体、单元，都"只排斥与其世界不可共存的宇宙"，并且"均无一例外地表现同一个世界"。它们彼此之间可能并没有连接、没有横向联系、没有物质世界内的关联，但是它们有着相同的被表现的永恒客体，都包含着一个唯一的共同质性，因此它们相互表现，却又互不截获。即使外在的一切存在都分崩离析，那个共同质性依然会在无限趋向收敛的极限流中实现自身，而这个过程就是完形。因此，德勒兹坚信，一切风格都只是一种过渡。③

儒学很可能就是"莱布尼茨世界"这种古典理性的最后尝试。所有的儒学命题都在探索着趋向永恒客体的道路，它并不担心命题的发散性、不协调、不和谐。儒学并没有界线分明的律条，没有不可约减的不协调，没有不可共存的边界；儒学的律法是朦胧的，它永远向着永恒客体进发。用

---

① 〔法〕德勒兹、伽塔利：《什么是哲学?》，张祖建译，湖南文艺出版社，2007，第 423 页。

② 〔法〕吉尔·德勒兹：《褶子：莱布尼茨与巴洛克风格》，杨洁译，上海人民出版社，2021，第 135 页。

③ 〔法〕吉尔·德勒兹：《褶子：莱布尼茨与巴洛克风格》，杨洁译，上海人民出版社，2021，第 139 页。

德勒兹的比喻来说，儒学具有一种摆脱"不和谐音"的"半音性"，是"不与调性和谐的和弦""和声"；是"调性的消散"，是"和谐的上升"；是"和声的终结"，以及"多调性的开启"，是一种"复调之复调"。①

在儒学伦理学范畴，事件始终处于语言舞台的中心位置，儒学伦理也变成了"事件生成的过程"，其中的主人公不是由具体的"关系人"来扮演；人被视为家庭、团体、具体社会活动和自然环境等复杂交互情境中的一个事件，而不是一种生理性、生物性、生命性的原子化离散的个体、事物或事实。儒学是一种以完形为基本动力机制、以完形事件的生成为前提的本体论系统，完形是一种作为本体的隐形的动力机制，是一种全息的场景。完形无法进行符号化、制度化，只能进行感觉、感受和体悟，一旦固定或附着在具体的实体化事物上，本体就会隐遁。如儒家的五常——仁、义、礼、智、信，以及儒学的核心——孝，都是典型的事件，而非具体化、实体化的事实，它们都具有无限延展、强度、共生、永恒客体四种属性。

儒学的无限延展性在于，仁、孝这些命题或变量，只是抽象的空间坐标。这使得儒学并不提供基于个体性、主观性或客观性的答案，而只是为解读者提供一幅地图和地标，或基于某种习惯性逻辑的完形结构，让解读者通过具体的完形结构来感受情境。因儒学具有延展性，不同的人可以有不同的视角、以不同的方式看待问题，这一性质的核心在于唤起观者的自觉性、自悟性和某种情感反应。仁、孝无处不在，但又无法指认，我们无法为任何一件具体的事情贴上仁、孝的标签。因为仁、孝是无限延展的理想事件，虽然它不是现实，但又真实存在。因此，儒学只做开示，并不提供解决方案。

儒学的强度属性体现在，组成儒学命题的内涵元素之间，既具有外在世界的物理强度性，同时也在观察者、参与者的次感元维度形成相关的强度体验。仁、孝之事涉及相当多的变量和矢量，很多事情看似仁孝，但是无法给人以仁孝的感觉，反倒像是道德表演。其原因就在于其强度无法给人以清晰的体验。

---

① 〔法〕吉尔·德勒兹：《褶子：莱布尼茨与巴洛克风格》，杨洁译，上海人民出版社，2021，第 139 页。

儒学的共生性在于，组成儒学命题的内涵元素是彼此攫握的，仁、孝这类儒学命题则是一种对整体事件的攫握。只有在儒者攫握住作为仁、孝的整体时，这一整体才能真正地充满并现实化、客观化地显现出来。显化的方式是不固定的，一切共生元素都处于合一之中。因此，儒学完全集中于当下、现在的场域，而不考虑其他任何时间；它只致力于呈现特定时刻和空间下与实践逻辑合一的、同一性的存在状态，以及每一个特定时刻对整体事件的攫握。儒学追求的是在简单的事情中、在司空见惯的人类事务中，辨别出日常世界事件的基本规律，生成事件拟真模型的实用技巧。儒学并不反对、也不抑制对情感道德的谈论，但其始终坚持将事件议题放在人类社会公共生活的第一位置。儒学传承断裂的实质，就在于这种作为生活史的事件共生性的剥离。

儒学的永恒客体，实际上就是仁、义、礼、智、信、孝等儒学命题本身。孔子说"逝者如斯夫，不舍昼夜"，时间是流变的，空间则是永恒的。儒学把任何一个特定时刻都看作是完整的、瞬时的"儒学时刻"。在儒学时刻里，永恒客体具有无止境的周期性、循环性和永恒性。儒学有意识地创造了永恒客体在这一瞬间的图象、一个存在中的他方世界的快照，虽然世界的表现形式改变了，但是永恒客体具有鲜明的主体性，自始至终都存在于特定的时刻中，这是一种自然而然的良知。如果诚如德勒兹所说，金字塔可被视为一个事件，那么埃及人是致力于将永恒客体客观化为视觉可见的物体，儒学则致力于将永恒客体客观化为日常生活的实践逻辑。

儒学事件对当下时刻的强调是儒学叙事的核心，其表现性虽然是短暂的，其存在性、逻辑性和结构性却是永恒的。换句话说，儒家的世界虽然已经消逝，但是永恒客体依然存在，周而复始、万世不殆。儒学所苦苦寻找的自然道德，并非宇宙地理等自然环境，而是自然而然的、天然的、具有自性道德与永恒客体属性的常识逻辑。这种常识逻辑并不会随着社会的发展而变化，也不会成为阶级、制度、阶层的专属物，更不会成为宗教的替代品。当然，儒家的这种寻找既会部分地成功，也注定会部分地失败。成功是因为，作为永恒客体的常识可以作为无形的手段发挥平衡的作用，常识可以掌握却不能言说，一说就破；而失败则是因为，当作为永恒客体的常识一旦客观化为物体、制度，就会遮蔽常识的本体性。永恒事件的"天人交会"转瞬即逝，可以领会却又无法停留、无法言说，这对常识主义秩序体系的持守是绝情而残忍、理性而悲悯的，正如儒学对人世的无限悲悯与深情。正如完形之父皮尔斯在《完形祈祷》（Gestalt Prayer）中所说的一样：

> I do my thing and you do your thing.
>
> I am not in this world to live up to your expectations.
>
> And you are not in this world to live up to mine.
>
> You are you, and I am I.
>
> and if by chance we find each other, it's beautiful.
>
> If not, it can't be helped.

儒学的宗旨恰如《完形祈祷》文中所讲：儒学做儒学的事，众生做众生的事；儒学在这个世界里，不是为了回应众生的期待；众生在这个世界里，也不是为了满足谁的需要；儒是儒，众生是众生；众生若能看见，彼此理解，那很好；倘若不能，那也是可以的。儒学是否还有机会恢复其实践本体，让世人了解其垂于万世的悲悯？这也将预示着中国式现代性的前路。

儒家完形叙事体系的第二个维度是"情境"。德勒兹认为，语言学的一个通常误区是用概念来简单、抽象地描述客体，导致客体欲望化。比如，人们通常会说："我渴望一个女人，我渴望去旅游，我渴望这个，渴望那个……"然而，德勒兹认为，任何概念都是和作为整体的情境关联在一起的，"我们从来不渴望某人或是某事，你渴望的是一个整体"。德勒兹举例说，"我渴望的不是女人，我所渴望的是有那个出现女人的场景，那是我不熟悉的场景，我能在其中感受到些什么。只要我还没参与到有她的场景之中，我就不会满足。因为我没有实现我的渴望，我的欲望是未满足的状况"。而完形的动力机制就是让这种未满足的状况变得完整，解决方案就是与场景融合。同理，"当一个女人说，我想要那条裙子或者那件衬衫的时候，显然的，她想要的不是抽象的裙子或是衬衫。她会在一个完整的背景下渴望那条裙子，她会根据一些要素组织她的欲望，譬如说：对裙子的欲望不仅和场景有关，她还要考虑穿那条裙子她朋友怎么看待，不是她朋友的人怎么看待，以及她的职业等要素。我不会单独的渴望一个东西，也不会单独渴望一个整体，我在一个整体中欲望"①。因此，概念与概念之间、元素与整体之间是相互交叉的，每个概念都将由其他概念和情境所定义，任何元素都无法离开作为整体的场景、情境而单独存在。因此，任何哲学研究都必须根据它所介入的情境实践加以判断。从情境维度考察，我们会发现，儒学在现代性转化过程中往往会陷入望文生义、断章取义的概念误区，而事实上，对儒学的理解不仅涉及语句的字面意义，还关系到上下文的语境，更离不开日常生活的实践情境。实际上，儒学叙事往往特别强调事件的具体性、逻辑性、结构性和情境性，它更像是一部基于日常世界的共时性、动态性、过程性的日常生活史。如孔子在《论语·季氏》里说："言未及之而言谓之躁，言及之而不言谓之隐，不见颜色而言谓之瞽。"不该说话的时候说了，叫作急躁；应该说话的时候却不说，叫作隐瞒；不看对方的脸色变化，贸然信口开河，叫作闭着眼睛瞎说。这是一种典型的情境叙事，包含了说话的对象、设定的时间、周边的环境气氛、说话对象的心态、说话的火候、说话的时机等。总而言之，儒学叙事讲究时与境，如《淮南子·道应》说："事者应变而动，变生于时，故知时者无常行。"

儒家经典不是像佛教、基督教、道教一样的封闭知识体系，它不是一成不变的，也不是教条式的经典。儒家之经的奥义在于情境，是一种典型的高语境话语体系，它只描述事物情境的名相，以境承载常识之理，微言大义。所以，不同的体悟必将有不同的解释体系，而儒学本身并没有限定解读方式，也没有统一的结论。由此也导致如果剥离情境，儒家的文化将难以传承。儒学的现代性转化路径也在于恢复其情境，不能局限于片段性的文字，检验的标准则是实践，无法实践的词汇系统是无力的，既无法内化于心，也无法外化于行，也无法深化于中国当代社会。

儒学话语体系的完形叙事特征也体现在汉语文字中。如罗思文和安乐哲发现，"在古汉语中，几乎每一个汉字都可以用作名词和动词，同时也可以用作形容词或副词，也就是说，脱离了语境，汉语词汇的语法功能是

---

① 源自 1988 年克莱尔·帕奈拍摄的访谈类纪录片《德勒兹字母表》。

无法确定的"①。儒学词汇的美学表现力和哲学表现力非常依赖于文本，如果离开文本的语境，几乎难以对其翻译，而且儒学词汇几乎都不强调名词，而是借助动词来描述语境中的动态；它并不追求概念、内容和本质之间的精确性，而是追求现象、语境和结构的整体性。以儒学的核心概念——仁、德为例，二者指涉的不是清晰而具体的人、事物、行为模式、行动、某种具体化的结果，以及任何现实化的实体，也不是一种抽象的价值术语、抽象原则、道德理念、完美的人格、某些内在要素的概括，更不是"根据历史上那些完美的行为及其成就所得出的结论"。② 你可以追求仁、追求德，但是你为任何一种行为贴上仁、德的标签，又似乎都不合适，这就是儒学的奥妙之处。杜维明意识到，儒学"有一些概念，其内涵非常丰富，要去慢慢品味其中的奥妙，使它能够展现出来。如果用定义的方式来理解概念，就把它们限制住了。'德'、'仁'都是这样一类概念。如果定义了'德'，定义了'仁'，那'仁'和'德'就从活的人生智慧变成了僵化的死物，变成了界域清楚、意涵稳定的静态结构"③。实际上，儒道概念不是行动纠错或图景式揭露，"仁""德"等术语是儒学中一种作为方法论的技能、技术和技艺，是一种"方法论场景主义"④，即只将叙述事实的材料集中起来，使人们看到其中的关联性。如仁、德等概念的意义只在场景中才能生成，抛开场景的理解则会导致幼稚的人道主义和狭隘的道德主义。如《增广贤文》说，"慈不带兵，义不养财，善不为官，情不立事，仁不从政"；民间谚语中称"心软穷半生，多情空余恨，愚善毁所有，慧极必伤身，万般铜钱臭，神佛也镀金，雷打真孝子，财发狠心人"；还有"仗义每多屠狗辈，负心多是读书人"，"妇人之仁"等悖论，实际上都是因场景的不同而生成。事实上，我们根本无法将"慈""义""善""情""仁"等概念剥离"带兵""养财""为官""立事""从政"

① 〔美〕罗思文、〔美〕安乐哲：《儒家角色伦理——21世纪道德视野》，吕伟译，浙江大学出版社，2020，第19页。

② 〔美〕罗思文、〔美〕安乐哲：《儒家角色伦理——21世纪道德视野》，吕伟译，浙江大学出版社，2020，第9页。

③ 〔美〕杜维明：《体知儒学》，浙江大学出版社，2012，第119页。

④ 〔法〕帕特里克·瓦蒂尔：《社会学的知识》，王赟译，上海人民出版社，2022，第107页。

等情境单独考察。因此，"中国古代思想家没有将语言视为描述世界或者交流对世界看法的一种基本方法，而是将其视为指导人们如何在世间行事的一种工具"①。但是，儒学并不是简单的环境主义，因为即使是环境，也是某种现实化的实体，这与20世纪后半期国际泛左翼运动中流行的"场景主义"完全不在同一个维度；传统学术关注的不仅仅是行动、环境与主体之间的关系，也从未将场景或所处环境看作是决定现象的核心因素。事实上，传统学术概念描述的是日常行为和群俗规则背后隐形的完形动力，具有作用于事实并生成事实的力量；它为行动赋予方向却并不束缚行动，能在现实世界中跨越一切界域、畅通无阻。

儒学在传统社会之所以受到欢迎和认同，不是因为它具有深刻的道德激情和对真理、情感的教导与描述，而是因为它总是能够通过具体的情境强有力地唤起人们所共同的情感反应。儒学的叙事框架结构不是叙述性、解释性和阐释性的，而是勾勒一幅涉及具体情境、含有情境势能的"图象"，以此来传达关于社会现实结构的具身化体验。儒学的经典性不在于其理论或道理的言说，而在于生成理论或道理所涉及的具体情境，情境也是历代儒生去参悟和阐释的源源之水。② 因此，儒者之学不在于道德说教，而在于身处事件、情境、情势之中的姿态（stance）、位置（location）和时刻（momentary）。儒者从不把自己置身于情势和经验之外，不会保持一种疏远和评判的道德姿态进行反思性的说教，而是强烈地参与和置身于情势之中，就像唐诗宋词所勾勒的那些图景一样，一起交谊、一起孤独、一起感伤、一起无精打采、一起四海为家，以超然的谨慎和觉察与世界进行非常严谨的"亲密接触"。儒家很少表达批判、讽刺或愤怒的情绪，也基本上不在乎任何当事人的观点、立场和批评；先圣不似"上帝""佛陀"般俯瞰众生，而是作为如同医生和心理咨询师一样的"疗愈者"出现，展现出医师工作时应该具有的姿态和位置。医生和心理咨询师并不关注病人或

①　〔美〕罗思文、〔美〕安乐哲：《哲读论语：安乐哲与罗思文论语译注》，彭萍译，中译出版社，2022，第37页。

②　〔美〕安德鲁·阿伯特：《过程社会学》，周忆粟等译，北京师范大学出版社，2021，第105页。

当事人的观点，也不在乎他们所携带的惊奇、厌恶、犹豫或高兴等情绪，而是只关注病情的反应和病理的结构；但医师又会深入地参与病理的情势之中，对病人所有的观点都怀着高度的觉察，既无认可，也无批判，而是关注社会世界中众生的情感体验"何以可能"又"何以发生"？因此，自古大儒如大医，治国、治世与医人，异曲而同工。

中国文化很少将语言与事物对等起来。《道德经》中说"多言数穷，不如守中"；《弟子规》中说"话说多，不如少；唯其是，勿佞巧"；子禽问墨子"多言有益乎"；墨子说"蛤蟆蛙蝇，日夜恒鸣。口干舌擗，然而不听。今观晨鸡，时夜而鸣，天下振动，多言何益？为其言之时也"；《孔子家语》记载"孔子观周，遂入太祖后稷之庙。庙堂右阶之前有金人焉。三缄其口，而铭其背曰：古之慎言人也"。中国文化之所以"戒言""慎言""缄其口"，其核心原因并不在于功利主义影响下的"言多必失"，而是因为语言如果失去和语境、情境、事件的关联则会导致"数穷"、偏离"其所是"，与蛙叫没有什么区别；"守中""唯其是"则意味着，语言一定要与情境关联才能获取其意义。"鸡啼"要与"天要亮"的时机关联才能"天下振动"，儒学不是不让人说话，而是强调语言要符合相关联的核心情境。

儒家完形叙事体系的第三个维度是"事态"。德勒兹认为，事态不是物体、事物，也不是单位或者集合。但是事态具有实显性和坚实度，事态是"感觉的聚块"和"感受的组合体"[1]，是事件的实施、实显化或和巨大的暗示，"是独立变量的物理质量，是粒子—轨道，是符号—速度"[2]。事件是混沌的、潜在的，而事态则是实显的，当事件吸收或吸附事态的时候，事件就被实显化。比如，一个家族的创伤就是一个事件，它在一个人出生之前就已存在，而人生来就是要将这个事件体现出来，而这个实显的过程就是事态化。与此同时，事件是一种先验的体验、是先验的规定性，是一种"内在于"的存在，也是使思维本身成为可能的条件。如在小说创作中，作家唯有先感知到事件，进而才能创造显化的事态；作家唯有具有

---

① 〔法〕德勒兹、伽塔利：《什么是哲学?》，张祖建译，湖南文艺出版社，2007，第434页。
② 〔法〕德勒兹、伽塔利：《什么是哲学?》，张祖建译，湖南文艺出版社，2007，第418页。

对海洋这一事件的知觉，才能创造出"鲸鱼之变"的事态关系①；木匠唯有感知到木料的潜能，才能创造出物质化的"趣味"；而哲学意义上的朋友、情人，"并不是指一个外在的人物，也不是某个例证或某一段经验性情节"，而是"在一个或者多个人物身上的密集的和活生生的存在"②。

德勒兹以"概念、定见和事态的区别"为例，说明了事态的属性。概念是内涵性或模组性的，由一些不可分离的变式所组成；它没有任何参照系，既不参照体验也不参照事态③，因此，概念与事件、情境、事态都没有关联。定见，则是基于个体主观性的知觉或情感的函数，是在与客体交流中、从客体性质中所提取的爱或憎、吸引或排斥的情绪，"定见在本质上是某种争斗或者交流的客体"，是"从知觉当中提取一种抽象的性质，从情感里提取一种泛化的能量"④。定见往往会形成一种政治化的信念，如"作为男人，我觉得天下的女人都不忠实；作为女人，我认为男人都是骗子"⑤。总的来说，概念、定见、信念甚至信仰，都是一种基于因果关系的叙事模式，是一种基于界限、常量、变量、函数的联想和整合。

而事态与概念、定见不同，它是由一系列函项组成的几何坐标系统，其中的坐标就是情境中各种变量的关系体系。事实上，由于函项的聚合，事态本身已经形成了一个非潜在性的空间，函项之间则形成了一种基于坐标的几何关系，这种关系"不再是一个高于另一个的关系，而是一个类型处于另一个的侧旁，一个对一个，面对面或者背靠背"⑥。

函项包含变量的位置、能量、质量、自旋值、坐标体系、潜能、轨道等，函数关系则包含某一时刻的变量、新变量的潜能、从属关系、阈限等。⑦德勒兹认为，事态和事物、物体的区别是，"事态反映假定封闭的系

---

① 〔法〕德勒兹、伽塔利：《什么是哲学?》，张祖建译，湖南文艺出版社，2007，第443页。
② 〔法〕德勒兹、伽塔利：《什么是哲学?》，张祖建译，湖南文艺出版社，2007，第202、204页。
③ 〔法〕德勒兹、伽塔利：《什么是哲学?》，张祖建译，湖南文艺出版社，2007，第405页。
④ 〔法〕德勒兹、伽塔利：《什么是哲学?》，张祖建译，湖南文艺出版社，2007，第406~408页。
⑤ 〔法〕德勒兹、伽塔利：《什么是哲学?》，张祖建译，湖南文艺出版社，2007，第408页。
⑥ 〔法〕德勒兹、伽塔利：《什么是哲学?》，张祖建译，湖南文艺出版社，2007，第417页。
⑦ 〔法〕德勒兹、伽塔利：《什么是哲学?》，张祖建译，湖南文艺出版社，2007，第424页。

统的几何坐标，事物反映耦合系统的能量坐标，物体则反映分离的、互不关联的系统的信息坐标。"① 正如哲学概念是体验的函数一样，科学概念是事态的函数。德勒兹指出了超验性行为（思维）的三大根源："主体因而首先是一个充满客体的感性的世界，然后是一个充满他者的主体间性的世界，最后是一个充满了科学、数学和逻辑构成的共同的观念世界。它们不是知觉—情感的变量，而是一些重要的函数。"② 具体来说，函数关系包括振动、呼应、撤出三种界碑似的类型。③ 振动是函数之间在起伏、构成层次上所形成的区别，是一条看不见的线索，但是能通过神经活动被感觉到；呼应是两种函数在紧密结合时所产生的感觉或能量；撤出是一种分裂和松弛的状态。德勒兹举例说，在绘画、雕塑和写作中，这种函数关系体现在颜色、线条、阴影、光线、材料本身所形成的情态中，展现得最为淋漓尽致。如雕塑艺术中利用石料、金属组合而形成的"节奏的强弱变化，凸出与凹陷，以及造成它们相互交错的强有力的贴身肉搏，从一组到另一组以及同组内部的大片空白的展开"，以及"油彩的笑意，陶土的动态，金属的冲动，罗马石材的盘卧和哥特石材的高耸"④。

儒学叙事的焦点是现在时刻和当下时刻的事态性。它意味着，再现历史场景的最好方式不是基于时间性的情节或序列，而是瞬时的、持续的事态化空间；它总是集中在一个特定的指代性存在上，涉及事态空间中的位置及比邻关系；它的历史性也并不体现在时刻、时光流逝的不确定性上，而是存在于短暂、纯粹而瞬时性的完形结构里。儒家的情感姿态、情绪语气，无论是怀旧还是愤怒，针对的都不是此时、此刻、此处具有特殊性的人、事、物，而是基于事态化空间中的参照序列，来比较和评估当下的位置结构。如在儒家的怀旧叙事体系中，参照序列是想象中的"金色周朝"，"金色周朝"虽然不是时间历史的起点，却是儒家宇宙的空间原点。在儒家的愤怒叙事体系中，参照序列同样是一种位于他方的某种理想化的序化

---

① 〔法〕德勒兹、伽塔利：《什么是哲学?》，张祖建译，湖南文艺出版社，2007，第 374 页。
② 〔法〕德勒兹、伽塔利：《什么是哲学?》，张祖建译，湖南文艺出版社，2007，第 402 页。
③ 〔法〕德勒兹、伽塔利：《什么是哲学?》，张祖建译，湖南文艺出版社，2007，第 442 页。
④ 〔法〕德勒兹、伽塔利：《什么是哲学?》，张祖建译，湖南文艺出版社，2007，第 437、442 页。

结构。因为儒学并不真正关心某处的真实性或虚幻性，它始终通过与具有空间性的理想结构进行比较，来判断此处和此刻的未完成状态。

3. 儒学叙事的图象结构

图象是完形理论的一个关键概念，图象主义是儒学叙事机制的一个重要维度。完形理论认为，完形的形成也就是图象的形成。一个完整的图象特征，包括明确的轮廓、满意的形式、封闭而稳定的结构、平衡和比例等，具有生动、充满精力、联合、清楚、丰富、引人注目等特性。以美术为例，"我们常常会觉得一幅传神的画作，比完全写实的相片更'像'"，这是因为我们所看到的色彩、线条、形状、明暗等属于"形象"，这些外在形象所提示的内在审美空间则属于"图象"。因此，"一个模糊的红色色团向我们'提示'了初升的红日，其美学蕴含远远大于一张日出实景照"①。图象的概念有时也被称作"图景"。比如项飙认为，图景是一个内在的世界。"'图景'这个概念很重要，'理论'在拉丁文里就是'图景'的意思，给出一个理论，就是给出一个世界的图景；理论其实不是给出判断，而是给世界一个精确的图景，同时在背后透出未来可能的图景。早期的社会主义艺术也是这样，画这个图并不是机械地反映世界，而是要精确地反映世界。什么叫真正的精确？真正的精确就是你把握住它内在的未来方向。机械和精确的差别是很大的，机械就是拍照，但精确是不仅抓住现在是什么，而且抓住它将会是什么、内在的矛盾是什么。所以图景就有两重意思，一是现在的概括，再一个是未来可能的走向。"②"以赛亚·伯林认为，最高层次的学术其实是说大白话，尽量不要有专业术语，用的概念听起来也很简单，比如'两种自由'，这哪里像概念？都是描述性的语言，他有时候会用一些隐喻，比如'刺猬与狐狸'。这就是脑子里有意象、图景，然后把它描述出来。我们现在很多人脑子里没有图景，只是机械地把数据和材料放出来。"③

---

① 张晓梅：《托马斯·里德的常识哲学研究》，上海人民出版社，2007，第47页。
② 项飙、吴琦：《把自己作为方法：与项飙谈话》，上海文艺出版社，2020，第22页。
③ 项飙、吴琦：《把自己作为方法：与项飙谈话》，上海文艺出版社，2020，第142页。

一个好的图象所拥有的这些特性往往非常充分或丰富，一个坏的图象则往往缺少，甚至完全不存在这些特性。① 比如一群人、一个班级、一个团体、一个协会，或是一个国家，如果成员能够丰富地联结、带有强烈感情地投入、充分地互动及交换，就能形成一个能够清楚定义的、活生生的、良好组织的、凝聚的图象；一个情感淡漠、没有共同目标的团体则只是一群个体的聚集，根本无法形成图象。员工忠诚的是企业的完整性图象，家庭成员忠诚的是家庭的完整性图象，民众忠诚的是国家的完整性图象。图象有时透过形象来显示其完整性，赋予形象以象征性，但是形象不能代替图象，也不能替代整体。再比如，如果你对一部电影不感兴趣，那么电影的图象就会失去焦点，缺乏清楚的轮廓及活力，缺少完整的连贯性，最后形成一个分裂而非统一的图象。在亲密关系领域，一个好的婚姻能够形成界定清晰而且充满活力的图象，一个坏的婚姻图象则往往是定义不清、阴暗的，同时是僵化的。② 总的来说，好图象是确定、一致、凝聚、活力、优雅、健康、成形、生动、定义清楚的，其能够创造整体性，能使场域中的资源自由运作。③ 差图象则是虚弱的、阴暗的、不优雅的或困惑的，其图象要素不充分、图象资源过于贫乏，不能使场域资源自由运作，丧失了整体性。差图象表现为"未完成的图象"和"未竟事件"。④ 完形理论的图象形成逻辑"给予我们一个用来判断经验的深度和真实的标准，它既不独立于社会价值，也非由社会价值所决定"，以至于"我们不需要去看别处，例如社会习俗或者圣经的指示，就能得到这个结论"⑤。

具体来说，完形理论将图象的基本组织性质称为"接触的界线"（contact boundary），皮尔斯用一个经典的"海岸线比喻"说明了图象的这一生成机制。在海水和海岸、海水和沙滩之间看似空无一物，没有具体的实体，但是在海水与海岸、海水和沙滩的交会处，具有让隐蔽的存在本体

---

① 〔美〕尼维斯：《完形治疗：观点与应用》，蔡瑞峰等译，四川大学出版社，2007，第36页。
② 〔美〕尼维斯：《完形治疗：观点与应用》，蔡瑞峰等译，四川大学出版社，2007，第37页。
③ 〔美〕尼维斯：《完形治疗：观点与应用》，蔡瑞峰等译，四川大学出版社，2007，第38页。
④ 〔美〕尼维斯：《完形治疗：观点与应用》，蔡瑞峰等译，四川大学出版社，2007，第39页。
⑤ 〔美〕尼维斯：《完形治疗：观点与应用》，蔡瑞峰等译，四川大学出版社，2007，第39页。

可见的"海岸线",这正是完形治疗的核心。① "海岸线"虽然不是实体,但也不是幻象,它是一个没有接缝的、富有创造性的"邂逅",是"相会""现场""集合点""事件""过程",是一个"经验的整体"。完形理论将海岸线这种由差异的相会所创造的事件称为"接触的界线",这种消解二元性差异的交会(encounter)、相会(meeting)就是完形。"接触的界线"并不是界限,它既不是沙滩的界限,也不是海水的界限,而是由相会创造出来的一个"界线事件"。相会不是一个因果关系事件,而是一个完形关系事件,它的标志是"接触""觉察""能量反应""图象形成"以及基于整体性的合一。② 相会一定伴随着兴奋、关心、欢愉、好奇等感觉,其反面则是无动于衷、疏离和逃避。③ 完形这种合而为一的体验,是一种超越物理学和心理学的炼金术,是在差异的力量中产生的新形式。李泽厚将这种"完形的相会"称为"情本体",此"情"指的当然不是感情、情绪或情感,而是实践过程中的"合一感",即"人作为生物体生存的身心活动,由于'使用—制造'工具的操作、实践的介入,产生了比其他动物族类远为庞大、多样、复杂、繁博的形式感,既与宇宙自然的节律相统一,又与自己的愉悦情感相统一。"④ 因而,情是一种本不存在,只是在相会过程中生发出来的、作为本体存在的场识。如同男女交集过程中,男女双方都不是本体,他们交集所产生的"感受"才是本体。这个本体,也就是中国儒学的道统。

德勒兹的哲学体系中,将交会的"接合线"称为"褶子"(Le Pli)"无器官身体"(body without organs),并使用 both 或 and 来表示这种存在与生成,显示其"无中生有、虚实相生"的特点,体现其居间性。德国心理学家海灵格(Bert Hellinger)称交会的接合线为"钟摆",此时摆锤不会过度荡向任何一方,而是始终围绕着某个中心点摆荡和移动,持续地以

---

① 〔美〕尼维斯:《完形治疗:观点与应用》,蔡瑞峰等译,四川大学出版社,2007,第29~30页。
② 〔美〕尼维斯:《完形治疗:观点与应用》,蔡瑞峰等译,四川大学出版社,2007,第21页。
③ 〔美〕尼维斯:《完形治疗:观点与应用》,蔡瑞峰等译,四川大学出版社,2007,第29页。
④ 李泽厚:《从美感两重性到情本体:李泽厚美学文录》,马群林编,山东文艺出版社,2019,第21页。

实现系统的平衡、圆满、完形为目的。①尼采认为交会是连接"感觉生成"和"绝对生成"的时刻，是一种纯粹的主体性事件，他将这种纯粹的主体性称为"绝对意志"；权力，具有像钟摆一样永恒回归（the eternal return）的属性，是对绝对意志的表达。中国的儒学体系则将"接合线"称为"太极弦"，即太极图阴阳鱼中间的"S"形曲线，太极弦的完形属性在儒学中被称为"度""几""中庸""体无"。李泽厚直接指出："你看见那《周易》阴阳图中的中线吗？那是曲线而非直线，这即是'度'的图像化。"②太极弦表明阴阳不可二分，而是相互依靠、相互补足；阴阳二者总是处在变动不居的生成之中，太极弦这条曲折的中线同样是对日常、命运、自然、宇宙本体性的图式化。李泽厚认为，度具有关乎人类存在的本体性质，"不是'质'或'量'或'存在'（有）或'无'，而是'度'，是人类学历史本体论的第一范畴"③，"它的结构和形式能被普遍地应用于客观对象，不仅形式逻辑、认识范畴，而且像中国辩证法的阴阳、五行也都是对'度'和'中'的主观解析，离开这个'一体'，主、客本无意义"④，"后世一切理性的形式、结构和成果（知识和科学），也都不过是人类主观性对'度'的本体性的测量、规约、巩固和宣说"⑤。

度具有本体性，它存在于实践之中。它不是主观性，也不是客观性，主客体在度的本体中混而不分，它"既不是客观对象的复制，也不是主观欲望、意志的表达，而是在实践—实用中的秩序构成"⑥。"人类在使用—制造工具的实践操作中，发现了自身活动、工具和对象三者之间的几何

① 〔德〕伯特·海灵格：《成功与序位：海灵格组织系统排列的隐秘力量》，邱俊铭译，世界图书出版公司，2020，第81页。
② 李泽厚：《从美感两重性到情本体：李泽厚美学文录》，马群林编，山东文艺出版社，2019，第13页。
③ 李泽厚：《从美感两重性到情本体：李泽厚美学文录》，马群林编，山东文艺出版社，2019，第8页。
④ 李泽厚：《从美感两重性到情本体：李泽厚美学文录》，马群林编，山东文艺出版社，2019，第11页。
⑤ 李泽厚：《从美感两重性到情本体：李泽厚美学文录》，马群林编，山东文艺出版社，2019，第12页。
⑥ 李泽厚：《从美感两重性到情本体：李泽厚美学文录》，马群林编，山东文艺出版社，2019，第10页。

的、物理的、性能的适应、对抗和同构、契合，发现不同质料的同一性的感性抽象（如尖角、钝器、三角形等），由于使用工具的活动使目的达到（食物以至猎物的获得），使因果范畴被强烈地感受到"[1]。因此，"'度'并不存在于任何对象中，也不存在于意识中，而首先是出现在人类的生产生活活动中，即实践—实用中"[2]，"在成功的实践活动中，主观合目的性与客观合规律性一致融合。人的本源存在来自此处"[3]。"度"高于语言和言说，它不是宗教的神秘的冥会、体认等精神状态，而是超越语言的实在；它以实践操作为基础，在实践操作中体会，而不是在逻辑推理上去发现；这种"实在"，不是上帝神灵、不是虚无缥缈的"道"，而是实实在在的对常识的把握。"人在使用—制造工具的操作活动过程中，通过'度'的把握和理解，发现了快慢、多少、软硬、重轻、厚薄、斜直、锐钝等材料本身的、材料和材料之间的、材料与主体之间的、材料和目的之间的种种关系、结构、特征，发现了其中的守恒性、前后性、重复性、连续性、对比性、干预性等秩序、节奏和比例。这种种形式结构和人对它们的感受（形式感），如前所说，一方面与维系人的生存、生活、生命相关，同时又与自然界具有的物质性能相关，因之人与宇宙—自然便通过这些形式力量—形式感而形成了共存共在。"[4] 随着时代和科技的发展，事物的具体形态也许会变迁、造型会不断翻新或变易，但是形式感和形式逻辑不会有根本性的变化，比如对称感、比例感、节奏感、简洁感、次序感等。这在建筑上表现得最为明显，因为建筑是常识、实践、度的本体论的体现。因此，所谓"民族性"，指的不是形式而是逻辑，凡是能够传承下来的形式，总是具有吻合日常生活世界实践逻辑的特征。历史本体论应该从实践逻辑出发而不是从形式出发。现代性的核心冲突其实就是时代性、科技性与实

---

[1]　李泽厚：《从美感两重性到情本体：李泽厚美学文录》，马群林编，山东文艺出版社，2019，第10页。

[2]　李泽厚：《从美感两重性到情本体：李泽厚美学文录》，马群林编，山东文艺出版社，2019，第8页。

[3]　李泽厚：《从美感两重性到情本体：李泽厚美学文录》，马群林编，山东文艺出版社，2019，第9页。

[4]　李泽厚：《从美感两重性到情本体：李泽厚美学文录》，马群林编，山东文艺出版社，2019，第19页。

践逻辑的冲突，只有与实践逻辑吻合，最终才会被接受，反之则不能忍受。因此，利用现代新材料、新性能、新形式、新构造、新技术，结合实践逻辑进行创造，才是现代性美学的重要课题。现代性语境下的"天人合一"，指的是系统场域的实践逻辑与人操作活动的形式逻辑相吻合，这是不同于中国传统论断的、现代性的"天人合一"。

度，在古典儒学中也被称为"几"，帛书《系辞·二三子问》中说："见几而务之，则有功矣，故备难则易。务几者，成存其人，不言吉凶焉。"《系辞》中说："君不密则失臣，臣不密则失身，几事不密则害成。"陈来认为："重天道者深于几。"① 可见，进退、存亡、成败之"几"才是儒学的本体。魏晋玄学家王弼（226-249 年）则直接提出了"以无为体"；西晋初年何劭所作《王弼传》提到，"圣人体无，无又不可以训，故不说也。老氏是有者也，故恒言其所不足"；《世说新语·文学》中又说："老庄未免于有，恒训其所不足。"② 王弼所说的"本体之无"，其对立面并不是"有"，也不是具体的物；既不是道家混沌未开的太初元气，也不是佛家"本来无一物"的空寂，没有彼此、先后、上下、方所、时刻的分别。③ 在王弼看来，即使是阴阳也停留在"有"的局限中，并非本体，本体其实是阴阳交合间空的太极弦，是完形的交会。"举目前英美哲学家常喜援用的棋艺法则为例，或可说明问题。凡是对下围棋有切身经验的朋友都可以体会'棋高一着'的实义。棋艺高超当然不表示以犯规为获胜的手段，更不表示不谙法则乱走而偶然得逞。相反，只要了解棋艺法则的，事先未必能够料到，但一着落定后，如果确属高明，则都能首肯；至于艺坛棋圣下了几着混淆对方策略甚至弄得旁观者也莫名其妙的布局子，最后仍会真相大白，令人拍案叫绝。"④ 棋局是遮蔽的，但是"体无"的高手能够经验到这个尚未显化的局面，这种洞悉和觉察就是常识。因此，"无"并非毫无客观标准的神秘经验、遐思，也不是纯属主观论断而缺乏具体事实根据的揣测⑤，

① 陈来：《帛书易传与先秦儒家易学之分派》，《周易研究》1999 年第 4 期。
② 杜维明：《灵根再植：八十年代儒学反思》，北京大学出版社，2016，第 49 页。
③ 杜维明：《灵根再植：八十年代儒学反思》，北京大学出版社，2016，第 48 页。
④ 杜维明：《灵根再植：八十年代儒学反思》，北京大学出版社，2016，第 50 页。
⑤ 杜维明：《灵根再植：八十年代儒学反思》，北京大学出版社，2016，第 47 页。

而是一种基于体知的本体证会。世界上最能体现"无""度""几"这种间性的，其实是金钱。金钱是度的外在显化，金钱法则看上去是无，却又真实存有——如果遵从系统的良知、公平与正义，遵从施与受的平衡，侍奉于系统的整体性与完整性，金钱就会变得更加丰富。有很多宗教传统都是鄙视金钱的，但是中国儒学没有，因为从本质上来说，尊重金钱就是尊重系统，尊重秩序，尊重度。这不是指尊重金钱的物质载体本身，而是指对金钱所体现和象征的"度"的本体的尊重。

对于古典儒学来说，"度""几""体无"是儒者与"史""巫"的主要区别，也是中国儒家传统的核心命题"中庸"的核心要义，"中庸之为德也，其至矣乎"。李泽厚认为，"中庸"并非 mean，并非"中间"，"中庸"就是"度"。① 因此，在古典儒学中，"立天之道曰阴与阳、立地之道曰柔与刚、立人之道曰仁与义"，② 阴阳、刚柔和仁义的本体，都是基于"度"、"几"、"中庸"和"体无"的完形。西方文化认为，事物的本质是不变的。比如，"上帝"代表永恒，世俗世界代表变化；"上帝"代表实在，世俗世界代表形式等。但中国早期思想家认为，"唯一不变的是变化本身"。③ 儒学认为，度是不变的，实在与度是同一的；实在就是度，发生在自然、社会和个人等各个层面。

总的来说，无论是西方哲学中的"海岸线""钟摆""褶子""无器官身体""绝对意志""炼金术"，还是中国哲学的"太极弦""度""几""中庸""体无"，都共同具有完形图象的属性。它们既不是一种物理属性的静态表征，又不是实体的、确定的事物状态或事实，也不是对经验世界的拟像、模仿或再现，更无法进行基于知识社会学立场的解释、阐释和分析。它们都不是一个有待解决的问题，而是一个等着被经验的、无实体的，基于逻辑性的实在。完形是一种不定式，它的动力机制是成为（become）和生成（becoming），是动词"to"本身；它并不提出"将生成什

---

① 李泽厚：《从美感两重性到情本体：李泽厚美学文录》，马群林编，山东文艺出版社，2019，第 274 页。
② 陈来：《帛书易传与先秦儒家易学之分派》，《周易研究》1999 年第 4 期。
③ 〔美〕罗思文、〔美〕安乐哲：《哲读论语：安乐哲与罗思文论语译注》，彭萍译，中译出版社，2022，第 24 页。

么"或"将成为什么"的问题，因为绵延不绝的运动过程即是本体；它是一种大于所有部分总和的整体性，无时无刻不在进行着集聚、更新和创造；它不是潜在的、过去的或未来的，而是当下的、实在的、此刻的、此地的；它不依附于任何事物，而是一个永恒的过程，既不开始也不结束，始终在生成中运行；它是一种重复之中的永恒回归、一种日常之中的无限调度、一种基于生成的本体论。总之，完形图象是一种诸意义、诸方向、诸位置、诸事态、诸度量、诸因果相互关涉而充满物理张力的拓扑结构。

儒学完形叙事机制的图象主义是指儒学中只有关于特定情势的图象，它承认我们处在未知的世界，教导我们去承认世界、命运的未知性和不可知性；它只是将这一特定时刻的情况、情境和情势的特定结构进行真实再现，以唤起人们特定的情感体验。儒学叙事运用的是图象，是具体的情境而非抽象模仿，是自然的呈现而非人为的假设。图象能够充分展示人类生活的种种体验、偶然性、意图、动机和意义。

儒学完形叙事的动力机制是生成，儒学叙事话语体系具有鲜明的动词化特征。比如，仁、德等儒学命题都是一种动名词，即动词化的名词，[①]它们既非单数也非复数，具有无限趋向、无限开放甚至无限升级的概括性。儒学关注的不是"是什么"，而是"成为什么"和"生成什么"，如"成为仁""成为德""生成仁""生成德"之类，因此任何一种颗粒化的阐释都会似是而非。儒学叙事描述的是一种动态的生成（becoming）、合成或成为（become）的过程，体现事件生成过程中的情态。儒学词汇描述的是事态生成过程中的"状态分布"，这既不表示开始也不表示结束，而是始终在生成中运行；既不是现实生活中发生的事情，也不是实际生活中的最终状态；既不是静态表征，也不是一种静态的本体论。儒学是一种穿越不同语言、语种和语系的，人类社会所共同具有的模因结构，是一种基于自然物理过程的先天普遍语法，是一种对结构、形式和结果具有约束力的先验领域。[②]

---

① 〔美〕罗思文、〔美〕安乐哲：《儒家角色伦理——21 世纪道德视野》，吕伟译，浙江大学出版社，2020，第 152 页。
② 〔英〕苏珊·布莱克摩尔：《模因机器：它们如何操纵我们 又怎样创造文明》，郑明璐译，机械工业出版社，2022，第 118 页。

儒家文化设计中的"忠""孝""三纲"（君为臣纲、父为子纲、夫为妇纲）"五常"（仁、义、礼、智、信）"五伦"（父慈子孝、君仁臣忠、长幼有序、朋友有信、夫妇有别）等儒道命题就是一种典型的完形结构。儒道命题在本质上并不是一些抽象而固定的行为，也不属于人格模型、道德准则或完美人性，而是一种非规则的、不确定的、自发的追求过程和趋向过程。就像数学中并不存在 1，只存在无限趋近于 1 的过程，即 $f(x)=1$；即使接近到无法再接近的程度，也永远不可能等于 1；儒道命题就是这种无限趋向的过程，即 $f(x)=$（如仁、德等概念），《论语》中"下学而上达"描述的就是这样一个"达"的过程，是动态化的"to something"。成为男人、成为女人，是生成、成为的过程，而不是"something"本身；严格地说，它代表的是"to"，而不是"something"，而这个"to"永远会通过一些新的表达方式和表现形式来实现自身。孔子说"君子务本，本立而道生"，这个"本"是"to"、是生成的过程本身，而要理解这个"to"，则需要将忠、孝等儒道效果放置在不同的情境中，通过比邻的单元、界限、运动、感觉和结构进行参照才能获取其意义。也就是说，儒道意义的生成机制不是基于社会学的规程，也并非无意识的结果，而是在对特定情境、场景、场域等特殊生成状况中的行动和经验进行观察、反思、反省、阐释和考量的同时，概括和总结出最能令场域中各元素舒服相处的动力结构、物理结构，进而为行动赋予一种常识性、可信性、恒定性的阐释系统。因此，儒学是一种情境化的技术，场域中的万事万物都是独一无二的，完形则将这些独一无二的细节、元素、单元，以一种最舒服的空间位置比邻关系进行排列组合，进而关联成最连贯、流畅的整体图象。

如孔子说"孝悌也者，其为仁之本与"，孝悌只是仁的一个参照情境，并不具有仁之前提、根源、发始的含义，孝悌意义的获取也需要其他情境的参照。儒道命题实际上并不是儒家道德生活的基础，孝的核心在于孝感生发的前提和生成孝感的过程，而不在于具体的亲伦关系、家庭情感、家族关系。孝一旦被具体化、形式化和符号化，反而容易成为任人唯亲、裙带关系、宗族腐败政治等不道德行为的根源。"义"这个儒道命题之所以在中国民间文化中传播最广，传播效果最好，根本原因在于义被广泛地情境化、人格化，人们可以涉身性地进入各种情境，去感受义感的生成过程。例如义的命题在传播中形成了许多经典故事，例如关羽华容道义释曹操，《史记》中专诸、聂政、豫让、要离、荆轲等刺客舍生取义的事迹，等等。我们发现，失去了情境以及过程，义的意义其实很难辨识。因此，传统学问往往依托情境而论述，古诗词也习惯引经据典，所谓的"经典"其实指的就是语言对情境的复原。

与此同时，更为重要的是，儒学宇宙中的概念几乎都是互为函数的，是一个彼此关联的拓扑结构。儒学关注的不是故事、符号、语言，而是逻辑结构、关系结构和动力结构；儒学叙事主体并不是作为具体变量和具体角色的行动者、人格、人物性格，而始终是行动和关系状况，用普适性的情境或状况来唤醒人类的场知；它也并不追求行为的真实性，而是追求行为拓扑结构关系的合理性以及合乎逻辑性；儒学叙事是对社会经验的再现和再生产。儒学的这种基于拓扑结构的叙事模式就是典型的完形叙事，是儒学现代性叙事的核心，也是实现中国式现代性的文化叙事的必经之路。完形叙事是对因果叙事的替代。因果叙事往往习惯于使用符号、灵感、符码，但是符号、符码只是偶尔依附于常识叙事那种流动的、动态的逻辑结构和生成结构，大多数情境下是反常识或偏离常识的。儒家的完形叙事往往选择日常生活里的事件和情节，用一种结构性语言加以叙述和描写，使日常结构、常识结构、关系结构的基本规律在不平常、不寻常的状态下，以事件、事态的形式呈现出来。如中国的民间故事、动物类仙异故事，其重点不在于书生、狐女等行动者，而是内隐于其中的如报恩结构、复仇结构、序位结构等常识逻辑。但普罗大众对传统文化仪式的思考往往局限或停留在表面的象征中，未曾基于相互关系维度考察传统文化的仪式程序、内容逻辑以及对应规则。例如，民间故事中的神话符号不见得能够引起心理共鸣，但是整个民间故事可以。民间故事是一个基于日常世界常识结构的感知统一体，其基本主题虽然自由多变，但是其关系结构是不变的。儒学是深层图式，不能简化为谚语、成语、仪式，我们只能在日常生活世界中寻找其逻辑的关键。

再以儒家易筮实践的卦象为例，周易所预设的原理其实都是"关系类型"，每一卦辞、每一爻辞都关涉一种关系场景、关系图象和场景图象。它没有具体的指向，而指向"关系结构"的实在性，重在强调特定的时空场中元素或事物间的关系结构，而非具体的元素或事物本身；它不是对具体事物的象征，而是图绘场域中事物之间关系结构的整体图象。易筮实践的这种逻辑并不是基于巫术的，而是基于实践认知的。大多数研究者可能会忽略的是，易象的解读重实践而轻解读，这是因为图象的实践有多种面向，唯有在实践行动中才能捕捉到其中微妙的连接。实际上，卜筮实践并不追求正确、准确或合理的预测，因为它从本质上来说并不是一种预测学，而是一种基于实践的阐释学。因此我们并不能将易学视为自然巫术，也不能过度将其神秘化、玄学化和神格化，它与包裹在神秘外衣下的相术、奇门遁甲等完全不同。与传统秘术相反，易道是中国文化日常生活实践逻辑的方法论体系，类似于塔罗牌，属于日常世界实践逻辑的游戏化，其体验性在于行动者的解释的能动性，其意义则是行动者赋予的。这也是为什么当年席勒说"人只有在游戏时，才是真正自由的"。因此，周人的筮占之所以发展出哲学思想体系而非停留在宗教巫术阶段，是因为其指向的是常识体系，且这种常识体系在日常世界具有实践的实在性，即"数"不是"数学"，而是"几"和"度"。周人试图通过卜筮通向常识、而非人文和哲学的世界，既非"鬼谋"，也非"人谋"，而是常识使然。龟象的纹理象征与卦象的人为推算，都是对常识秩序影响下某事结果的隐喻、描摹和类型化，对结果的影响无法借助自然力或神力等外力，而是靠常识秩序的调整。这一常识逻辑，才是易道之关键。

总而言之，我们在儒家思想中基本上无法找到基于物质或实体本体论的"存在"（being）。李泽厚说，中国儒学"不讲 being，而讲 becoming"，[①] 只问过程，不问结果；它是一种"不定式"和未定状态的代理，不能附加到任何专名，任何主体、形式或类别上，一旦附着就会导致与本体的分离。因此，儒学几乎不存在基于物质本体论或实体本体论产生的"主体—客体""主体—行为""身—心""先天—后天"等二元论，也从未设计过更

---

① 李泽厚：《从美感两重性到情本体：李泽厚美学文录》，马群林编，山东文艺出版社，2019，第 69 页。

高维度的抽象实质性本体，如"灵魂""自我""意愿""能力""自然""思想""角色"等。从这个角度来看，儒学既非唯物主义，也非唯心主义；儒学本质上来说是一种依赖于"情境""事件""过程""生成"，① 而非依赖"物"（thing-based）的实践哲学体系。因此，理解儒学必须从实践维度出发，将基于实践逻辑的关系思维、结构思维方式引入儒学。实践逻辑与基于物质和实体的物性思维是完全不同的，传统研究通常将"构成元素""成分""单元"看成实体，而在实践逻辑中，"元素""成分""单元"的意义和功能是由系统中的关系结构决定的。儒家既不是一种类似宗教、神话那种看上去荒谬而无条理性的理性真理，也不是一种唯物、唯实体的事实真理，而是一种实践真理。

正因为儒学是一种基于完形逻辑的实践理性，因此中国才没有产生像犹太教或基督教那样的宗教。换句话说，儒学的先验性源于实践，而不是作为符号的上帝。中国的教是"礼教"，礼则是度的实现和完形。完形逻辑是在活动中出现的，是在过程中实现的，"神""道""上帝"不是对象化的存在，而是在人的活动之间生成的。② 完形的过程或"惚兮恍兮"，或"视而不见，听而不闻"，但是它也不是巫术；西方的理性是从中世纪脱魅转入世俗生活的结果，而儒学的理性"从完全与情感混合在一起的巫术迷狂活动中脱魅出来，变成一个可以认知、可以理解、可以客观处理的东西，即变成了理性的礼仪制度和'伦理—心理'"。③ 进而，李泽厚认为"新儒家追求宗教性是失败的，而且他们的失败是宋明理学的失败"，因为此岸世界与彼岸世界具有事实统一，此岸即彼岸、彼岸即此岸，此岸与彼岸是同"一个世界"。④

中国儒学把世界生发机制对象化，并在这种生发中获得超越与救赎。

---

① 〔美〕罗思文、〔美〕安乐哲：《儒家角色伦理——21世纪道德视野》，吕伟译，浙江大学出版社，2020，第19页。

② 李泽厚：《从美感两重性到情本体：李泽厚美学文录》，马群林编，山东文艺出版社，2019，第69页。

③ 李泽厚：《从美感两重性到情本体：李泽厚美学文录》，马群林编，山东文艺出版社，2019，第69页。

④ 李泽厚：《从美感两重性到情本体：李泽厚美学文录》，马群林编，山东文艺出版社，2019，第69页。

因此，中国式现代性的核心不在于回到古代，也不在于调和中西方文化表现形式之间的矛盾，山林田野那种纯粹怀古式的缅怀不是现代性的方向，现代工业与时尚也不是现代性的阻碍。变化的只是形式，万变不离其宗，而实践的本体将永恒回归。因此，中国儒学中的"天地境界"指的不是灿烂星空，不是物理意义上的天和地，也不是纯粹话语的道德境界，而是"协同共在"的刹那，即"合一境界"，这也正是传统儒家"孔颜乐处"的审美态度和人生境界。康德的星空、爱因斯坦的宇宙与孔门的茶盏之间，并无高下之分，实践、审美与宗教之间并无等次，更不存在"不值得的此在"和"更值得的彼岸"。

四

常识方法论与儒学现代性

（一）常识哲学与现代性

如果我们将主观世界、客观世界和社会世界定义为通识世界的话，那么日常世界、实在世界的底层逻辑，其实就是常识。较早将常识概念学术化和理论化的是 18 世纪苏格兰哲学家、曾担任英国格拉斯哥大学亚当·斯密（Adam Smith）道德哲学教席的托马斯·里德（Thomas Reid，1710-1796），里德通常被认为是苏格兰常识学派和常识哲学（Common sense Philosophy）的创始人。① 常识哲学在 18 世纪后期到 19 世纪早期的一段时期内影响广泛，为英国、美国、北美社会以及欧洲社会现代哲学的诞生提供了底层逻辑支撑，如康德（Immanuel Kant，1724-1804）"实践理性"、德国哲学家西美尔（Georg Simmel，1858-1918）研究常人历史的形式社会学、德国哲学家胡塞尔（Edmund Husserl，1859-1938）研究日常世界的现象学、美国哲学家杜威（John Dewey，1859-1952）及芝加哥学派的实践哲学②、德国社会学家卡尔·曼海姆（K. Mannheim，1893-1947）的知识社会学、美国哲学家舒茨（Alfred Schutz，1899-1959）的常识世界结构研究，舒茨的学生、美国哲学家哈罗德·加芬克尔（Harold Garfinkel，1917-2011）的"常人方法论"（Ethnomethodology），等等。不难发现，其实西

---

① 张晓梅：《托马斯·里德的常识哲学研究》，上海人民出版社，2007，第 17 页。
② 〔美〕安德鲁·阿伯特：《过程社会学》，周忆粟等译，北京师范大学出版社，2021，第 38 页。

方现代哲学研究的核心就是常识，现代性则是西方现代哲学与常识哲学对话而成长起来的日常世界实践逻辑。

常识社会学是一种基于日常世界研究的内部社会学，与基于主观世界的意识社会学、基于客观世界的功能社会学和基于社会世界的文化社会学等外部社会学，在体系上完全不同。英国牛津大学社会学家项飙认为，外部社会学理论最大的问题在于将社会组织作为系统或单位，"考虑它们的形态、分类、功能、历史演变等，大众进入不了这样的理论概念"，"人们在此类抽象图景里面看不到自己"，虽然"在理论上可以自圆其说，但难以激发新的思想，因为它们是从外往里看而画出的图像，是封闭的"①，"比如'橄榄型社会具有稳定性'的理论，对于普通人来讲就没有太大的意义"，"如果我们可以描画出，在'橄榄型社会'中上层、中层、下层之间是什么关系，这个关系是什么'味道'（彼此见面怎么打招呼，彼此间是否频繁交友通婚，上下流动是怎么发生的），那么人们就可以看到现在的生活和这个理想图景的区别在哪里、具体问题在哪里，从而可以一起思考和行动"②。

事实上，正如项飙所言，关于中国传统社会的社会学研究暂时还停留在外部社会学范畴，比如以"宗法社会""熟人社会""关系社会""人情社会""面子社会""血缘社会""乡土社会"等人们耳熟能详的概念"贴标签"，实际上这只是对外部社会集体表象、表征系统的标签化概括。而当我们谈论文化的时候，我们谈的也是表征系统而非逻辑系统，比如将世界文化分为中国文化、西方文化、基督教文化、佛教文化等，这种分类方式本身就会将人带入误区，因为高度概括性的话语离开了"活生生的具体的人"。外部社会学通常仅强调社会的外在性，这种取向会导致人们对自然和社会的曲解。外部性研究看似能理性地对明显可见的观念及意识形态的动机加以证实，但是这些表现型其实都是被隐藏着的、客观的常识力量所预先决定的。外部性研究使用欺骗、异化和信仰维持社会秩序，这也成为现代社会的风险源泉。

---

① 项飙：《生活意义的构造须回归"常识社会学/人类学"》，《探索与争鸣》2022 年第 5 期。
② 项飙：《生活意义的构造须回归"常识社会学/人类学"》，《探索与争鸣》2022 年第 5 期。

这些外部现象和集体表象往往都是假象，并非真实的日常生活图景，人们通过自己的日常生活经验可以轻易地体验到这些概念的错误之处。例如，中国社会有时被形容为"熟人社会"——去医院看病，不找熟人介绍个医生，不送个红包，心里就不踏实。此时社会学的"关系"也被错误地等同于"熟人"，此处就存在外部社会学概念带来的误区：在大多数情况下，"熟人"只是一种心理安慰，并不符合人际交往的常识；"熟人"的背后往往是"杀熟"，"面子"的背后往往是"套路"，"人情"的背后往往是 PUA（Pick-up Artist，精神控制），"关系"的背后往往是"被做局"。因此，"熟人""关系""人情""面子"虽然是习以为常的现象，但并不是中国社会日常世界人际交往常识的真实逻辑与真实属性。中国从来都不是"熟人社会"，而是"贵人社会"，"远亲近仇"才是真正的实践逻辑。在空间场域中，最小客观距离与最大主观距离重合，最"邻近"的位置才具有最大的威胁，这与传统认知是完全相反的。① "邻近"把无限小的差别转化为绝对的、"从全无到全部"的差别。比如，自古以来的皇帝往往不爱合法继承人而爱私生子、不爱长子爱次子等；又如，人们最大的敌人是同学、亲戚、发小、亲朋、邻居、同类等。因此，中国社会从本质上来说根本不是差序格局，社会感知和社会秩序是由空间序位决定的。种差、类属、风格和阶级，这些类属特征只有在外部社会学的局外观察者眼里才具有价值，而真实的实践逻辑可能是观察者意识不到的东西。因此，实践原则不是要废除分类或改变分类的原则，而是要改变在分类体系感知空间中的位置；亲朋、邻居、同类之间的分歧、竞争、斗争之例，是对阶级斗争范式的有力否定。比如在同学聚会中，如果有人升迁会给人带来巨大压力，如果有人出事则会让所有人如释重负，但如果是一个不相干的人，在客观距离和主观距离上都比较远，无论升迁或是出事，都让人感知不到、无动于衷。因此，斗争其实产生于邻近原则。

在里德看来，外部社会学的各种概念、观念、理论和证明，实质上"并不涉及任何物质或它的任何属性"，其本质是外部社会学研究者"自己想象出来的偶像"，因为"一个由印象和观念构成的物质世界，它从未存

① 〔法〕皮埃尔·布迪厄：《实践感》，蒋梓骅译，译林出版社，2012，第201页。

在过，也不可能存在"。不仅如此，外部社会学观念的泛滥，实际上是对常识的压制和毁灭，"就如特洛伊的木马，徒有着天真和美丽的外表；但如果这些哲学家早知道它肚子里包藏着死亡和对一切科学及常识的毁灭，他们就不会自毁城墙放其进入了"①。里德认为，传统社会学在解释人类社会相关行为的起源时，会用到一些被普遍接受的基本概念框架，但是这些概念框架大多数时候只起到一个形式作用。因为外部社会学的印象、观念往往脱离日常世界场域而"建立在虚假前提之上"，以至于"除印象和观念之外任何事物的存在的所有辛苦论证"，其结果都是"以沙结绳"。② 以费孝通在 1947 年出版的《乡土中国》中提出的"差序格局"概念为例，传统社会学领域"经常把它当作一个描述工具来用"，但是项飙认为，"这个概念本身没有什么意思，因为差序格局是用实证的语言对中国古典伦理哲学的翻译而已"，不能"把它当成中国人社会关系的一个机械的标准来引用"或"拿它往不同的实证材料上套"。③ 差序格局所描述的那种理想类型，即"每个人都以自己为中心结成网络。这就像把一块石头扔到湖水里，以这个石头（个人）为中心点，在四周形成一圈一圈的波纹，波纹的远近可以标示社会关系的亲疏"④，事实上"不存在实证精确性"且"跟专业化、技术化的学术研究是有距离的"。⑤ 美国芝加哥大学的社会学家安德鲁·阿伯特（Andrew Abbott）直接指出，"社会生活的许多内部边界永远在变化，制度和社会团体不是可以互相继承的固定存在，而是随着时间的推移被捆绑在一起的事件的世系，其中新事物总是不断被捆上，旧事物总是不断被扯下，这些世系不是同心结构"⑥。我们通常所熟悉的"个人—家庭、社区—社会"同心结构，还有中国社会所熟知的"家庭—家族—国家—天下"涟漪式扩散的差序秩序，遍布当代社会学教科书。实际上安德

① 张晓梅：《托马斯·里德的常识哲学研究》，上海人民出版社，2007，第 46 页。
② 张晓梅：《托马斯·里德的常识哲学研究》，上海人民出版社，2007，第 27、33 页。
③ 项飙、吴琦：《把自己作为方法：与项飙谈话》，上海文艺出版社，2020，第 28、29 页。
④ 项飙、吴琦：《把自己作为方法：与项飙谈话》，上海文艺出版社，2020，第 28 页。
⑤ 项飙、吴琦：《把自己作为方法：与项飙谈话》，上海文艺出版社，2020，第 28 页。
⑥ 〔美〕安德鲁·阿伯特：《过程社会学》，周忆粟等译，北京师范大学出版社，2021，第 242 页。

鲁·阿伯特认为，"同心结构"这种静态秩序根本就不可能存在，不仅差序格局不可能存在，甚至连"霍布斯的《利维坦》和卢梭的《社会契约论》也不可能存在"①。相反，事件世系的过渡转变、偶然性和"过程"则始终处于本体和中心地位，世系间相互交叠、相互渗透。② 在安德鲁·阿伯特看来，社会是由流动的事件世系组成，其具有内在的连续性，并在社会生活中不断被重制。任何外在形式的微观实体和微观实践，如家庭、亲族、信仰、组织等宗族形式都在变化。社会的本质不在于宗族的特征，而在于宗族形成过程本身的规律。因此，社会是由那些控制宗族稳固性的事物组成的，是这些事物将宗族稳定为特定的人格或社会群体。③ 而安德鲁·阿伯特所说的事件世系，就是基于日常世界实践逻辑的常识结构，事件世系是开放的、发散的、具有活力的，其关系充满紧张、矛盾和斗争，具有介入性、涉身性和代入感。常人能够在常识中看到自己，常识也能成为公共思考甚至行动的工具。

（二）常识社会学的实践逻辑

常识无疑是人类社会日常交往，建构公共理性的认知原则与行动依据，其重要意义逐渐引起学界关注。比如，项飙在《生活意义的构造须回归"常识社会学/人类学"》一文中提出了建立"常识社会学/人类学"的构想，提出"就常识本身展开对话"，"把意义建立在一个自己能够观察、能够直接反思、能够改变的周边和常识的基础上"④。中山大学哲学学者张任之指出，"哲学其实日益远离我们活生生的生活世界、远离我们切

① 〔美〕安德鲁·阿伯特：《过程社会学》，周忆粟等译，北京师范大学出版社，2021，第29页。
② 〔美〕安德鲁·阿伯特：《过程社会学》，周忆粟等译，北京师范大学出版社，2021，第242页。
③ 〔美〕安德鲁·阿伯特：《过程社会学》，周忆粟等译，北京师范大学出版社，2021，第31页。
④ 项飙：《生活意义的构造须回归"常识社会学/人类学"》，《探索与争鸣》2022年第5期。

身的时代"，变革时代中的哲学需要捍卫常识。"捍卫常识意味着哲学需要
重返、直面我们活生生的生活世界。在过往，哲学可以在经典中、在经典
所编织的世界中探究意义的逻辑；哲学也可以在语言中、在语言所透显出
来的游戏中把捉'意义即用法'，然而，哲学却远不止这些，哲学要变革，
便需要在经典世界、在语言游戏之外，去面对我们当下所处身的真实的常
识世界。"① 浙江大学哲学系教授陈亚军指出，"常识世界是我们面对的唯
一世界。没有常识，哲学会失去根基，会成为空中楼阁"②。正如诗人余秀
华所说，"现在人缺的不是知识，而是常识"，常识在日常生活世界中的缺
席是现代化社会的核心问题所在。然而，常识作为一个具有极强社会学想
象力的词语，也面临着因错位诠释与模糊使用而造成的认知谬误，亟须廓
清常识的内涵和边界。在定义常识社会学是什么之前，我们有必要先界定
常识社会学不是什么，或者说反常识社会学是什么。这有助于我们明晰常
识界域，进而为我们厘清常识与中国传统儒家社会、与现代性之间的实践
逻辑提供坐标。总的来说，反常识社会学具有类型化社会学、主客观社会
学和科学社会学三种经典的阐释模型。

1. 非类型化的在地逻辑

类型化社会学通常基于概率性、参比性、因果性、秩序性和关联性几
个基本假设，对社会生活进行描述，并构建关于社会的总体性假设。同
时，它假设个体的感知、个体的行动、行动的主体以及社会秩序都是根据
总体假设的自然框架和社会框架来理解事物、社会和世界。概率性即具有
"高概率发生"的典型性特征；参比性即通过与过去事件的对比、参考、
比拟，推演未来事件演化与发生的可能性；因果性指的是行动者通过归
纳、归因、比较来推演事物运行的因果关系；秩序性指的是具有自然秩序
或道德秩序的意义；目的性指的是行动者的行动方式与目的存在关联，具
有目的理性。

我们通常打交道的其实是一个构建中的、类型化的世界，总体性假设

---

① 张任之：《"捍卫常识"：变革时代哲学的底线》，《探索与争鸣》2022 年第 3 期。
② 陈亚军：《站在常识的大地上——哲学与常识刍议》，《哲学分析》2020 年第 3 期。

则是一种基于想象的、对社会这个总体性概念的"关系图示"和"行动指南",它的阐释取向是将注意力放在组织、行动、表达、事件、习俗、意义、模式、机理、观念、表述、态度、意愿和秩序等通常的社会对象上。类型并不是社会事实的客观现实,关系图示也往往只具有想象上的客观性,它们并不具有实在性。举例来说,习惯就是一个典型的类型化,如不干净、不卫生、不整洁等。在法国社会学中,习惯也被称为"惯习",这个词往往用来指代社会生活以及关系网络中的"刚性结构"。传统社会学通常认为,社会以习惯的方式构建,习惯常常意味着保守、落后、愚昧和不加反思,甚至与"传统文化""国民性"等同。事实上,无论是哪个时代哪个民族,不卫生的习惯都是不值得遵从的,但是习惯并不是一种"刚性结构"。① 比如随地吐痰、随地扔烟头这种行为并不是习惯导致,而是公共管理者与公共管理机构并未告知行动主体"痰该往哪里吐""烟头该往哪里扔"。这是一个管理学的问题,而不是习惯和文化的问题。常识显然不等于习惯或习俗的知识体系。

总体化假设往往会形成一种制度化、理想化的定规知识、观念系统和关系系统,同时规定人们必须要按某种方式、规范或评价体系行事。个体在不得已而顺从总体化假设刚性原则的同时,往往会陷入难以自洽的矛盾境地。例如,宗教徒就是从类型化系统的教义、信仰和行为准则出发指导自己的生活。宗教徒的解释体系,是一种类型化的信念,在总体意义上构建社会世界和自我。这种构建是基于想象的,不仅可以评价个体,也可以评价历史;这种评价是基于类型的想象,而不是基于事实。大多数情况下,宗教徒的行动并不具有合理性,但是宗教徒仍然会以想象的方式赋予其合理性,因此宗教在某种程度上会成为个体反常识行动的合理化解释框架。然而,宗教理想型并不是建立在常识方法论基础之上的,因此所有想象性的"理想型"仍会坍塌。这也是为什么很多宗教徒都有"即使执行了所有教规、翻阅了所有经典,似乎读懂了所有奥义,一旦面对社会现实,依然觉得无力抵抗"感觉的原因。唯有在常识的秩序下,理想型才能被保全,也唯有回到常识秩序它才能获得救赎,缺乏常识秩序的理想型是无力

---

① 〔法〕帕特里克·瓦蒂尔:《社会学的知识》,王赟译,上海人民出版社,2022,第107页。

的。再比如，资本主义也是一种类型化的概念，它指向的是一种脱离常识的社会状态，一种概念化、理性化、符号化的社会。但资本主义又是一种理解社会世界的方法，而不是一种现存的社会类型。既然不是社会类型，那么它也并不存在对立的类型。

总的来说，类型化社会学的自然框架和社会框架都注定失败。自然框架用以识别事件或事物的属性，方便人的阐释和理解，但同时也意味着它视所有事物"自然如是"，好像没有任何机制作为原因或目标参与其中，即它没有任何推动力、指向和前提。社会框架也是一样，只是让事件变得容易理解并吻合某种基于规范或社会评价的框架想象。比如，人们通常将事件归因为受某种意愿、目标、动机的推动，在此前提下，人们才会做出顺应、逢迎、威胁等有指向的行为，继而形成诸如理智、荣誉、效率、经济、安全、优雅、分寸、品位等框架价值。社会框架追求正当性，希望合于资质与道德，如某种恰当的感受、正确的人格、健全的成年品质、给定的身份认同等。为了维系整体上的持续掌控、对阻断社会行动的因素保持警觉，社会框架得以存在并通过特定的方式进行调整，确保不被非预期的方式所更改。但是，社会框架只是方便观察者理解和阐释社会，实际上主体并不会按照社会框架行动。例如爱情，既不具有自然框架的属性，不是自然而然、没有主客观条件的事物，也不是无意愿、无动机、无关道德价值的"自然如是"，它也不具有社会框架的属性与实存性。爱情只是为了识别某种关系而生成的一种理想化类型标签，将其视为一种实存性的事物注定会带来悲剧。自然框架和社会框架都是貌似客观的反常识，表演型政治、表演型家庭、表演型感情、表演型学术等往往伴随而生；它们具备一切框架元素却唯独没有"感觉"，而身处其中的行动者都心知肚明，只是不再宣之于众。

传统的历史学和社会学研究喜欢按照总体类型化的方法来书写历史和社会，人们不认为它们可信，而是认为它们"可有可无"——反正与自己无关。但是类型化社会学的理想型，是一种虚构的、想象性的理想投射，它失去了对相互交织的场知过程的考察，绝大多数情况下会忽略行动者这一场域变量的真实动机和真实意愿，以及个体活动的具体场景和场域。同时，它也会忽略行动主体在整体场域中的感知能力和知晓能力，然而行动者并不是彻头彻尾愚蠢的白痴或无足轻重的稻草人。

事实上，在自然框架和社会框架之外，还存在第三种框架，即常识框架。常识不等于知识之集合，也不等于群俗性的心理或定规知识。常识是在场域中形成的，由意义预先构建的，内化于身体感知的，在与日常生活相关联的、持续的、自成的行动和日常富有创见的事件中实存而稳定的一种策略系统。只有在适应场域、阐释所经历之事的过程中，才能意识到常识的存在。对于常识框架来说，基于自然框架和社会框架的总体化假设只是参考背景，而不是实质性存在；总体化假设只有在场中的方向性行动和方向性感知中才能存在并发挥作用，在场中的所处位置不同，所有总体化假设的概念都将不同。①

常识框架有三个假设。第一个假设是，不存在人性与环境，只存在具体的场。类型化社会学通常强调行动主体的个性，将行为原因归结为自然框架和社会框架所构成的环境。但是在常识框架看来，个性是不存在的，个性并不是"个体如是"，个性不是客观存在的，也不是由环境决定的，而是由场支配的。"中国哲学传统习惯于在人的社会伦理规范中去思考人，西方哲学，特别是文艺复兴之后的西方哲学，往往是通过建立一个抽象的个体人概念去思考人和世界"②。第二个假设是，日常事件不等于"寻常事实"，常识不等于习惯，也不等于常俗（profane）。在常识框架看来，习惯、常俗只是一种外在的社会表现，而不是内在的事实、秩序和规则。第三个假设是，常识框架通常会考虑行动者之间、行动者与场之间到底发生了什么，它是场的内观；现代化社会的核心问题不是某种道德、某种信仰的缺席，而是常识的缺席。

常识社会学通常面临两个问题。第一个问题是阐释过度，变成类型社会学。这是因为，外在的社会表现本身未必承载过多的意义，而是停留在学者们的理想类型想象之中，生活于日常世界之中的个体却会直觉地感知

---

① 〔法〕帕特里克·瓦蒂尔：《社会学的知识》，王赟译，上海人民出版社，2022，第120页。
② 〔法〕帕特里克·瓦蒂尔：《社会学的知识》，王赟译，上海人民出版社，2022，中文版导读。

到理想类型是一种子虚乌有的过度和夸大，学者们的类型化解释往往无法应用于日常世界。第二个问题是阐释不足，即对理想类型的想象或虚构太多，而对于日常世界的常识的解读太少或无从解释，使社会理论最终变成一种无法阐释机制和无法描述感受的、落后愚昧的"宿命论"，这时社会学将被简化为"庸俗类型社会学"。① 例如，庸俗类型社会学的解释体系往往指向金钱、性别、社会地位、权力，简单地认为人们将据此而行动，这种庸俗的解释体系不一而足，其虽具有表面的解释力，但在现实世界场域中，不仅根本不起什么作用，而且会赋予日常世界中的个体一种错误的导向。事实上，庸俗类型社会学是失去对世界的把握力、阐释力和想象力的表现。表面上，人们是依据庸俗类型社会学而行动，但是在真实的日常生活中，人们只会依据常识而行动。换句话说，依据庸俗类型社会学而行动的个体终会走向失败，因权力而行动终将死于权力，因金钱而行动终将死于金钱。

常识社会学植根于日常行动之中，它外在于类型化社会，位于内在的日常生活场域之中，行动主体基于社会角色的互渗、感受维度的评价与理解、在地构建的瞬时交会场景而进行行动的选择。因此，在真正的日常行动层面，国家、家庭、教会等那些宏大的、类型化的社会化形式、社会概念或观念其实是被悬置的；常识是一种蕴含着情感、扮演着某种角色的、生动而清晰的在地性状态，是一个看起来微不足道而很少被重视的日常世界。常识以其自身为目的而存在，齐美尔认为，它是"个体之间最细小的联系，最细致的线索，致力于不间断的重复，它们是所有变得客观和具有独属历史的宏大构型的来源和支撑"②。

值得注意的是，常识社会学并不等于"情感社会学"。日常世界事件冲突中的爱恨情仇、嫉妒、忠实、荣誉、认同等情绪都是由交会场的位置决定的。例如，爱往往是由位置导致的、空间上的一种方向感。情感只是一种描绘性的解释体系，是一种抽象的话语而不具有现实的实存性，因此是阐释力不足和想象力不足的表现，也不具有维持或消解社会联系的实际

---

① 〔法〕帕特里克·瓦蒂尔：《社会学的知识》，王赟译，上海人民出版社，2022，第142页。
② 〔法〕帕特里克·瓦蒂尔：《社会学的知识》，王赟译，上海人民出版社，2022，第157页。

功能。情感只是对某一类情境关联形式的描述，情境可以推导出情感，但是情感不能倒推回情境。如果人们依据情感而行动，最终会发现，失去了情境的情感其实是不存在的。

常识社会学需要警惕的是"将情感视为社会心理学"的观点。情感只能证明心理在某种情境下的适当性，但是无法作为社会学方法论的基础。事实上，大多数情感表达者自己都并不相信所表达出的情感，人们共同遵循的不过是一种心照不宣的"情感表演"，进而形成一种"表演型社会"。表演型社会中的行动准则，表面看上去是爱情、信任、责任、义务等普遍的定义，而不是个人的旨趣，但实际上往往会形成"以爱之名""以信任之名""以忠诚之名"的情感、道德或类型表演。类型化社会学的各种想象性理论则进一步推进了表演型社会的理智化、理性化和制式化，形成了一种用玄虚图景来阐明和解释社会行动的类型程式，爱情、信任等概念就是一种典型的、玄虚的、想象的类型话语体系。表演型社会中的行动主体知道他自己在和表演型话语体系打交道，也或多或少地知道这种表演体系的类型和样式，因此，此时行动者的表述与日常生活的常识体系存在相当大的距离。行动主体难道没有能力去客观地描述常识吗？很可能确实没有。常识话语体系的崩塌，让人们无论是在词典还是在民俗中都无法找到准确描述常识的概念和词语体系，常识变得难以言说。事实上，我们无法从人们的语言表述体系中找到解决问题的答案，唯有结合情境，以及跟行动有关的所有紧要因素，才能回归常识。类型化社会学的问题在于，它将词语、情境和行动同步取缔了。如同一个人无法言说不是因为被割去舌头，也不是因为不识字，而是将他放到了一个完全陌生的异域语言环境中。

类型化社会学的话语体系和解释体系从本质上说是一种脱离日常世界的断裂认识论，是一种科学诉求和道德评价的混合物，这种混合物借助于类型化的知识而被人们广为接受，进而发展为各种"行动的陷阱"。实际上，这些基于外部性理论的、对个体和行动的类型化解释，不仅在实践中并不存在，而且与日常世界存在维度的差异，主流社会学却始终在这条道路上推进。布尔迪厄曾在《解放报》（Liberation）上发表文章对这种类型化的断裂哲学进行批判，认为它对"日常思想、关于常识和关涉人的科学的常俗人类学的思想之间造成断裂，这种人为割裂日常经验的观念只是一种贫穷版的贵族主义"。① 布尔迪厄认为，类型化社会学是一种脱离日常世界的"外部性理论"，是一种幼稚的实在论，它只关注存在的物质条件，而忽略所有无法证明和无法触碰得到的常识，是一种简化论的客观主义。

比如说，情感之所以在大多数情况下都无法被人真实地相信，就是因为它不具有实存性。如"兔死狐悲"，对于狐狸来说，并不存在"悲伤"这种情感，存在的只是对"唇亡齿寒"情境的涉身性体验。情感概念像致幻剂一样上瘾，容易让人失去判断和行动力，又远离和远隔日常生活。与情感概念相对立的是"经验概念"，即织就日常社会之网的那些经验。虽然情感是不存在的，但是情境中的体验和经验感是实际存在的。常识社会学意味着需要用经验概念替换情感概念，并从那些与常识相近的概念中寻求支持，忠实、认同、信任、虔信、追随、服从等相近的概念，是理解常识的场景坐标。当然，用经验概念替换情感概念往往意味着冷血、无情，或某种信誉的丧失。

常识是一种使社会生活得以可能的、使得日常行动吻合场知秩序的技能或能力，是一种使得日常生活得以维系的真正作用力，如同特种部队所训练的那种技能或能力。常识作为社会化过程的一个独特维度，是作为一个相互关系而自主孕育的，这种相互关系并不是超个体的组织，同样它也不能被简化成个体的欲望、利益或需求，更不是建立在动机和个体能动性之上的反应。常识是人类这个"心理—生物—物理"综合存在体的黏合剂，它以在地情境为前提，关乎在地情境中的空间位置、序位设置、距离处置、方向感受，行动个体们在众多的情境关系中去感受和把握彼此间的影响和关系。如网民们通过明星夫妻的下意识动作，就能判断明星夫妻的和谐程度；通过官员与学者座谈的坐姿就能感知政治生态。网民们依据的都是常识。

在常识维度中，任何一个个体都无法在理论抽象上去认识一个他者、构建一个社会。相反，个体只能在社会化的、具体化的情境和过程中将抽象化、理论化的个体进行分解，而对他人的把握也只能在分解了的和具体

---

① 〔法〕帕特里克·瓦蒂尔：《社会学的知识》，王赟译，上海人民出版社，2022，第48页。

的内容上才能理解。如同介绍恋爱对象，恋爱对象的人格只是一个理论抽象，对这个人的认知需要经由事件，也就是"事上见"。所以，不存在一种理论抽象的人格，同理，也不存在一种理论抽象的社会。抽象的人格并不先于人们的相遇而存在，相反，人格是由具体的情境和相互的互动在地性构建出来的。例如，在罪犯的孩子眼中，罪犯可能也是一个慈父，这不是人格决定的，而是不同的情境使然。战争中的敌对双方，在敌方立场下是恶魔，在自己的阵营中却是英雄。

常识是一种明显被忽视的日常世界的联系形式，在"如何才能使社会得以运行""如何使社会得以存续"的历史逻辑进程中扮演着重要角色。我们借助常识自生的连续性让社会存续，让自我蛰存。因此，为了理解真正的社会现实，我们必须理解社会现象背后的系统因素、结构因素和情境因素，否则社会将不复存在。换言之，如果常识的维度消失，社会这种独特的人类组织形式也将消失。正如皮尔斯所说的"海岸线"，常识是社会存在的交会，交会是社会规则的创造过程；常识作用于行动并赋予行动以意义，而行动者在本质上遵从的也始终都是系统秩序和常识法则；所谓"情理"，也不过是常识致用方式集合的外推或普遍化。人们之间的行动之所以存在，并不仅仅取决于主观状态或行动本身，而是对应着关系得以发生的那些情境和情景。只有回归常识，将社会学的重心落在常识社会维度，才可以真正避免马克思所说的"物化"或"异化"。

从常识维度出发我们发现，儒家的叙事体系中根本就没有类型化社会学的总体假设，也不存在庸俗类型社会学的功能化解释。儒学不是一种批判社会学，也不仅仅是一种批判态度。儒学研究的是社会行动，是行动被接收、被施行、被改变、被消解或被抛弃的过程，是行动改变人们的态度、观点、行为的方式。总的来说，儒家是一种与外部性理论的重心完全不同的内部性理论。外部性理论在处理社会或行动者的关系时，是基于客观条件、知识等外部性的因果结构。然而，在儒学看来，这些外部性的客观条件以及那些所谓客观的社会化元素，都只是行动者进行常识实践的结果。在所谓客观的社会元素出现之前，常识已经完成了自我呈现和自我构建，而这个"是其所是"的常识部分，恰好是被外部性理论所排除的观察范围。

儒学是日常实践经验的类型化，儒学作为用以指导日常实践世界的常识类型，强调常识对实践主体的作用。一个儒者，从其根本来说，与日常生活世界中的普通人没有区别，他只是对日常实践的生成状态进行了描述，而且这种描述并不是一种外部的观察，而是必须从根本上参与日常实践的过程。一个令人难以置信的事实是，儒学的知识体系长存于日常世界之中，它远没有我们认为的那样深奥；儒学所阐释的常识情境从本质上来说是人人知晓的、人人都在言说的和应用的，这种日用而不知的知识体系，并不追求系统化的表述和"被标签"；儒学恰恰是现代化社会所回避的常识性知识。从本质上来说，儒学并不是一种知识学意义上的知识，儒学的情境是始终处于动态构建、动态商讨之中的，它通过具体人的具体实践行动而改变。但现代社会的问题在于，个体被想象成玩偶，被某种外在的强制力量或施加于行动者之上的力量因果干预，玩偶之间的相互碰撞过程却被忽略。儒学并不关注行动者自身所具有的能力，它只关注行动者之间的"生成过程"。因此，儒学重在对情境和事件的把握，以及行动、情景与价值之间的默会知识的考察。儒学基本不采取概念构型、逻辑构建、理论图示、思想法则的方式对现实进行模仿和表达，因为现实一旦被模拟就会立刻被摧毁。儒学的核心不是对思想图示进行构建，也不是概念的构建，而是用非认知方式，准确地说是用方法论的方式对经验性事实进行统摄。儒学从未试图将隐蔽的常识世界系统化和制度化，事实上，儒学将常识世界进行了场景化，这恰恰是"社会得以可能"的先决条件之一。在儒学看来，人的社会化过程是角色对常识的习得过程。常识是一种原初的人类现实，是一种原初的物理结构，是社会和心理现实得以存在的先决条件。儒学的目标是对日常生活现象的常识逻辑进行内部化考察，如对常识社会的存在条件、意愿性行动及其存在条件，人、家庭、组织等社会表演形式得以存在的先决条件进行内部化考察，而不是寻求社会现实的表象结构。社会互动也不再被定义为相关角色和规则间的相互关系。例如，婚姻不是角色关系、规则关系，婚姻作为一种社会现实结构再怎么探求也没有意义。唯有进入婚姻场景，将其定义在特定的场景之下，操纵婚姻主体的、不可见的常识之力如姿态、行为、举止，以及其所显示出的意义集合，才能呈现出来。但是，类型化社会学始终是儒学的死敌，它始终致力于消解场景并将常识类型化，将某一类的女性类型化为"红颜祸水"、妖女、"狐狸精"，或将某一类的男性类型化为英雄、奸雄、明君或昏君，如此等等。

总而言之，类型化社会学取消了常识的系统法则，窃取了阐释世界的优先权。在表演型社会中，人们按照角色策略来自我呈现，而这些策略基本上都基于外部性理论，而不是日常生活中的实践。儒学作为一种常识社会学形式，其实早就指明了这种表演型社会学潜在的"表里不一"："表"是基于类型社会学的表演，"里"就是基于日常经验的常识，"表演"是附着在常识这种实际作用力之上的一层伪装和防护。但是儒学承认，个体能够以自我反思的方式知晓被表演型话语体系遮蔽起来的、日常世界中的常识，并在行动主体自我否定的前提下构建常识理性王国。对于儒学来说，揭示式的实践是其行动的核心特征，儒学从不去看所有人都去看的东西，而只是致力于去揭示日常世界中被隐藏和遮蔽的系统法则，呈现常识在情境中所生成的、真正令人心生畏惧的巨大效力，使表演行动背后运行的真正作用力显化出来。

2. 非主客观的场性逻辑

常识世界并不是一个所谓的主观的或客观的事实世界，但传统社会学往往习惯于二元分析结构，如"意识的—无意识的""显性的—隐性的""理念的—旨趣的""表象的—结构的"。[①] 事实上，常识是在二元结构之外的，它超越了"客观主义与主观主义对立"这一悖论。举例来说，"英语中的 smell 一词，既可指示主观感受，如我闻到玫瑰的芳香，又可指示事物的属性，如玫瑰的芳香。气味是生成的；气味不在植物中，也不在主观中"[②]。常识如同气味，既不是主观的理性，也不是客观的真实，它只能产生于闻的过程。以赌徒为例，赌徒根据自己的主观判断调整其赌法是不

---

① 〔法〕帕特里克·瓦蒂尔：《社会学的知识》，王赟译，上海人民出版社，2022，第 17 页。
② 张晓梅：《托马斯·里德的常识哲学研究》，上海人民出版社，2007，第 27 页。

可靠的，因为赢的客观可能性与想赢的主观动机、主观需要、主观希望之间没有关联。常识同理，它并不依靠预测，以及根据概率计算所进行的严格的科学推算。常识只服从于系统性的实践。

首先，遵循常识不等于客观主义，常识不是客观的知识，也不是固定、僵化的知识。客观主义理论通常将关于社会的知识对象化并视为现实事物，并且将日常世界的行动实践视为像木偶、傀儡一样的演出，同时将所有的相互作用都归结为象征性交换。这实际上是以客观之名，排除了所有日常实践问题，并与作为原初经验的常识决裂。客观主义使用科学观察分子、原子、电子一样的视角，去考察社会的各种组织元素，然而日常世界中的行动个体并不是像机械一样的被动存在，客观主义方法论往往以科学的名义和以科学的方式否定常识，在帕特里克·瓦蒂尔看来，这实际上是客观主义与常识主义之间的一场"争夺关于实践优先权的战役"[①]。帕特里克·瓦蒂尔认为，日常世界的"个体们则是用来自常识的知识去构建了我们所研究的那个世界"，"在客观主义理论中，认识只流于反对日常认识，而日常认识的建立，则总是以包含旨趣、自动且神秘的方式来实现的"[②]。真正的客观性，存在于主体和对象实践关系的本质中，它是一种位置关系，即主体只是一个位置，而不是行动主体的病理学特征。因此，常识具有物理科学的特征，它指向的是一种彻底客观的物理逻辑；它与所有价值无关，也不属于自然主义的成见，却是绝对理性的。

举例来说，社会制度也是一种特殊的客观化存在，它是人类集体历史中的一种客观结构。但是，独立地分析社会结构并没有意义，社会结构总是在与其他社会结构的互动关系中表现出来。如资本主义与封建主义的关系：封建主义并非资本主义的对立面，它们只是处在时空情境中的不同位置；资本主义在反对封建主义的同时，也自然成为封建主义的一部分。社会结构的性质是由时空情境中的位置决定的，并不存在稳定、固定的社会结构和社会行动者，只要位置发生变化，社会结构和行动者自然也会发生变化。以在野党和执政党为例，在野党一旦占据了执政的位置，就会自动

---

① 〔法〕帕特里克·瓦蒂尔：《社会学的知识》，王赟译，上海人民出版社，2022，第17页。
② 〔法〕帕特里克·瓦蒂尔：《社会学的知识》，王赟译，上海人民出版社，2022，第22页。

执行该位置所应该履行的职能。因此，纯粹的社会体制、制度，只是一种语言幻象。皇帝要做的事情不是由皇帝的人品、道德决定，而是由皇位这个位子决定的，而且任何一个坐上这个位子的行动者都会做相同性质的事情，即使程度、力度可能有不同，但是关系属性都一样。因此，安德鲁·阿伯特敏锐地指出，在野党的行动原则或结构秩序，在位置转移后立刻就会陷入逻辑困境。①

最为重要的是，社会制度具有调适行为的持久倾向，这种倾向往往通过制度身体化的特殊逻辑施加于行动个体，行为人也通过这种制度身体化的过程，使自己从属于制度客观化的历史。社会制度客观化的问题在于，它使行为人生活在制度之中而不是常识实践之中。在真实的日常生活图景中，只有当制度与常识实践吻合时人们才会遵从制度；当它与常识实践不吻合，人们仍然会选择放弃。制度的生机、活力和效力，在于其对常识实践的解释力。若想使社会制度的客观化意义恢复活力就必须向常识靠拢，只有不断地贴近常识才能使制度摆脱无效和衰竭的状态、使被遗弃于其中的常识逻辑复活，才能实现制度的修正和改变，而这恰恰是制度重新活化的前提条件。

其次，常识也不是主观主义。主观主义社会学习惯于强调自我和人性，但从常识维度来看，作为主观主体的自我并不是一个主权实体或者实在主体，对人的定义不能基于能力和行为。"自我"这个概念的诞生本身就是脱离常识场景的产物，因此，常识并不承认自我的存在，而是强调对基于场景的所有行动条件进行确证和存储。这种确证并非理性化的过程，而是一种默会，它以身体推论的方法无限返回到行动的场景中去。同样，常识并不承认人性，并且认为无论是性本善或性本恶的讨论，还是动物性或社会性的阐释都是一种伪概念。以"趋利避害"这个传统概念为例，我们通常将其视为人性或动物性的本能，将之视为真理，然而趋利避害在常识世界中是不存在的。如果趋利避害是真理，那么就没有人会去参军、参加战争，就不会有见义勇为、"揭竿起义"，也不会有革命志士的抛头颅洒热血。可见，趋利避害并不是人性的本质，甚至连动物性都不是。人性、

---

① 〔美〕安德鲁·阿伯特：《过程社会学》，周忆粟等译，北京师范大学出版社，2021，前言。

人格这种概念并不存在独立的实体或事物，不是生命世界中的实质性存在，更不是人类这个物种的基本特性。安德鲁·阿伯特认为，"'人性'这一术语可能是一种误导性的名物主义便利，即对生活世界中没有的事物贴上标签，或者更极端的是，它可能是一种表演，是一种幻想。"① 事实上，单一的行为体、个人或社会实体都不是独立存在的实物，人的本性也不是简单的社会性、群体性、情感性、行动性或符号性。人性如果具有实在性，就一定是不变的，然而我们发现，所谓的人性总是在变化，并不具有实存性，谈论人性是没有意义的。因此，人性并不存在，存在的只有常识！而且，常识只承认场性，也就是说，人性、人格必须依托关系、情境和关联生态才能存在，其性质随着场域空间中的位置变动而流动不居，人格和人性是时（过去、现在、未来）空（场域、序位、位格）中的位置属性。也就是说，人格、人性是由时空情境中的位置所决定的。

主观主义社会学除了强调自我和人性之外，还将常识实践视为一种与思考、精神、思想相对抗的对象，即一种外物，甚至认为常识实践很有可能形成错误的信仰，只有把精神与物拉开距离才能构建科学的知识。比如，常识经常与骗人的、错误的、无意识的、平庸的、共享的，类似于民间偏方的幻象混同。还比如，人们经常把常识误解为"习以为常"、"习惯"或"愚昧的保守形态"、"愚昧而不够精确的认识"。其实，常识不等于习惯，不等于布迪厄所说的惯习，也不是某种意图。常识有所意指但是没有表意意图，它不会参与客观化的历史，不会考虑他人的意向，也不会参考他人的意图。事实上，常识与主观主义的意图毫不相干。

主观主义往往是一种意识道德主义，是一种基于想象或幻觉的人格主义。比如，项飙强调，"道德不应该像帽子一样戴在我们头上，罩在我们生活中，今天的道德必须把帽子从头上摘下来，放在我们手上，我们要去观察它。如果一顶帽子戴在头上，我们是看不到它的，我们可以意识到它的存在，但不知道帽子是什么形状什么颜色，不知道道德从哪里来，糊里糊涂跟着它走，是盲目地跟从。如果要让别人去尊重这样的道德，那就是

---

① 〔美〕安德鲁·阿伯特：《过程社会学》，周忆粟等译，北京师范大学出版社，2021，第22、23页。

不道德；对道德一定要作实证观察和分析"。① 主观性的选择只对一些人有效，常识性的选择却对所有人有效。常识是一种独立于主观的前提条件，是一种构成性、生成性、交会性的"领会知性"。虽然每个主体的选择都是主观的，但这并不影响行动主体以常识性为潜在的行动准则。常识是日常世界的内在性，它会内化为基于身体化倾向的"常识感"，即行动主体对一个场的与生俱来的归属感。主观性选择只是暂时的，但是常识性的选择却会在交会场中各种元素的充分博弈之后成为永恒。任何时代、文化和社会对人类的行为都会有道德判断，没有哪一种人类社会不存在善恶区分。善恶区分当然重要，但是更重要的是对善恶所产生的具体境况的分析，不同的情境会有不同的判断。但是，我们往往缺乏对具体情境的分析，而仅从外部物质世界提供的信息来形成认知。善恶如同森林，虽然我们确信它真实地存在于那里，但是遥远地想象森林、到森林中实地考察的感受，与生存在其间的先祖对森林的感知，在范围、深度甚至内容上都会有所差异。

总的来说，常识之所以能够跳出主客观的二元对立，是因为它是日常世界交会场形成之前的"前逻辑"，是场空间结构的产物，是场空间中的世界获得主观意义和客观存在理由的前提。而场的逻辑结构具有基于物理的客观性，由基于方向或倾向的常识原则所组成。

小说和影视剧总是力求成为现实世界的镜子，但它往往捕捉不到常识，其本质是基于主观主义的局外人的观察和注视，因此经常将情节割裂为一系列的瞬时镜头、力图凸显意图和行为的因果联系。"失去常识逻辑"已经成为当下小说和影视剧的硬伤，充斥着莫名其妙的爱情、仇恨和荒谬的因果结构。观众能感觉到真实是因为虚构作品与常识逻辑吻合，但是现代文化越来越偏离常识逻辑，无论是影视剧还是现实社会中的婚姻、合作、交易等，都充满了明晰的规则、严格的界限、切割的空间和时间等人为的构成设计，最后演化成一种脱离真实常识社会的赝像。现代化社会的核心逻辑，其实就是与常识社会的脱离。

---

① 项飙、吴琦：《把自己作为方法：与项飙谈话》，上海文艺出版社，2020，第 51 页。

3. 非科学化的日常逻辑

社会和社会学是两个截然不同的范畴，社会通常位于常识一方，社会学则位于科学一方。科学社会学的研究者们总是醉心于开发各种行动者闻所未闻的机制、策略、认知框架等，[①] 用自然科学范式的科学知识或自然法则来替代常识。所谓自然法则，就是将社会行动视为一种独特的物质和能量，或者将其视为一种独立的、不可避免的现实力量或刚性法则，自然法则就是该力量作用于事物、指导社会现实的行动方式。事实上，宗教对上帝的理解，往往就是出自对自然法则的敬畏，其将上帝视为行动者，进而遮蔽日常世界的复杂性，而科学社会学对自然科学性的错误理解的天真之处就在于它认为自然科学与上帝一样，是人世的创造者和主宰者。[②] 科学社会学往往习惯于用看似科学的自然界的概念牵强附会地类比社会，如研究五花八门的动物界现象，然后将其套用在人类身上。

与此同时，科学社会学常将常识贬低为"成见""迷信""共同知识""本土知识""错误的意识""没有科学依据的观点""自我蒙骗的幻象"。由于常识在日常生活过程中的呈现缺乏评价方法，社会学没有能力对常识的感受体系进行科学的表述，所以其无法提供科学价值，因而人们往往将常识、日常经验和日常直觉排除在科学社会学的研究体系之外，这导致了通向日常认识的途径被封闭。

常识之所以无法科学化，是因为它是日常世界中成员们的自然获知，也是一种基于主体间性的社会性觉察。常识无法从间接经验中习得，但是能够以间接经验为参照，这唯有亲身经历才能心知肚明。比如，中国民间传统往往通过一个女人的穿着打扮和行为举止来判断其具不具备做妻子的品德、预判娶了她之后会发生什么结果。但是，常识具有隐蔽性，即使基于常识的直觉告诉你这是一个水性杨花的女人，但是你却不能跟这个女人直说。因为一切都未发生，你所能选择的只能是远离。

---

① 〔法〕帕特里克·瓦蒂尔：《社会学的知识》，王赟译，上海人民出版社，2022，中文版导读。

② 〔法〕帕特里克·瓦蒂尔：《社会学的知识》，王赟译，上海人民出版社，2022，第 54 页。

常识与日常生活中的主体场知有着巨大的关系。不吻合常识秩序的关系场，往往呈现出一种"黏稠"的场知，但在表面上、形式上却无法找到易于辨认的问题所在，例如，人在关系场中感觉到无所适从、无能为力或身心疲惫，其直接原因却不明确。反常识的关系场会导致场域关系秩序的凝滞，场中个体的身体直觉会进行预警。比如觉察到无话可说、行动空间非常狭小、感觉被很多只眼睛密切审视、一举一动似乎都没有一丁点自由空间、下意识地战战兢兢或如履薄冰，这些直觉性的不适体验，往往都是场内常识秩序紊乱的表征，或是反常识秩序的典型症状。①

常识是一种前理论的知识，是一个有其自身法则的"王国"，它并不是科学社会学的学术领域，也不是科学知识所对应的范畴。常识并不具备社会化的形式，甚至对于日常世界的常识体系来说，我们通常了解的科学知识反倒是异识体系。对于常识来说，科学知识与日常世界图景之间的关系是断裂的，各种塑造社会的艺术、风格和方式越来越脱离日常，这正是现代性的核心问题所在。

常识是散布在日常世界生活场景中的隐蔽结构，它是日常场景、情境中的一些关键性的变化。常识认知具有涉身性和在场性，唯有进入场域之中才能对关键性因素和行为进行理解、阐释、解释和言说。事实上，科学社会学既无权决定常识认知是否存在，也无权决定常识认知是不是应该保留在社会学的研究范畴之内，更无法回避日常世界场景实存的某些主题。因为无论社会学家们如何分配，人们还是依据常识认知去理解和阐释社会，除非通过这种支持相互行动和阐释的认识，否则社会不可能存在。常识认知是一种内隐的事实的状态，是生活的底层逻辑规则和底层经验，也是处在所有行动背后的那一个基底规程。我们不去拷问常识认知的生成背景而只是去使用它，它就像心理分析师所说的潜意识，只是在这里它是社会的。② 因此，常识实际上是所有社会实践的合法性基础。

当然，常识与科学也并不是完全二元对立的，常识不注重知识的结果，而是注重认识过程、策略过程及其效果；常识作为一种对外在事物的

---

① 武志红：《巨婴国》，浙江人民出版社，2016，第118页。
② 〔法〕帕特里克·瓦蒂尔：《社会学的知识》，王赟译，上海人民出版社，2022，第12页。

认识，极大地偏重认识策略、认识效果两个方面。与此类似，科学也恰好着重描述这两个方面。[①]　因此，常识作为一种实践理性其实也是科学的。常识并不代表某种保守的意识形态，它虽然是一种默会知识，但是同样具有共享性；虽然只能意会不能言传，但是也属于一种以社会本能的方式存在的特殊技能。

常识是一个自我构建的、整体性的次级宇宙，但是科学社会学的曲解容易使这种构建解体。常识是一种基于实践理性的生命哲学，它能够使日常关系从传统的科学话语体系中解放。基于常人和常识的实践行动本身就具有科学性，社会现实的片段是由常识的交锋而被创造的，也是实践互动的结果。

（三）常识方法论的实践维度

总的来说，反常识社会学延续了笛卡尔哲学的基础逻辑，即用类比的方法"寻找心灵世界与物理世界的对应关系"[②]，用物理世界的概念、术语和原则来解释心灵活动。与此同时，反省或内观将心灵物化、对象化，使之成为一种物化的、外在的研究对象。这种心灵物化现象在佛学、禅宗、道学中尤为严重。康德将笛卡尔逻辑称为"思辨的知性"，而将常识定义为那些未经过哲学反思的"通常的人类知性"[③]。"常识"显然与心灵、意识无关，它是"那些未经哲学思辨检验，但在日用平常中被普遍接受、且行之有效的基本原则"[④]，是"百姓日用而不知"的元逻辑。常识不等于一些基本的礼貌规范和行为。比如说，音乐是接近于常识的一种类型，所有的人类文化中都包含音乐，而非人类物种都没有。音乐具有常识倾向。音

---

①　〔法〕帕特里克·瓦蒂尔：《社会学的知识》，王赟译，上海人民出版社，2022，中文版导读。

②　张晓梅：《托马斯·里德的常识哲学研究》，上海人民出版社，2007，第20~21页。

③　李明辉：《康德论"通常的人类知性"：兼与杜维明先生的"体知"说相比较》，载陈少明主编《体知与人文学》，华夏出版社，2008，第216、217页。

④　张晓梅：《托马斯·里德的常识哲学研究》，上海人民出版社，2007，第23页。

乐的器乐、交响、韵律往往能激发某种关系情境、关系结构，以及与之对应的情感反应的想象。音乐是有关常识的小说和故事。常识可以视为社会戏剧的脚本，它是一种隐形的日常世界规范，在一定程度上约束着人的行为表现，人们在大多数情况下都会潜意识地需要遵循脚本，尤其是"当人们在模棱两可的情境下不知道该如何表现的时候，可能会回想起一些叙事并将自己代入他们听说过的某个角色，就好像在演一场自己以前看过的戏剧"①。脚本并不遵循效用最大化的原则，而是遵循安全性原则。

里德认为："这些原初而自然的判断是自然赋予人类理性能力的一部分。……它们的作用是在我们的理性能力无能为力的地方指导我们的日常生活。它们是我们的构造的一部分；理性的全部发现都建立在其上。它们构成了我们所说的'人类常识'；如果我们本性错乱以致与它们严重偏离，就是所谓的'疯癫'；如果某人甘愿被形而上学的论辩说服、不再接受常识原则，我们就说这是'形而上学的疯癫'，与其他类的精神错乱不同，它不能持续，而是间歇性的：它一般在病人独处沉思时发作；然而一旦他走入社会，常识就恢复了权威。"② 而对抗常识的反常识哲学注定是没有希望的，"哲学，对抗常识的目的何在？（常识）对物质世界的确信比任何哲学原理更古老、也更具权威。如果理性对这一桎梏心怀怨恨，也只能忍气吞声，她无法将它甩开，如果她不愿做常识的仆人，就只能做奴隶"③。

常识是一种基于方法论的本体论，这种本体论的方法论属性体现在先决性、场域性、历史性三个方面。

1. 常识方法论的先决性

常识的先决性体现在它隐藏于人类的日常经验、表达和理解的相互关系之中，不是无自我的无知，相反它是具身化的本体性存在。它是人类所有经验中最基础性的活动，是行动者最小化、最基本的原初行为，是社会存在的本体条件，是一种对日常世界的预理解。从这个维度上来说，"在

---

① 〔美〕罗伯特·希勒：《叙事经济学》，陆殷莉译，中信出版社，2020，第37页。
② 张晓梅：《托马斯·里德的常识哲学研究》，上海人民出版社，2007，第24~25页。
③ 张晓梅：《托马斯·里德的常识哲学研究》，上海人民出版社，2007，第25页。

不同的文化之下，人最终是相似的"①。常识是人类故事背后的隐形结构，不同时代和个人生活的故事里，虽然名字和环境因故事和民族而异，但某些基本的故事结构反复被人使用，这种故事背后的公式其实就是常识结构。比如在中国的民间故事中，只有具有常识性的规则、组织、秩序和结构的叙事才会激活整体意义构建过程。故事只是"借物之名"而已，故事叙事才是常识的隐喻，常识则是故事中有可能并不会提及的关系机制、行动法则或交往系统秩序。现代科学证明，人类的大脑会意识到故事结构与人生境遇的关联性，并对那些常识结构做出独特的反应，因此故事并非仅仅具有娱乐价值。人们在睡眠时，梦仍然以叙事的方式呈现，虽然角色、背景、事件与现实情境都不一样，但是其关系结构和感受结构是一致的，基于常识性的关系元素会自发地进行虚构性连接。因此，人们才会普遍觉得虽然梦中的故事情境并不真实但又感受至深，这恰恰就是隐藏在人类交往叙事中的、能被身体感受觉察到的常识结构。常识意味着它是穿越国家、民族、地域、文化的全人类的普遍感受结构，它存在于人类社会交往行动场域的每一个缝隙，既没有东方与西方的区别，也没有古代与现代的区别。

　　正是因为存在常识这种先决条件，个体之间才能相互体会。如果用心观察日常生活，人们会发现，在很多个体的交互行动中都存在一种普遍的心照不宣的现象，即人们在各种伪装和掩饰之下依然能够揣测出彼此的意图和动机，进而预理解接下来的行动方向和交往结果。这种潜在的体会认知基于常识的先决条件，忽视常识这种自明性的人往往是掩耳盗铃。正是因为有作为先决条件的常识的存在，社会生活才是可能的。反之，如果他人的行动无法从常识维度预理解、无法体会认知，那么从逻辑上来说社会生活根本就无法进行自我组织，我们也无法真正地看清另外一个个体，也无法在日常生活中将他人的行为和行动类型化。因此，常识是一种在互动过程中产生的、基于"交往—行动"场性的根本性知识，在不互动的情况下是体验不到这种场性知识的。常识是联系之本质，是一种调节原则，是

---

① 〔法〕帕特里克·瓦蒂尔：《社会学的知识》，王赟译，上海人民出版社，2022，中文版序。

社会中真正的社会性，它是联系之所以发生的第一位置。① 对于大型机构、教会、政治强权、商业团体等组织来说，规则在创立之初是完全无效的，常识才是社会组织形式的造就者，且规则对于已成型组织只具有外在的象征性维系作用。以婚姻为例，关系的建立必然始于常识，而建立关系之后才会有规则的诞生。没有常识的婚姻，或者常识不在场的婚姻是不可想象的。再比如，宗教团体的真正信徒，绝对不会因为规则和秩序这种外部的限定而联系，而是基于某种共同的常识原则。因此，真正主宰人们行动的，是常识这种"无形的教会"。常识是一个隐形的存在者，只有基于对常识的共同休认，交往行动才有可能。而规则作为形式性的约束，从本质上说根本起不到根本性的制约作用。常识是群体习惯之外的东西，在主体间的相互行动中产生，是社会学的根基。

因此，社会学如果想恢复日常世界的基本面貌、基本秩序和基本事实，不能以具体的人、国家、地域文化为参照，而应该以常识性的构建方式为参照。在这一构建方式中，社会成员以"分寸、斟酌和某种保证"②等方式在彼此的关系、相遇和互动中接近并实现着常识。虽然这些常识因素与诸如忠诚、荣誉、尊严等传统社会学的观念体系有着若隐若现的联系，但是这并不意味着常识属于传统社会学的观念体系。相反，这些传统社会学的观念恰恰是社会为了自我维持而从"日常世界的常识池"中所汲取的元素，其目的是为了获取社会成员的常识想象、盗用常识逻辑的符号表征，但这与常识的本体相去甚远。

以"信任"这个人类社会的永恒问题为例，传统社会学纠结的往往是人和人性究竟是否值得相信，常识社会学的题域中根本就不会将人和人性作为需要考虑的因素，而只关注日常世界中特定的交往互动场域。场域是一个常识空间，常识既可以构建绝对的信任，也可以构建普遍化的不信任。因此，信任与信仰的极端情境往往出自人们依托常识的判断和确信，信任和信仰只服从和忠实于常识。比如，传统社会学通常认为中国传统社会是一个"熟人社会""人情社会"，而真实的现实情况则是，人们并不相

---

① 〔法〕帕特里克·瓦蒂尔：《社会学的知识》，王赟译，上海人民出版社，2022，第155页。

② 〔法〕帕特里克·瓦蒂尔：《社会学的知识》，王赟译，上海人民出版社，2022，中文版序。

信熟人，甚至人们也根本不相信人情。在中国儒家社会中，人们与他人的关系并非基于亲熟而是相信常识。相信"熟人社会""人情社会"这种外部社会学话语的人，对熟人和人情充满预期，但是也注定要承担"不可预测"、"非预期"、"非意愿"甚至"反常识"的风险，这种信任只是一种形式上的表演。所谓的社会磨炼和成长也恰恰指的是从相信熟人和人情，到逐渐回归和确信常识理性。总的来说，中国传统社会并不是一个基于人情的熟人社会，反倒更像一个基于常识的"贵人社会"。也就是说，只有当你回归、确认并相信常识的时候，贵人也就应运而生了。与"贵人社会"对应的是"小人社会"。在中国儒学的阐释体系中，小人往往都是反常识的。正所谓"事出反常必有妖，人若反常必有刀，言不由衷定有鬼"。

传统社会学研究以人作为本体性的具体参照物，儒学则始终以常识为本体。比如，中国儒学传统讲究"事上见"，唯有在具体事件的运行过程中，常识的逻辑本体才浮现出来。儒学对常识的确信甚至超越了很多超验性信仰对于上帝和神的确信。常识社会学并不关心任何一种信仰的内容，也不关注任何信仰体系中相信的到底是什么，更从来不去证明或证实任何东西。常识处在识与不识的结合点上，是识与不识的分水岭；是系统场性精神的客观形式，是社会得以运行的先决条件；是社会中的"社会性"，是那些促使行动个体相互交会、暧昧交织、无限生成的社会性能量和社会性冲动。这种具有先决性的社会性体现为"分寸""度""审慎"等常识性法则和常识性逻辑。常识性的些许变化都会引起场域中位置、位格、位势的变化，以及博弈格局的改变。

在现代社会的博弈场域中，常识存在四种模型。第一种是"你有常识并且尊重常识，我也有常识并尊重常识"，此时常识在场，我们依从常识进行沟通，这就是礼仪、教养和文明所追求的境界。第二种是"我有常识并且尊重常识，但是你没有并且不尊重常识"，此时一方依从的是常识，而另一方依从的却是习惯，双方的沟通只能降维至非常识层面进行；这时常识被遮蔽，取而代之的是虚假的礼貌、客气和套路。第三种是"双方都有常识，但是都装作不知道常识的存在"，这是一个计谋、诡计、圈套的世界。第四种是"双方都没有常识，而是遵从着习惯、习俗的惯性"，这就是"想象中的传统",传统中的很多习惯和习俗往往并不吻合常识,它只是非常识或反常识沟通情景下诞生并流传的一些恶习,可能是荒诞的、失智的。虽然第四种模型中的很多方面都违背常识逻辑,但涉身其中的人碍于传统的压力不得不服从反常识场域的宰制。

2. 常识方法论的场域性

常识的场域性体现在它是一种基于场景的阐释社会学(interpretative sociology)。首先,常识社会学并不等于人文科学中的"自然科学模式",如道家的养生理论、佛家的宇宙理论等。事实上,道家和佛家的自然主义也常被认为是幻象和错误的来源。① 但常识也不是客观主义的社会事实、群体表达、社会化形式或社会行动,它是一种过渡,是一类独特的现象、知识类型和阐释模态。常识是存在于日常世界交往行动场域中的实体性存在,是一种发生在基于知识的理解之前的基于场性的"预理解",是一种关于交往行动场域内部的原则和经验结构,是一种场性精神的客观形式。常识与很多传统社会学的概念并不属于同一维度,比如惯习、信任、道德、义务、动机、冲动等。传统社会学致力于从社会外部归纳和总结一些基于形式的、简化概括的、平均化的、类型化、普遍化的结构或假设,但是外在的社会形式和组织往往以符号化构建,日常世界内在的逻辑和结构则是通过常识构建的,因此外部社会学的天真的客观主义恰恰是文化社会悲剧性的根源。

与外部社会学比较而言,常识并没有可以直接看到的形式,它是存在于日常世界交往行动场域中的潜在逻辑模型或潜在结构,是"自己对其并不所知的意义集合""无意间传递的东西",是在实践场中形成的共同的行动智慧。脱离场域关系结构的行动者对于场域中发生的事件并不具有反思能力,但是涉身于场域的关系结构之中,行动者则会自然知晓场域中相关个体综合行动的意图、目的、情感和态度。因此,常识既不是猜测也不是预测;在交往行动场域中占主导地位的不是行动者,而是基于场性逻辑的关系结构,个体的行动是由场性逻辑和场域关系结构导致的。如果说常识

---

① 〔法〕帕特里克·瓦蒂尔:《社会学的知识》,王赟译,上海人民出版社,2022,导言。

是场性逻辑和场域关系结构的客观化和结晶化，那么社会组织和社会现实则是常识的客体化和对象化。

以姿态为例，涉身于交往行动场域中的个体可以通过对方的姿态对整体的意义进行把握。姿态是一种唯有涉身于场域之中才能觉察到的情势，虽然不能解释也不具有明确指向，却能左右场内行动个体的意向，行动个体也能根据直觉进行体认。人们往往通过揣摩来学习常识，例如女性经常跟闺蜜探讨"男性为什么会这样"，男人则从母亲处了解女性某些行为的成因。常识并不具有群俗的心理普遍性，相反，它是在特殊的场景空间下所形成的大小、先后、上下、强弱、远近等涉身感受，进而作为主体在场域中的行动依据。而这种常识性结构，并不是"以习惯方式所知的它本来应该怎样进行的样子来进行的"①，通常并不属于社会学的研究范畴。

以情感社会学为例，一场蓄谋已久的情感骗局，在其开始前根本无法被判断，因为做局者的设计处处吻合社会的惯有认知，入局者无从质疑，唯有在二人关系结构展开的过程中入局者才会自然觉察。爱情这个概念是一个外在性的话语外壳，而常识是内在性的，它提示人们爱情这一话语框架不仅对个人有风险，而且给现代社会情感关系造成了巨大的风险。比如，"二婚"的关系结构不会生成情感因素，这是场域关系结构导致的，与道德、人品根本没有任何关系，因此中国民间俗语中才会说"宁娶寡妇，不娶生妻"。这是基于常识的实践经验而非猜测或预测，这些真实的日常常识被排斥在主流社会学之外，唯有经历过"二婚"的人才会感同身受。正如女人的欺骗、谎言、掩饰和秘密不需要通过进入婚姻来证实一样，人们只需要尊重和服从场域系统的常识，常识逻辑会不证自明地揭示一切，也会向当事人敞开一切。当然必须要指明的是，常识不等于道德律令，事实上诸如感激、忠实、荣誉、认同、赠予和回馈等都是反常识的道德表演，而常识则拒绝证明、言说和评价。如果深入考察儒学关于中国家庭婚姻规则的设计，其实不难发现，儒学的婚姻观往往是基于常识维度对婚姻中个体的最大保护。唯有履行过"明媒正娶""八抬大轿""聘礼"等吻合常识的严格仪式，这段婚姻才能在家庭中得到尊重。没有流程、仪

---

① 〔法〕帕特里克·瓦蒂尔：《社会学的知识》，王赟译，上海人民出版社，2022，中文版序。

式的现代自由婚姻观，则往往意味着日后婚姻生活中的权益不会得到尊重和保障。

总的来说，儒学就是一种典型的阐释社会学，儒学对日常世界的话语体系是揭示式的而非论说式的，它通过形式化和演绎的方法对日常世界的常识进行揭示。虽然儒学并不追求真实性也不追求可证实的结果，但它在实践中被认为适当的那些方法，是可以被轻易觉察到和体会到的。儒学通过赋予场景和关系结构常识性，进入了社会构建的永恒场域。因此儒学不是社会学知识而是日常世界交往场域内部的社会性知识，不是独立于社会之外或凌驾于社会之上的学问，而是话语和行动进行生产和再生产的核心。儒学是一种常识法则，这种常识法则与话语和行动中需要被把握的场性规则是一致的。儒学的构建是对常识的把握，是日常行为的普遍化。[①]

因此，常识实在论既不是哲学实在论，也不是像"共情投射说"那样的情感实在论。在常识实在论的假定中，行动者的经验没有中介而是自然获得，这种经验虽非另一个行动者经验的翻版，但会产生同样的结果。虽然常识拥有类似自然科学领域中"原因""功能"的地位，但它对应着一个不可简化的整体，是无法被自我认识的；我无法描述常识，其他人也是一样。常识是这样一种存在，它以自身为目的，意味着实存，也意味着功能。常识是人类交往的独特现象，就像看和听、思想和感受一样；它类似普通意义上的"客观性"，像"空间""时间"一样，它是超验的基础。因此，社会生活或社会这个概念只有建立在对常识的分析之上才是可能的。同时，常识与物质对象是不同的，常识具有非条件性和坚定性，任何基于物质层面的特定表述都不能触及它；但常识又具有物质确证性，是独立于我们的某种物，是以其自身为目的的某物。以自身为目的的常识，不会阻碍我们形成关于历史和社会的表述，是一种最深层次的图象。

事实上，个体性之所以能够实现，是因为个体性和常识性并存于社会行动中；正是通过洞察常识，我们才理解"我们之所以成为我们"的原因。无论是在本体论还是在伦理论上，社会都不能被拆分成个体，唯有基于个体常识的相互行动才使其可能。从这个意义上说，常识是一种"内部

---

① 〔法〕帕特里克·瓦蒂尔：《社会学的知识》，王赟译，上海人民出版社，2022，导言。

性理解"，是理解的可能性条件，个体正是通过常识来建立起对社会现实的认识，常识使社会得以可能。

儒学的方法论是通过"境况"中的"我"进行外推，即自我推证的常识法则。总之儒学认为，理解只能建立在主体间性的普遍化过程之上，唯有讨论来自日常实践的常识感受，我们才能触碰到生存和生命的核心。

3. 常识方法论的历史性

在人类历史的时空中，变化是事物的常态，不变的即是常识。常识能自我存续、代代传承，是一种基于体验和阐释的存在形式，正如杜甫诗中所言"尔曹身与名俱灭，不废江河万古流"。这也意味着，人类所看到、感受到、想象到、体验到和经验到的事实，跟历史社会学所描述的不一样。基于外部社会学的历史研究往往将基于生物学、人格、经济、文化、冲突的社会结构视为独立的实体，以时期、政权、国家、民族的分期来描述历史，这种分期方法容易忽视记忆的深度，忽略人类社会常识体系的连续性和社会关系的准确性。事实上，任何一个特定时期、特殊政权的个体或群体，都活在相同的常识结构内。简言之，常识才是历史的中心，是连接过去、现在和未来的无形的本体，而诸如组织、团体、政府、国家等外在的社会结构并没有真实的连续性，它们不是持久的事物而是常识的派生产物，社会结构的形成实际上依赖常识。人们必须借由常识的历史性来建立过去、现在和未来之间的强健联系，如此才使得我们能够认识人类社会的底层逻辑。

常识并不是某种经验性描述，不是我们通常所理解的"传统的再生产"，也不是某种规范性观念或正当程序，更不是对以往社会生活的记忆、记录和阐释。常识的载体不是外在的社会结构，而是基于日常生活阐释系统的，具有实质性、实在性、过程性、结构性的事件。常识以某种永恒的、具有较高颗粒度的编码方式，将自身编入过去、现在和未来，并且不断地进行自我复制，过去的每时每刻都被编码到常识的系统中。因此，事件是塑造历史的唯一场所，是社会演化的真正元结构。事件包含情境、身体记忆、场识、位置关系等变量，所有这些变量都构成了常识结构的一部分，继而外化成社会和文化行动中的各种力量，以及各种形式的社会性因果关系，并且成为能够传承的谱系。历史真正的实体只有事件，其本质是常识的沉淀，而各种社会组织或机构只是定义事件的位置。例如，国家只是社会场域中的一个位置，并不是一个真正意义上的实体，它并没有大小、层级、力量之分，而只有位置之分。

儒家道统始终把常识视为历史中的本体，实际上，儒家并不强调伟大君王的品质或行动，也不关注个体或某一类型群体的天赋奇迹。例如，在儒学看来，圣贤的非凡力量来源于常识逻辑，而不是被神化的天道，在特定的历史时空情境中，掌握了常识逻辑的个体或组织往往能最终获得特定场域中的特定位置。常识塑造了英雄以及历史，而英雄和历史只能臣服于常识，常识是决定大多数历史进程的核心力量。不仅如此，个体和群体所积累的常识经验会随着时间流逝向宗族、社会组织和民间传递，最终形成一股左右社会结构和形式的无形的力量。在人类历史的各个时期，这股无形的力量都极易被忽视，但中国儒学却是人类社会哲学体系中少有的关注常识、以常识为本体的哲学体系。它很少关注个人、社会实体、文化结构、冲突模式这些社会外在表现，而是关注这些事物形成、展开、消解，甚至博弈过程本身。因此，儒学的世界其实是一个"事件的世界""过程的世界"，它研究的始终都是常识的基本逻辑和基本规律。美国芝加哥大学社会学教授安德鲁·阿伯特（Andrew Abbott）在《过程社会学》中提出了以"常识""事件""事系"为本体的过程论，"社会世界并不像经济学家所认为的那样由原子般的单位组成，它们间的相互作用遵循各种规则。社会世界不由塑造和决定个体小生命的宏大社会实体组成，社会世界也不由给定单位之间的冲突组成。社会世界同样不由决定和塑造我们感知的象征性结构组成"，"社会世界中的一切事物从一个瞬间到下一个瞬间都处于不断地形成、重制和消解自身，及其他事物的过程中"。①

常识作为一种永恒的、不变的、无形的力量，存在于情境、事件和流动的事系中，个体和社会实体是在情境、事件和事系的场域空间中通过对话、交会而动态形成的。这种基于场域的对话与交会跨越时间，如果不进

① 〔美〕安德鲁·阿伯特：《过程社会学》，周忆粟等译，北京师范大学出版社，2021，前言。

入情境、事件和事系，个体根本无法意识到常识的存在。外部社会学往往试图将过去、现在和未来捆绑在一些特定的社会事物、结构和形式上，必然会遮蔽常识。社会外在形式只是对常识的模拟和表达，一旦固化为形式，就会偏离常识的本体属性。与此同时，外部社会学往往使用基于因果效应的道德框架来判断当前事物，其关注事物的应然，将社会行动理解为道德活动，而常识社会学往往使用基于场域效应的常识框架来判断当下情境，关注的是当前事件的必然。事实上，所有的因果效应都只能通过事件发挥作用，脱离事件的道德活动是不存在的。中国儒学体系向来只承认常识框架，而基本忽视或否定道德框架的存在。

常识的历史性具有三重意义。第一重意义是"身体感知连续性"，这指的不是身体的疾病记忆、营养记录、基因遗传、身体免疫系统特征、行为使用或误用的记录等传统医学研究范畴，而是在情境、事件、事系的关系模型中所形成的身体感知记忆。一个不得不承认的事实是，身体感知记忆大多不会被精准地记录在任何的社会结构或学科体系之中，"成员不断更迭，规则和实践来来去去，即使是或多或少建立在生物共性或共同生物历史上的社会结构，性别、亲属结构、治疗各种疾病的游说组织等，也没有见到'常识'那种相对广泛而又集中的生物连续性"①。事实上，绝大多数社会结构不仅没有生物连续性，也没有物理连续性。以恋爱、婚姻关系为例，人类社会历史中有着各种各样的婚姻实践，然而真正能够让婚姻关系保持稳固的，根本不是来自性、卫生、居住、伙食等生物性因素的力量，而是常识的驱动力。这种常识经验并没有写进生物性的身体，而是常存于家庭场域的关系结构之中，只要某种特殊的关系结构重现，生物体的身体感知经验就会被激活。在此需要特别强调的是，将基于常识的婚姻关系提升到国家战略的高度，是实现中国式现代化的一个重要维度。

常识历史性的第二重意义是关系模因性。真正的历史指的并不是建筑、道路、城市、文物古迹等基础设施，也不是自然或人为的环境或物质，更不是人类这个物种的肉体存在史。历史并非储存物质或意识中，

---

① 〔美〕安德鲁·阿伯特：《过程社会学》，周忆粟等译，北京师范大学出版社，2021，第9页。

而是存在于关系里，例如基于各种关系结构的仪式、礼节或各种各样的社会性交往景观等。自我就散落在交往景观之中，并非完全集中于某一个特定的生物位置。一个不太引人注意的事实是，个体的记忆不是储存在个人的头脑中，而是储存在其他人的大脑中，自己做了什么可能会忘记，但是他人会记得特别清楚。在事件、事系的关系交会中，常识会自然浮现，即使头脑中预先没有记忆，也能在关系的交会中觉察到模因的存在。中国儒学的礼是隐秘不宣的，不是外在的礼仪或仪式，而是一种隐蔽的必然结构。在中国式现代化的进程中，重点不是取缔、改变或转化礼的表现形式，而是要激活内隐于形式中的模因结构。

常识历史性的第三重意义是在场情境性。中国史书的特点在于它并不是简单的档案记录，也不是诸如人格、道德、原因等"事实的真相"，而是常识结构的揭示，是关系的真实。例如《史记》《春秋》《左传》等著作，其核心价值不仅在于历史或故事的真实性，而且在于各种情境下常识结构的实在性。唯有感同身受地进入历史的场景、进行具身化的在场模拟，才能感受到历史情境中隐藏的真正的常识结构，这也是"读史可以明智，知古才能鉴今"的道理所在。举例来说，中国传统社会中的乡绅就具有较强的在场情境性，项飙认为，"乡绅很重要的一点就是要把自己那个村的情况摸得很熟，能够形成一个叙述。而且这个叙述是很内在的。什么叫内在呢？就是他能够把多数人活在这个系统里面的味道讲出来，他能够说清楚这个系统是怎么靠里面的人和事叠加出来，而不是靠外在的逻辑推演，所以他用的语言也基本上是在地的语言，是行动者他们自己描述生活的语言"①。乡绅的这种内在性、在地性实际上就是在场情境性。

总的来说，常识历史性的总质量比所有社会结构的总质量都要大，王朝、政体、个体、组织、机构都会被死亡抹去，常识却不能。安德鲁·阿伯特强调，常识积蓄了集合过去、现在和未来的巨大连续性，而且超越了诸如社会分工、技术形式、政治形态等社会力量所能够实现的目标。② 情

---

① 项飙、吴琦：《把自己作为方法：与项飙谈话》，上海文艺出版社，2020，第24、25页。
② 〔美〕安德鲁·阿伯特：《过程社会学》，周忆粟等译，北京师范大学出版社，2021，第11页。

境是一个关于历史连续性、事件过程、常人轨迹、博弈结构的巨大蓄水池，囊括了个体感知和共同的交往经验。这种基于情境性的历史性，在任何时期都是个体、群体以及社会外在形式的核心决定因素，而基于时段性的历史分期方法显然无法捕捉到在情境中形成的系统性的、被编码的、瞬间性的常识经验。这些基于事件过程、常人轨迹、博弈结构的情境的总和，构成了人类社会历史内在的约束体系，使得行动者在历史的任何时刻，无论是过去、现在还是未来，都置于内在的约束之下。因此，常识并不是独立于历史结构体系的外生力量，而是其内部的组成部分。常识往往通过编码的方式在当下植入历史情境，从而影响着当下社会结构的重组。因此，一个最容易被人所忽略的事实是，过去从未真正地消失，因为历史情境中的常识结构是一种共时性结构，它会不断被重新编码到当下的社会结构之中。因果历史观的主张者，常常迷惑于各式大历史结构①的错觉或幻觉，如封建主义、资本主义、现代主义等，他们认为这些大的历史结构都是不断进化迭代的，社会总是从一个时代发展或跃迁到另外一个时代，不同时代的社会结构将完全重置、社会元素将重新排列。然而事实上，在任何一个时期或时代中，不管场域中的元素如何排列组合，场域的总体性都不会变化，元素间的常识关系结构也不会变化。因此，常识是每个时代最主要的社会力量之一，也是社会场域建构的决定性力量，对历史的理解也植根于常识的日常理解之中，进而构建了社会组织化和人际关系的政治构型。② 我们之所以能够理解历史，是因为常识是历史中最根本的"一致性"，是一种先决条件层面的假定。比如说，我们之所以能理解历史中的个体，是因为在常识层面存在根本性的一致，且这种本质上的一致性是普遍的、本体性的。日常理解是历史理解的前提，历史中个体或人物在某种情境中所创造的话语、行动、举止和态度，都将以情境、事件和事系模因的形式代代传递，并且在这个过程中构成历史人物和历史之"所是"。中国文化讲究"见微知著""管中窥豹""一叶知秋"，讲究由部分见整体，

---

① 〔美〕安德鲁·阿伯特：《过程社会学》，周忆粟等译，北京师范大学出版社，2021，第19页。

② 〔法〕帕特里克·瓦蒂尔：《社会学的知识》，王赟译，上海人民出版社，2022，第69页。

其逻辑就在于二者的情境结构一样、情境中的常识反应不变。比如，帝王之家与普通人家的亲子结构并无本质不同，二者亲族关系的常识结构也无本质区别。传统儒学中行动主体和社会之间的关系，与日常生活中行动者和行动场域之间的关系，具有同样的、基于常识性的情境与结构，这是中国儒学最为特殊的部分。进而言之，我们通常认为，由于国家、民族、种族、文化的差距和文明的冲突，我们无法理解异域文化，东方与西方之间存在文化隔阂。而事实上，常识是相同情境下人类共同的情感或情绪反应，是在人类日常生活不可避免的，是世界各民族共通的。这为破除神秘主义语境、进行跨文化或跨文明沟通提供了可能。

（四）常识方法论与儒学实践逻辑

布迪厄在《实践感》一书中指出，为了避免外部社会学的客观主义和主观主义，以及避免成为外部社会学的傀儡，我们必须回到实践中来。人们只有进入实践活动本身，才能摆脱将我们束缚于脱离常识世界的外物桎梏、知识桎梏和意识桎梏。里德诗意地描述："我们根本就不可能想像或形成与观念和印象有种类差别的任何事物的观念。我们纵然尽可能把注意力转移到我们的身外，把我们的想像推移到天际，或是一直到宇宙的尽处，我们实际上一步也超越不出自我之外。"[1] 事实上，里德的"超越不出自我之外"指的就是"超越不出常识之外"，常识以先在、主动和本然的方式存在于日常实践之中，并且直接支配着人类社会的一切行动。但是，知识界对实践这个概念存在一种普遍的误解，即将实践活动简化为一种行为记录，或者服从某些规则的有意识、有目的的程序。而布迪厄则认为，实践实际上是一种身体化产物，是一种潜在行为倾向系统[2]，而存在于日常实践之中的常识则是一种具有空间性的身体倾向系统，它是实践活动和实践表象的生成原则和组织原则，是导致集体性地协调一致，以及系统自

---

① 张晓梅：《托马斯·里德的常识哲学研究》，上海人民出版社，2007，第45页。
② 〔法〕皮埃尔·布迪厄：《实践感》，蒋梓骅译，译林出版社，2012，第74页。

动序化的底层逻辑和先在动力。

常识排除了任何基于主观主义的计算、慎重考虑，同时也拒绝了任何基于客观主义的绝对可能性，它直接取决于当下实践场域的客观可能性，即只有在进入实践场域的时候常识才会起作用。常识世界是在实践关系中形成的，它是一个由方法、步骤、过程所构成的目的已经实现的世界，是一个由工具、制式构成的具有"永久的目的论性质"的对象的世界①。布迪厄认为，"实践感和经客观化的意义的一致所产生的一个基本效果，是生成一个常识世界，该世界具有直接明证性，同时还具有客观性"②。由此可见，常识、实践活动、日常世界三者具有意义上的一致性。日常实践活动是自动的、非主观的、无意识的、直接可知的、可以预见的，甚至这种协调各种实践经验的动力机制的客观性，对于实践者来说也是确凿无疑和不言而喻的。显然，回归常识社会的唯一路径就是回归日常实践。

1. 常识实践的三个维度

日常实践包含三个维度。第一个维度是基于任务情境的场域系统。松散、离散的日常生活活动中通常并不具有实践性，或者说，在这种松散、离散的日常生活活动中，常识是处于遮蔽或蛰伏状态的。使具有先决属性的常识得以苏醒或显化的方式，就是设定具有在场性、临界性的任务。任务情境包含关系场域系统的激活、身体感知系统的整合、习惯性技能身体化的转化三部分，唯有具有这三种属性才是真正的实践，唯有真正的实践才能存储真正的常识，因此实践是常识得以显化的必要条件。常识并不是贬义上的成见、错误认知、圈套或自我反思式的意识，也不是已有正确或错误观点的集合，而是任务情境中实践经验的传递、身体感知系统的磋磨和系统常识程式的重塑。通过实践和实用上的效能，常识可以证明其有效性，假如没有常识的存在，社会生活世界根本无从构建。事实上，常识只能由实践唤醒，也唯有通过基于实践的常识，团体成员才能理解常识。同时，人们对常识的预期，也是任何一种社会存在形式得以成立的必要

---

① 〔法〕皮埃尔·布迪厄：《实践感》，蒋梓骅译，译林出版社，2012，第75页。
② 〔法〕皮埃尔·布迪厄：《实践感》，蒋梓骅译，译林出版社，2012，第82页。

前提。

李泽厚认为，儒学的实践理性源头有一个不容忽视的元素，那就是军事活动。在远古和上古时期，巫作为战争的领导者，集神权、王权、军权于一身。虽然如此，但是战争的胜负并不取决于巫术的高下，而是取决于能否理性地策划和制定战略战术。"只有在战争中，只有在谋划战争、制定战略、判断战局、选择战机、采用战术中，才能把人的这种高度清醒、冷静的理性态度发挥到充分的程度，才能把它的巨大价值最鲜明地表现出来。因为任何情感（喜怒）的干预，任何迷信的观念，任何非理性的主宰，都可以立竿见影地顷刻覆灭，造成不可挽回的严重后果。必须先计而后战，如果凭感情用事，听神灵指挥，可以导致亡国灭族，这是极端危险的。所以《孙子兵法》一开头就说，'兵者，国之大事，死生之地，存亡之道，不可不察也'。孙子还说，'明君贤将所以动而胜人，成功出于众者，先知也。先知者，不可取于鬼神，……必取于人'。"① 只有在战争中，才能对实践理性进行终极检验。

举例来说，特种作战部队的任何模拟训练都无法称为实践，因为任何模拟的团队都离散而脆弱、战术策略都有可能失效、战争理论都有可能变成纸上谈兵。经历过战争生死淬炼的特种部队教官与没有上过战场的学员之间无法产生真正的沟通与互动，因此战争中诞生的实践知识也无法实现真正的共享。当作战任务来临，战队成员一同经历真正的炮火，真正产生同仇敌忾、生死离别的情感，行动主体逐渐抛弃一切理论概念框架设定而真正臣服于战场这个特殊场域的系统法则，只有这时，常识才真正莅临并接管一切。也唯有真正地臣服于战场的常识，让身体经历生与死、血与火、幻想与绝望的反复洗礼与淬炼，才能生成真正的钢铁之师、真正的袍泽情、真正的技战术。因此，唯有在基于具体任务的实践中，才能逐渐生成对常识的体悟，也正是在这个意义上，我们说，常识是特种作战部队真正成立的必要前提。同样的道理，社会学家如果没有实践，他与研究对象之间就没办法产生真正的理解；新闻学院的学生如果没有经历过反面势力的围追堵截，也无法体悟到真正的道义与担当；商学院的学生如果不经历

---

① 李泽厚："说巫史传统"，《由巫到礼 释礼归仁》，人民文学出版社，2022，第41页。

商场的生死考验，也无法真正领会商业真正的逻辑与常识。常识不等于规则，相反，常识相当于娴熟。现代教育是话语式的，而常识教育是实践式的。学院派要求学生学习合理化、明确化的形式模型，不以实践为目的，而是以规范化为目的。而常识的练习是一种基于游戏意识的策略合谋，只有在实践中才能模仿或掌握。反常识的教育关注规则、诀窍、招数，会产生一些逆常识的行为倾向，"比如在橄榄球运动中，训练往往把注意力集中在同伴间相互联系上，而不是优先考虑与对手的、从中能推断出同伴间正确关系的关系"①。如此一来则会导致实战中的不知所措。规则是一种半学术产物，也是实践的障碍，"规则错误地占据了两个基本概念——理论母式和实践母式，理论模型和实践感——的位置"②。项飙指出，在理解和研究世界时，"你一定要带入你个人的经验，否则其他东西都是飘着的。理解世界必须要通过自己的切身体会。今天的一个问题就是知识分子不接地气，不能从非常具体的生存状态出发讲事情，讲的东西都比较无机、缥缈"③。

　　日常实践的第二个维度是通约性。常识是一种基于主体间性的具有实在性的实践经验形式，以实践者之间的通约性假设为基础是它的根本特征之一。通约性包含实践者之间关于观点、态度、行动、立场、关联的可互换性和一致性。可互换性意味着，如果实践者相互交换此时此地的位置，每个实践者都将采用同样的典型方式去理解世界并付诸相同的行动；而一致性意味着，无论是什么样的生理特质、性别特质、种族特质、文化特质，参与实践的人都将采取同样的经验程式去应对场景中可能发生的状况。他们对所发生之事具有同样的立场和判断④，就像特种作战部队一样，每个个体都可以把握同组人员以及其他作战小组的常识关联系统。当然，并不是所有人都能够精准地把握与驾驭常识，但是一旦任务情境启动，实践场域的常识逻辑就会苏醒，这会让实践场域中的每一个个体都能对任务

---

① 〔法〕皮埃尔·布迪厄：《实践感》，蒋梓骅译，译林出版社，2012，第149页。
② 〔法〕皮埃尔·布迪厄：《实践感》，蒋梓骅译，译林出版社，2012，第150页。
③ 项飙、吴琦：《把自己作为方法：与项飙谈话》，上海文艺出版社，2020，第15页。
④ 〔法〕帕特里克·瓦蒂尔：《社会学的知识》，王赟译，上海人民出版社，2022，第100页。

场中的应然与必然进行预期。

通约性常识主义与道德历史主义是完全不同的，基于道德逻辑去理解历史则往往会脱离彼时、彼地、彼此的具体实践情境。但常识主义具有可互换性和一致性，即不管从后世看来是道德的还是不道德的，历史中的场景都是依据彼时彼地的常识逻辑发生的，任何一个具有常识的实践者在彼时彼地的场景中都会采取相同的行动。如曹操的名言"设使天下无有孤，不知当几人称王，几人称帝"，讲的就是这种可互换性。可见，在具体的历史场景中并没有所谓的事实与真相，而只有永恒的常识；历史长河中的具体实践最终都难以脱离常识的主宰与调控，根本不以人的意志或所谓的客观规律为转移。常识系统具有自明性和明证性，它是同一个文化空间或实践场域内个体间关联关系得以建立的前提，不同的文化也只有在常识层面才可以沟通。如果"常识世界主体间经验具有实在性"这一信念被打破，那么文化永不能真正地实现沟通。

日常实践的第三个维度是预期性。在实践场域中，常识看起来就是一件很自然的事情，它不属于任何一种操纵的方式，不是意愿系统。也不是任何精神性的经验，更不是客观存在的经验。相反，常识是一种具有预期性或可能性的图象（icon），它驱使着人们的行动。如此一来，实践场域中的个体中融合了来自不同实践场景的具身经验，并将按预期行动。常识性图象会以一种最终会实现的预言方式，给实践场域中的实践者呈现一个实践地图。① 实践地图的预言本质上是源于对实践场域系统常识法则的洞察和把握，其将常识视为一种即将实现的预测，这种预测反过来也会引导人们的思想、信念、行动和行事方式。因此，常识并不是某种规程，它就是在这种实践场域的循环中被生产出来的。任何一个实践场域的情境中，人们最终只会按照他们所领悟的那部分常识去行动，而不会参照任何看似合理的外在理由，这也是常人方法论理论所强调的核心观点。换句话说，实践场域中个体所采取的任何一种行动，都是与实践者自身自洽的；如果他自身不能实现自洽，最终就不会采取行动，无论这种行动最终是被确认为正确或错误；而实践行动的效果，最终也只取决于其与常识逻辑的匹配

---

① 〔法〕帕特里克·瓦蒂尔：《社会学的知识》，王赟译，上海人民出版社，2022，第119页。

程度。

2. 儒学实践的三个维度

儒学的实践感主要体现在非历史性、情境性、默会性三个维度。首先，儒学与历史学是两个完全不同的范畴，它与民族学、民俗学的浪漫主义绝不可混为一谈。从本质上来说，儒学与历史学意义上的民俗风俗研究截然不同，历史学对儒学研究来说是必要的但不是充分的。"史家是我们所共同拥有的集体记忆的良心。他的责任不仅是呈现已完成之事，也在适当时刻建议可能已存在的其他可能，以及无法认清它所导致的悲惨结果。因此，撰写历史是以人类整体为名所从事的一项政治行为"①，"《孟子》书中记载孔子撰写《春秋》时戒慎恐惧的心情，指出撰史是以自视为先知的威严态度以替后代建立标准的非常之业"②。历史学的本质不是价值判断而是常识判断，只有在常识的时代消逝后，历史的时代才产生，常识通常意味着具有解释力的、对历史境域的超越。儒学的伟大之处在于，它发现了常识世界的奥秘，开拓并加深了我们语言的意义，挖掘了日常生活的深度，它提醒着人们遥远过去与当前经验的密切关联。

儒学实践感的非历史性体现在，儒学的阐释系统往往具有复杂的拓扑性结构，这种阐释系统的特征不是一种作为中介的理解，而是基于常识逻辑的无中介的体悟。儒学与外部社会学是截然相反的，外部性理论是一种基于因果模型的历史解释，它必然在各种概括性的概念或合理化的解释框架之外，探求社会现实的合理化。文史学家的知识储备往往源于历史研究传统的馈赠以及遗留下来的概念体系，他们通过这种概念体系进行阐释，但是往往不去考虑所有历史概念体系中的非历史性前提。其实这些概念并不在社会对象和实践场域之中，而在我们的思维逻辑框架之中。换句话说，外部性理论是思维逻辑的结果，而不是社会现实以及实践场域本身；它引发了我们对社会整体的想象，但因为缺乏现实实践的支撑，貌似合理却又让人感觉不对劲。这就好比晚会上的小品剧情，导演的思维逻辑框架

---

① 杜维明：《灵根再植：八十年代儒学反思》，北京大学出版社，2016，第64页。
② 杜维明：《灵根再植：八十年代儒学反思》，北京大学出版社，2016，第64页。

使舞台情节合理化，但现实实践场域中可能并不存在这种逻辑，舞台剧情中只剩下了漂浮的概念泡沫，因此观众观看时感觉不知所云。项飙认为，"从认识论，方法论上讲，如果太讲历史，可能会把一些矛盾给解释没了，所以有的时候强化一些片段，其实能够更加激发我们的思考；很长的历史确实能够解释现在这个矛盾是怎么出现的，但这种解释不一定能够引导人形成新的思考，或者进入这个矛盾，有时候更局限地、话剧式地去切入，不太关注长期的历史性解释，反而会让矛盾剧烈化，可能有助于我的思考"①。

历史主义是一种以人为主体的、机械论的意识形态批判模式，它强调社会人或社会组织的形式和范畴，但是忽略了常识作为社会人和社会组织先决条件的必要性。常识的核心旨趣不是行动或社会活动，而是作为社会存在的本体条件和先决条件，使得社会变为可能。常识的真实性在于，它具有某种包含生命的、功能的、构建的东西，而不是像胶卷底片上的人的影像那样，只作为机械产物存在。儒学的实践情境时空中，关注的并非事实和背景，而是图象、节奏和过程，如"郑和下西洋也是一样，中国到东非去，不是一个抽象的中国和东非，那些船必须开过很多沿岸，一步一步开过来，一定要看整个物理性的过程"②。对于儒学来说，没有绝对的事实，也不存在社会圈层的独特代码和独特功能。不同的社会圈层虽然具有不同的系统和表现形式，但是其互动过程和心理过程并无不同，任何一个个体都并非活在某一个独立的系统中。比如，一个皇帝，除了活在政治系统中，他同时也是家庭中的父亲和丈夫。

以传统诗歌为例，除了词和词之间连接结构的美感、语句的节奏或韵律，儒家诗人最关注的其实是情境、场景、图象的生成。对诗歌的评价标准，要么是打动人心，要么是无动于衷或反应冷淡。中国传统诗歌的核心特征是全息的情境性，它涵盖了人与人的关系、人与自然的关系、人与日常世界的关系等诸多整体性的互动场域。唐诗宋词不仅是一种经典的文学或艺术形式，而且开创了一种非时间性、非历史性的理解世界与阐释世界的方式。儒学传承的问题在于，我们虽然记住了唐诗宋词的符号体系，却

---

① 项飙、吴琦：《把自己作为方法：与项飙谈话》，上海文艺出版社，2020，第 86 页。
② 项飙、吴琦：《把自己作为方法：与项飙谈话》，上海文艺出版社，2020，第 117 页。

清空了其背后的关系体系。在历史主义的认知框架下，任何阐释或理解都与行动或事件的发起者无关，也与行动或事件背后的实践结构无关。这就好比，我们去欣赏李白的"桃花潭水三千尺，不及汪伦送我情""岑夫子，丹丘生。将进酒，杯莫停"，而完全不再顾及李白与汪伦之间，李白与岑夫子、丹丘生之间的关系结构或交往情境。历史主义可能会关注创作者的目的、认识、意图和意愿，而儒学对这些则不感兴趣。这如同心理咨询师与心理病人的关系，心理病人的表述对于心理咨询师来说是不足以采信的。比如关于"讨厌"这个概念的意涵，它不仅仅是一种情感或情绪的表达，一种附加的、外在的合理化分析，也不仅仅是关于某种感受的知识、涉及某种具体的历史背景。相反，它是一种超历史的知识、非时间性的知识，它是实践场域中的客观存在。"搞一个连贯性的历史叙述，是传统历史学家的做法。但是要进入历史的话，一定要从现在跳进去，抓住现在的矛盾，从这个矛盾出发，追溯到以前的矛盾，才能进入历史，形成历史观。"[①]

儒家从日常世界的内在维度出发理解艺术，而历史主义的评价标准可能还包含主题、意义、时代价值等概念框架[②]。历史主义认为艺术依附于其产生的时代，简单地将艺术视为历史产物，而忽略了一个现实——我们不仅可以在不同的时代被艺术打动，而且可以从日常世界的维度去阐释和理解它。历史主义理解体系的问题在于，它将社会视为思维的对象化产物，"在满足了逻辑的、美学的和物质的恰当性之后，给出的答案还是不可通约的，且我们也无法在各标准之间指出谁更具有优先性。不同的横截面和不同取向的看法各有其合理性，按照我们今天的说法，这些或许回应了不同的认识旨趣"[③]。历史主义分析的是历史的条件、制约和结果，但不关注前提，这种阐释注定会循环无果。事实上，在常识结构之下，历史的前提已然知晓其本质及发展路径，这在任何一个历史时期，对于每一个民众都是不言而喻、不证自明的。历史主义的儒学研究往往将儒学视为哲学史内部的一个阶段、一个类型，或者作为一种暂时性的内容和存在，这对

---

① 项飙、吴琦：《把自己作为方法：与项飙谈话》，上海文艺出版社，2020，第87页。

② 〔法〕帕特里克·瓦蒂尔：《社会学的知识》，王赟译，上海人民出版社，2022，第70页。

③ 〔法〕帕特里克·瓦蒂尔：《社会学的知识》，王赟译，上海人民出版社，2022，第71页。

儒学的传承几乎是摧毁性的。儒学的阐释体系与历史理解体系是两个完全不同的维度，当儒学被历史化的时候，儒学的阐释体系也就同步被消解或封印了。

儒学的阐释模型具有非历史性、不包含时间维度。与历史阐释模型不同的是，儒学阐释模型整合了对日常世界整体中常识结构的一般性理解。这种理解是针对实践场域中行动模型的关联要素而言的，且该关联要素并不寓于社会对象之中，在非实践场域几乎很难捕捉到其踪迹。儒学致力于发现实践场域中各种物理性、功能性的拓扑关联，并将其应用于每一个普通个体，儒学的本体即把握常识世界的多维度结构。常识这种非时间性、非历史性的知识类型，被西美尔当作历史理解和历史阐释的基本条件之一。① 显然，从这个意义上来说，儒学不仅没有落后于现代哲学，反而很可能是位于现代哲学之上、更高级维度的哲学。

其次，儒学实践具有情境性。儒学是用行动来表述，而不是通过表述来行动。在非儒家的外部性理论观察者看来，儒家的行动可能是自相矛盾的，但是在儒家来说其行动是自洽的。这从行动的角度上看并不矛盾，但是从逻辑的角度来看，则有可能是模糊的。之所以会产生这种现象，是因为外部性的观察者往往会将自己从场景中放逐，以期运用纯粹的逻辑展开描述。儒家并不追求逻辑的清晰度，而是追求行动在实践场域中的适当性，所以其行动看似十分模糊。儒学不是为了表述而表述，而是致力于把握实践场域中各种不同子范畴之间的度，致力于对被广为知晓的现象进行理解和更深的挖掘，致力于从行动者身上剥离所知，从而揭示被隐藏和未知的常识。这个过程中，儒学追求的是实践者行动场景的颗粒度、细化和相对化。因为只有实践关系结构、实践情境是可以被理解、被感知和被体验到的。

常识世界是"一套关于生活于其中、在场和行动着的人的意义和适当性结构。他们会通过来自日常现实的一系列与常识相关的构建过程来对这个世界进行预选择和预阐释"②，这套结构决定着行动，定义了行动目标以

① 〔法〕帕特里克·瓦蒂尔：《社会学的知识》，王赟译，上海人民出版社，2022，第69页。
② 〔法〕帕特里克·瓦蒂尔：《社会学的知识》，王赟译，上海人民出版社，2022，第122页。

及实现目标的手段。因此，常识世界是一种在地性的场域，一种实践任务下的场景。常识场域的构建源于实践任务，只有在任务启动的情况下，常识系统才会启动。常识世界绝对不只是简单的背景，而具有实在性，这种实在性会为那些进入情境系统的人和纠缠于系统中的人赋权。只有进入情境系统，行动者才能够理解并把握住场域中的常识，再将其转化为经验，人们在情境系统中体验到的常识以及对常识的解读并非幻象。而意义不是一种自然性的存在，不是其"所是"而是情境系统实践的产物。

常识与情境有关。常识意味着进入情境、对情境系统进行观察，意味着承认情境场域系统的存在，意味着承认情境系统中的常识法则作用于个体。而反常识通常意味着脱离情境进行思考、只分析结果，意味着取消对情境系统的整体考察。在情境中，个体行动选择的界面是无法被看到的，这种纯粹的个体体验无法被外人所知。这种纯粹的个体体验恰恰就是常识，它并不需要可视后再被分享，只要进入情境，个体就能对情境的整体信息了然于心。但是这种"了然"不是基于心理的投射或共情，也无法进行类型化索引，唯有进入现场，才能捕捉到那种体验界面，而脱离现场是无法捕捉到的，如同侦探破案一般。如此，战争的指挥官不会在意战场观察家说什么，临床操刀的医生不会在意医学专家说什么，心理咨询师不会在意哲学家说什么，婚姻中的人更不会期望婚恋专家解决什么具体问题。生活中，电影导演就是依据常识和情境的相互依存性，直觉地将常识定为特殊言谈举止风格的生成原则。因此，一个优秀的电影导演首先应该是一个常识专家，他对常识拥有超强的洞察力、感悟力与转化力，能在常识与诱发情境之间建立关系，从而创造出观众所期待的实践活动。这可以是完全即兴的表演，也可以来自优秀演员的互相激发，即相互创造常识情境之条件。同样，作为实践者的儒者来说，根本不会在意哲学家或社会学家所宣讲的理论。在实践者看来，知识社会学中的主观主义和客观主义往往都是天真的。

事实上，儒学的大多数经典典籍，其叙事模式都是基于情境而不是概念推演的，任何一种理念、观念的合理性都存在于情境之中。《论语》中充满大量的故事情境和交会场景，那些看似概念性的理念，都是安置在情境之中的。因此，传统文化意义上的"经"指的不是完美的修辞，而是场景以及场景中的所有结构关系。在儒学的传承过程中，场景被剥离而只剩下修辞，现代文化研究者更是将儒学视为简单的文学修辞，比谁说的"更漂亮"。但我们发现，现代修辞并不对应任何场景，而仅仅是以概念阐释概念、以修辞解释修辞，这陷入了一个死循环，现代性的大门就这样关闭了。与儒学相类似的是，宗教的概念体系也脱离了日常生活的情境，以至于宗教学在概念上、在自我想象的维度是自洽的，但是在常识面前脆弱得不堪一击。宗教理想型往往依托可能性来表达或构建想象，这脱离了具体情境下的具体行动关系来进行基于因果模型的形式推论。无论如何，儒学的根基是被安置于实践情境之中的，它不是类型化、概念性、修辞性的知识。

儒学只关注实践关系结构，不关注当事人的意愿或意图，也不关注特异性或普遍性的意义或原因，更不存在刚性的观念或知性的决定论。儒学的阐释体系可以实现自我理解，它从不将行动归结为特定的原因和动机，也不依据"方式—目的"框架分析社会对象进而得出观念性的结果。儒学只说明社会的常识性核心特征，它研究的始终是日常世界的先决条件。从基于常识的先决条件出发，儒学的阐释体系往往以特定事件、实践秩序和常识规则作为共同的客观参照框架，这种日常世界的内在理解，对结果也没有固定的限制。举例来说，工程师关注的是机器产品的功能，而儒学关注的是机械系统的运转过程；儒学是日常世界的工程师，社会形式如同机器，而机械系统则相当于背后的结构；机械工程师只关注结果，而儒学工程师关注的是参与性的行动。因而，儒学是一种关于社会世界的预理解系统，是一种日常常识场景呈现的拓扑网络，是一种关于社会表现和表演形式的现象学。儒学不是绝对的真理，但它是绝对的实体和实存，因为它具有常识属性，社会生活才变得可能。因此，儒学实际上弥补了认识论上的断裂，它将公众对社会形式的外部理解模型转变为内部的常识模型，项飙将这种常识模型定义为主体间性的理解型学术。"什么叫'理解的学术'，不一定要把对方的心理机制像心理分析师一样写出来，主要就是位置的问题，把他在这个社会的位置讲清楚，把他所处的关系、所处的小世界描述清楚，大家自然就理解了。在这个意义上，理解就是主体间性。理解确实要建立在了解的基础上，了解就是实证调查。要真的懂你，聊一聊是不够的，因为我不知道你从哪里来的这些感觉，所以一样要知道你的世界；理解了之后，就知道更大的世界怎么构造出来，才能够解释一些问题；我比较排斥诠释，诠释是自己有点想象性，要给材料赋予意义，我觉得实证研究里比较重要的是理解和解释。"①

在儒学看来，人类的情感感受本质上都源于一种普遍的、特定的情境结构。比如，爱、恨并不是一类具体的主体所拥有的情感，在反儒学的情境中人更像是一个玩偶，我们想象性地赋予玩偶一些技能或能力，然后去理解玩偶的情感。而儒学的路径恰好是相反的，它不去理解具体的人，而是直接去阐释诸如"公平""正义"等概念的结构关系。儒学认为，任何一种情感的背后都是一种由事件联系起来的、充满常识韵律的生命实践历程，其具有强烈的身体感受，而情感无非是这种基于常识结构的身体感受的转化和客观化。从日常世界的本质来看，人并不能真正地相互理解，除非他们经历过相同的实践情境。所以，人类社会的精神内容实际上取决于生命经历与生命情境，因此，经历与情境的形式决定了生命历程可被自我理解的方式。"'深刻'是多重的主体间性，和调查对象之间，和其他人、和权力的关系，也是一个网状的生态，要把自己放在知识生产的体系里，才有这种深刻性。深刻不能靠推演出来，它是生态性、多样性的，必须要靠浸透。"② 从这个意义上说，"人本原则"是一个虚无的假设，生命哲学的前提实则是常识哲学，只有基于常识的生命才能被相互理解。常识都会关联着某些特定的情境，但是西方现代哲学的问题在于，当我们阐释某个特定的情境时，往往会借助类似忠实、平等、正义等概念，这使阐释脱离了情境。常识是存在于情境之中的先置性的知识，是一种不依靠时间而存在的天然状态，也是日常实践世界的独特韵律，只有在情境结构中，其才能得以自我实现，并以相互间的作用力进行自我构建。除了实践，对日常生命世界的理解别无可能。

---

① 项飙、吴琦：《把自己作为方法：与项飙谈话》，上海文艺出版社，2020，第 126 页。
② 项飙、吴琦：《把自己作为方法：与项飙谈话》，上海文艺出版社，2020，第 131 页。

最后，儒学实践感的默会性。总的来说，世界分为两种，一种是科学的世界，由外部性理论所主导。相对来说，佛道思想都更接近于自然科学的解释模型，而儒学致力于对外部世界解魅，这与自然科学有着严格的区别。另一种世界则是常识的世界，这是一个由默会知识所构成的诗性的世界，它不是科学世界的反面，而是科学世界的补充。"就像砖石一样，所有的科学的、逻辑的、理性的宏大建筑都建立在它们之上，但宏大建筑既不能无砖石而建成，也不能反砖石而建成。"① 吉登斯认为，"我们不能简单地认为对于常识的信仰仅仅是对有效或真实描绘社会生活的障碍，它本身就是日常行动和语言的有机组成部分，因为除了去知道行动者以默会方式所知的那些并做出推论之外，我们完全没办法去描述社会行动。"② 大多数社会理论、知识理论的视角都是从社会世界外部往内部看的抽象视角，然而儒学关注的是社会现实的日常形成机制。在儒学看来，社会世界既不由因果机制产生，也不由道德判断和价值产生，而是常识机制的自然显现。常识是每一个行动者都具有的默会知识，这种默会源于实践情境。也就是说，在进入实践情境之前，常识是实践者并不具备的知识，但是一旦进入实践情境就会自然知晓，实践互动的当事人对于互动系统、实践情境及默会知识总是知晓得更多。常识是有关社会世界的前科学，是一种根本性的主体间的感觉分析而不是知识分析。在日常生活世界中，个体通常只能以一种常识的视角去理解另一个个体，如此则势必涉及对预先假设和先决条件的追溯。人和人之间、他者与自我之间的理解只能通过常识，否则，人们就会抵御所有的分解和分析性表述。如此一来，我们应该认识到，社会学家只是构建了一个傀儡，来服从于他们的对世界和行动的阐释。

事实上，日常实践世界中的常识阐释方式，与科学的理性化阐释方式并没有根本或基本的差异，否则就无法把握实践对象。事实上，个体具有自反能动性，并非完全意义上的傀儡。常识是日常琐事迷宫中的一种自发思维和自我指引能力，一种面对实践情境的"身处于"的能力③，一种身

---

① 〔法〕帕特里克·瓦蒂尔：《社会学的知识》，王赟译，上海人民出版社，2022，第81页。
② 〔法〕帕特里克·瓦蒂尔：《社会学的知识》，王赟译，上海人民出版社，2022，第81页。
③ 〔法〕帕特里克·瓦蒂尔：《社会学的知识》，王赟译，上海人民出版社，2022，第141页。

处于世界之中而自洽的能力。个体未必能够从因果关系上把握和阐释其所面对的命运情境，但是却能够整体地洞察情境的常识逻辑。但是因为没有可以依据的阐释体系，个体只能默会地接受而并不试图将命运情境置于理性批判之下，最终放弃对意识添加阐释、评价和规范的尝试和努力，有的时候甚至会被贴上"任命""宿命论"的标签。其实，这些都是阐释匮乏所强行标记的词语，我们经常会听到"大势已去"的慨叹，这就是一种知晓所有元素位置排列而难以改变，只能接受又无从阐释的情境。这种自反能动性，通常也被说成是"心照不宣"。不宣，是因为没有必要，但是个体会自发调整行动策略，比如"干就完了"，或者"丢掉幻想，准备战斗"。

外部社会学将个体视为与科层组织、社会运动没有区别的社会实体，而儒学并不关注社会中的独立主体，也不关注独立行动者，它始终关注的都是实践事件、实践场域中不同因素的相互限定和两种情境之间的运转。实践场域是一个互动的综合体，它没有绝对必要的条件，每个实践主体都占据着自己的位置，受实践对象的影响并对其施加作用。实践场域由持续流动的实践事件组成，实践事件不是一种自然状态的本体论，而是一种包含日常世界中永恒结构、永恒经验和适用规则的过程主义，且这些假设在现实中都将必然发生。因此，儒学的秩序观念其实是一种常识秩序，它将个体之间的秩序与社会之间的秩序视为纯粹的逻辑问题，秩序的起源不是实际的社会外在制度，而是只有在实践事件中才会显现出来的基于常识的自然状态。社会形式是由永远处于过程之中的实践时刻所组成的，这些时刻都是局部的，在空间和时间意义上都属于现在。每一个实践场景都是行动和事件的局部结合，它将当前的偶然性结合成一种新的关系和结构，并成为下一个时刻的约束和动力，每一个实践时刻的下一步位置都是它现在位置的函数，也是下一个实践时刻的常识模因。如此一来，儒学要求我们要重新思考社会分析单位、个体和社会结构的本性。

在儒家世界里，实践时刻、实践位置、实践事件、实践过程和传承才是历史的中心，秩序和无序都体现在实践事件的流动中。对于儒学来说，社会世界本质上是实践事件的世界，个体、机构、规则和政府组织都在通过实践事件而不断演化。实践经验与社会经验是两个完全不同的维度，社会经验可以进行组织化，而实践经验则不能；社会经验可以在公共领域中流通，而实践经验却更多地属于私人领域。虽然实践经验也在公共领域中传承，但却属于相对隐蔽、在检验和体会后才能纳入私人经验的范畴。实践经验不是一种社会化的现实，而是基于常识的、对社会过程中所有社会化的经验位置具身论证，公共领域社会经验的合理性和合乎程序性，最终也只能通过实践经验的检验才能被明确定义。因此，未被以常识为基础的实践经验检验的社会秩序，注定会在形式主义中瓦解，更高维度的现代化秩序必然是在实践与社会经验的平衡中协同运作的、更吻合日常世界常识的秩序。

3. "礼"的现代性实践逻辑

礼是儒学常识实践的外在表现形式。西周时期的礼乐文明，是中国儒家的历史渊源和儒学生命的土壤，这种礼乐文化的内在动力就是儒学常识的制度化。作为现实社会中文化传统的重要载体，不仅儒家将礼视为自己的领地，佛教和道教也将其视为最重要的人间道场。服务于丧礼的佛教水陆道场和道教黄箓，从 10 世纪开始就与儒家分庭抗礼。① 在这种礼乐文化传统中，有三种形式的礼占据了中国家庭和社会中的突出地位，即婚礼、丧礼和祭祖礼，它们不仅具有形式感的意义，更成为中国传统生活的重要组成部分和黏合剂。

祭祖礼在中国人一生诸多的礼仪中占据最重要的地位。祖先崇拜是中国儒学的核心传统，无论中国家庭信奉何种宗教，祭祖礼总是一以贯之。在祭祖仪式中，宗祠是家族的精神和能量中心，祭祀对象是作为祖先系统的天、地、君、亲、师——"亲"包括了作为血缘祖先的六代宗亲，"师"则通常被认定为以孔子为代表的历代儒家圣贤。祭祖仪式的传承是家族领导成员的法定义务，因为祭祖不仅定义了中国的道德伦理规范，也为中国人的一生提供特定的"皈依范式"。此外，无论在古代还是现代社会，婚丧礼都占据着重要地位。《礼记·昏义》中说："昏礼者，将合二姓之好，

---

① 〔德〕迪特·库恩：《儒家统治的时代：宋的转型》，李文锋译，中信出版社，2016，第146 页。

上以事宗庙而下以继后世也。"婚礼是中国家庭及其成员进入祖先传承系统的一个重要通道，婚礼仪则包括媒人说媒、递草帖，双方互换庚帖，男方递细帖、送聘礼，女方回礼，占卜良辰吉日等一系列流程。① 德国汉学家库恩认为，"婚丧礼的意义已经超越了个体家庭，它们对中国文化的阐释极其重要，通过这一阐释，人们得以对中国文化产生认同，继而得以沟通古今"②。

礼为何能够贯通古今？礼的本质到底是什么？礼是否束缚了文化、社会和人自身的发展？20 世纪之前，人们既未质疑过礼制规范的正当性与合理性，也没有真正反思这些礼制的机制、逻辑与效用，如今，对现代社会仪式规范中的所作所为更缺乏自省意识。在礼的世界里，中国社会既未前进一步，也未试图重返本源，而是在千年的征途中迷失了。

实际上，礼的实践逻辑存在两个维度。第一个维度是原始神灵崇拜与祭祀的巫术传统。在商朝以前，神灵崇拜与祭祀在政治经济文化生活中占据首位，礼则处于第二位。神灵祭祀传统的特征表现为非凡的礼器、盛大的祭典、连接神灵的祭坛、具有符咒力量的祭祀用语、严谨而苛刻的仪轨、敞开的灵魂状态等。祭祀礼器往往是材质珍稀、雕饰华丽、精美典雅的青铜制品、雕刻制品或玉制礼器。礼仪祭典总体来说就是一个象征着终极和神圣尊严的超越域道场。"商朝利用这些仪式获取祖先和神灵的帮助，而到公元前 9 世纪，使这些仪式准确而优雅地执行变得越来越重要。一旦它们被完美地执行了，某种神秘的东西就会在参加者中间出现，赋予他们将神圣和谐的宣告。"③ 因此，在商朝及以前，祭祖与祭神的传统都源于对超越域的承认、崇拜和仿效，即现世的一切都依赖于神灵的恩赐、英雄和领袖的天赐神力、祖先的加持、先辈中精英人物的引领。"当君王的力量强大之时，大地花朵绽放。如果其力量衰微，则臣民患病，过早死去，庄稼无收，水源枯竭。而且，这种观念也是整体性的。自然界与人类社会不

---

① 〔德〕迪特·库恩：《儒家统治的时代：宋的转型》，李文锋译，中信出版社，2016，第137 页。

② 〔德〕迪特·库恩：《儒家统治的时代：宋的转型》，李文锋译，中信出版社，2016，第137 页。

③ 〔英〕凯伦·阿姆斯特朗：《轴心时代》，孙艳燕等译，海南出版社，2010，第 85、86 页。

可避免地互相关联。"① "如果君王恰当地履行了宗教仪式方面的义务，他所拥有的力量（道德）会使万物'直而温'。""无论大地、海洋、植物、动物、神灵、男人、女人、诸侯还是农民、全都欣欣向荣、意气风发，而且各司其职。这种完美的稳定状态被称为太平。但如果君王出于任何原因没能履行职责，力量衰落，则会出现混乱局面。雨水在不适当的时节降下，毁坏庄稼，太阳和月亮迷了路，造成自食或者地震。于是君王明白，他必须恢复秩序。"② 神灵崇拜与祖先祭祀的巫术传统体现了对超越域的外力依赖，人们设计仪典，证明神灵以及超越域的存在价值。然而，这些基于巫术传统的仪式，以及各种存在物、各种姿态以及种种言词并不从属于礼，礼也不从属于它们。③ 直到现代社会，很多基于巫术传统的民间仪式依然被视为文化传统而延续；当代社会的很多祭祀大典，并没有理论和历史延续上的依据，也不具有礼的内涵与外延，更无法与中华道统、日常世界的实在性和超越域相连。实际上，它们从不属于中国儒家的范例，也不属于礼的范畴，其只会加速道统的脱场和离场，最终沦为幼稚荒唐的笑话。正如阿姆斯特朗所说，"像所有社会一样，这些传统得以发扬更多的是通过尝试和失误，而不是有意识的思考。这些行为模式或许经历了几个世纪的发展，并代代相传"④。

礼乐制度的千年建设过程中，继周公、孔子之后，在中国儒家礼制版图建制中影响力最大的则是朱熹。人们对儒家教化及朱子学的认知往往仅停留在哲学层面，然而其在仪礼方面的顶层设计、应用路径设计的内容，远远超过了哲学所能覆盖的范围。朱熹的《家礼》，以及系统化、制度化了的家礼理论及设计，不仅影响了中国社会的家庭伦理纲常，甚至还影响了朝鲜、日本、泰国、新加坡等国家的伦理规范体系。然而，朱子学在明代以来饱受诟病与批判，其核心原因在于，朱熹在无意识中延续了原始巫术传统的基因，而他自身可能并未察觉。

---

① 〔英〕凯伦·阿姆斯特朗：《轴心时代》，孙艳燕等译，海南出版社，2010，第83页。
② 〔英〕凯伦·阿姆斯特朗：《轴心时代》，孙艳燕等译，海南出版社，2010，第83、84页。
③ 〔美〕赫伯特·芬格莱特：《孔子：即凡而圣》，彭国翔等译，江苏人民出版社，2002，第67页。
④ 〔英〕凯伦·阿姆斯特朗：《轴心时代》，孙艳燕等译，海南出版社，2010，第133页。

朱熹在《论语集注》的《学而篇》中曾对"礼"做过如下定义："礼者，天理之节文、人事之仪则也。"在《朱子文集·卷六十·答曾择之》中说："礼即理也，但仅谓之理，则疑若未有形迹之可言；制而为礼，则有品节文章之可见矣。人事如五者（或即五伦），固皆可见其大概之所宜，然到礼上方见其威仪法则之详也。"①仪礼是天理的具体表现，是伦常的视觉呈现。天理没有形迹，礼则是对其品节、威仪、法则的显化。可见在朱熹看来，礼与天理是紧密结合、不可分割的。同时，朱熹强调，礼不是虚空的概念或形式，他明确指出"礼是体""合当底"，"人只是合当做底便是体，人做处便是用。譬如此扇子，有骨、有柄、用纸糊，此则体也；人摇之，则用也。如尺与秤相似，上有分寸星铢，则体也；将去秤量物事，则用也。"这个比喻非常形象，如果说抽象的天理相当于物事重量的话，那么仪则相当于尺与秤，而礼则相当于分寸星铢。

朱熹将礼分为"所因之礼"和"损益之礼"。"所因"和"损益"出自《论语·为政篇》："殷因于夏礼，所损益可知也，周因于殷礼，所损益可知也。"朱熹在《朱子语类·卷二十四·论语六》中强调"所因之礼，是天做底，万世不可易。所损益之礼，是人做底，故随时更变""所因，谓大体，所损益，谓文为制度"。"祭祖""三纲"（君臣、父子、夫妇）、"五常"（仁义礼智信）就是所因之礼，形式、用度则属于损益之礼。所因之礼是天赋之礼，万世都不能改变；损益之礼则可以在根本原则的基础上，根据时代状况灵活调整。在《仪礼经传通解》中，朱熹说："所编礼，今可一一遵行否？曰：人不可不知此源流，岂能一一尽行，后世有圣人出，亦须着变。"因此，朱熹在《朱子语类·卷八十四·礼一》中提出："礼，时为大……使圣贤用礼，必不一切从古之礼。疑只是以古礼减杀，从今世俗之礼，令稍有防范节文，不至太简而已。"由此可见，礼作为"所因"不能无，礼法、礼制则可以与时俱进；古代的礼制不可能被原封不动地应用于当今之时，因此，现代社会也只能是"以古礼减杀，从今世俗之礼"。但是总的来说，朱子学的礼法实际上脱离了西周以来周公、孔子等前儒在实现儒学人间化、日常化、实践化中兴上所做的努力。

---

① 钱穆：《朱子新学案》（第四册），台北：三民出版社，1971。

礼的第二个维度，是用场的方式将日常实践世界的常识具体化、具象化、身体化和程式化。这种维度源于周朝，中兴于孔子。轴心时期的儒学清晰而深刻地洞察日常实践世界的内在逻辑和运行机制，并试图以此重新为世界赋予秩序。轴心儒学教导的智慧既非真理，也非传统，而是人类社会的内在实践逻辑，这与商朝相反。"商朝人希望通过其宗教仪式控制和利用神灵，而周朝人已经直观地体会到，礼仪本身即包含了更强大的转化力量。"①商朝以前推崇的是神话力量、巫术力量和军事力量，如"像黄帝那样同可畏的人进行战斗"，"通过军事辖制获得统治权的武士"，或者"像夏朝的建立者禹那样去治理洪水"。周公、孔子尊奉和崇敬的英雄不是黄帝、禹，而是"不靠魔法技艺成事"的尧和舜，②因为他们的超凡魅力不是源于伦理和道德而是源于礼。孔子本人"没有得到过神启，也未见过显圣"，"没有把自己封闭在象牙塔里，没有笃行自省或坐禅"，也"没有像印度的隐修者一样，将家庭生活看做开悟的障碍，而是把它当作宗教探寻的讲堂"③。孔子以及儒家圣贤并不是某些不食人间烟火的、更高级的"超人类"，也不是某些伟大创造主的非凡创造物，不具有某种超能力，他们都是普普通通的社会角色。"孔子不是隐居的苦行者，而是一个尘世中人"，"他的'道'，确切地说，任何人都能够理解"。④孔子曾说，"吾道一以贯之"，这一以贯之的道统中并没有终极奥义之神学，也没有烦琐的形而上学推论。总而言之，孔子所教导的礼既不像宗教那样引导人们从世俗世界中解脱，也不关注原始巫术那种纯粹的牺牲与献祭；既不像基督教、佛教那样追求主观世界的心灵修炼，也不像道家那样寄托于客观世界的逍遥自在。

阿姆斯特朗认为，孔子开启了中国的轴心时代，轴心时期的礼的实践逻辑与原始巫术时期截然不同。这位鲁国的礼仪专家阐明了两条重要原则：第一，礼仪的功效依赖于其中每一个动作的完美演绎；第二，只有当

---

① 〔英〕凯伦·阿姆斯特朗：《轴心时代》，孙艳燕等译，海南出版社，2010，第88页。
② 〔英〕凯伦·阿姆斯特朗：《轴心时代》，孙艳燕等译，海南出版社，2010，第135页。
③ 〔英〕凯伦·阿姆斯特朗：《轴心时代》，孙艳燕等译，海南出版社，2010，第238页。
④ 〔英〕凯伦·阿姆斯特朗：《轴心时代》，孙艳燕等译，海南出版社，2010，第234页。

所有参与者从总体上充分认识到礼仪的价值和意义，这种尽善尽美才可能实现。公元前 6 世纪晚期，鲁国的礼仪专家孔子开启了中国的轴心时代，以这两条原则为出发点，揭示了礼的修炼中所蕴藏的神圣力量。① 实际上，肢体动作的完美演绎和总体上的认识只是礼仪的表象，轴心时期对礼内在实践逻辑的洞察，包含场逻辑、序位逻辑和空间逻辑三条基本原则。

礼的第一条基本原则是场逻辑。在轴心时期的儒家看来，以礼器、祭祀、祭典、仪轨、咒语为代表的巫术力量，以命令、威胁、苛政规定、惩罚和强迫为代表的法武力量，以恭、勤、忠、勇、宽、慈的传统德目为代表的道德力量，都不能给我们任何的洞见或助益。② 实际上，日常实践世界是隐藏的，当常识退出日常世界，日常世界就会形成真空地带，巫术、法律和道德只能作用于社会世界，却无法作用于日常世界。尤其是，儒学将道德力量根本排除在外，在它看来，历史、道德和人性都不是真实可靠的范畴，它们只在场的前提下才有效，离开场谈论美好、文雅、完整、沉着、庄重、威严、高贵、和蔼、平静、体态、性情、规则、精神、个性、人格、君子、仁爱这些道德范畴都是毫无意义的。实际上，儒学中的很多术语都无关态度、情感、愿望、意志、自由、幸福和理性，与西方的道德与法律领域的术语更处于不同的世界维度。芬格莱特指出，"我们切不可把《论语》中孔子的术语心理学化。第一要认识到，仁以及与之相关的德和礼，在原典中都与用来表示意志情感和内在状态的语言无关。我们用仁表示具体的人，由此进而认为仁表示人内在的精神或心理状况或过程，但是在《论语》中无法找到与此相对应的思想。可以肯定，并没有关于任何这种关联的系统或不系统的阐述。"③ 在孔子看来，君子就是那样一种人，他们绝对摒弃了主观的自我臆想和客观的外在憧憬，他们完全臣服于当下的场域、与场合一；这样的一个人不一定是一个圆满的人，但一定是一樽神圣的礼器。

---

① 〔英〕凯伦·阿姆斯特朗：《轴心时代》，孙艳燕等译，海南出版社，2010，第 135 页。
② 〔美〕赫伯特·芬格莱特：《孔子：即凡而圣》，彭国翔等译，江苏人民出版社，2002，第 36 页。
③ 〔美〕赫伯特·芬格莱特：《孔子：即凡而圣》，彭国翔等译，江苏人民出版社，2002，第 38 页。

法武力量和道德力量都是明显的，法武力量可以触知，道德力量可以声闻，但是礼的力量的运作却是不可见、不可触知的。但是我们也无须假设孔子向我们隐瞒了什么东西或者故弄玄虚，他早就解释过："二三子以我为隐乎？吾无隐乎尔。吾不行而不与二三子者。"在孔子看来，礼并不是某种深奥的学说或主观状态，它的本质其实是一种场的力量。这是一种比暴力、武力、战争、神秘主义、巫术、宗教、道德更有效改变世界的道的力量。礼所强调的既不是神圣的上帝，也不是神圣的人，而是神圣的场。以仁为例，孔子阐释了这个字的全部面向，以及赋予了它各种必要的标示或参照物，但是始终拒绝给它下一个清晰的定义，而只是指出了一系列值得称许的方向。后代哲学家则往往将仁狭隘地理解为尊敬或慈爱，但是知识界也同样认识到，"'仁'是无法形容的，因为它无法被容纳到孔子时代的任何普通的知识范畴之内"①。实际上，仁与场密不可分，它是一幅关于符合礼之场状态的图象，是场域实践过程的全部总和，而且是一个永远无法完成构形的整体。

在本质上，礼并不关注人的内在，也不关注人的行为，它关注的其实是场域中力量和行为模式的方向，关注的是情境特征以及其中的序位关联。芬格莱特指出，礼的场性其实是一种空间物理主义，"在我看来，西方人说明这一点最合适的意象，是取自物理学的一个概念：矢量或向量。就仁来说，我们应当把它设想成为运作于公共时空行为中的一种有方向的力量，有一个人作为始点，另一个人则作为承受该力量作用的终点"②。这种力量既不是人的力量，也不是机械的力量，而是场的自然作用力，"这个意象不应当把仁的力量认同为公开的行为，而是必须强调仁的力量的方向、目标特征截然不同于那种行为的终极和实际的过程；因为除了作为情境中行为的特征之外，目标不可能被决定，而除非根据某种目标来诠释之外，行为也无法被理解。"③ 礼具有超验性、先在性和第一性，作为一个场

---

① 〔英〕凯伦·阿姆斯特朗：《轴心时代》，孙艳燕等译，海南出版社，2010，第239页。
② 〔美〕赫伯特·芬格莱特：《孔子：即凡而圣》，彭国翔等译，江苏人民出版社，2002，第48页。
③ 〔美〕赫伯特·芬格莱特：《孔子：即凡而圣》，彭国翔等译，江苏人民出版社，2002，第47、48页。

的整体图象，它能唤起场中行为者的姿态、实际立场和空间性态度，因此，礼就是场中各种不同向量的集合。① 以音乐为例，和弦不是弹奏出来的，它是一种场知。个体并非毫无意义，而是只有位于场中的合适序位时，才能像祭祀的礼器一样具有神圣性。人们不需要透视演奏者的心理或人格，却依然能够通过公开而自在的乐场感受到敏感、智慧或枯燥乏味，自信、和谐或犹疑，冲突、伪饰和感伤。"我们洞察所有这一切，是通过观察在可见的行为情境中的行为，而不是通过那个人的头脑或某种纯粹内在的心理领域。"②

礼的意义在于场中的方向性、指向性和序位性。如献祭神灵的关键不在于神灵或献祭的人，而在于两者之间的关系序位，遵守序位则为礼。载体是酒还是其他，因时因地而异。祭祀的核心是对序位的尊重与持守，序位不在而只有祭祀的形式是没有意义的。很多儒学典籍中对礼与情、德的关系都有论述，比如《性自命出》讲"道始于情，情生于性"，《语丛》中说"礼生于情""礼因人情而为之""德生礼，礼生乐""乐，备德者之所乐也。得者乐，失者哀"，《尊德义》中讲"由礼知乐，由乐知哀……有知礼而不知乐者，无知乐而不知礼者""德者，且莫大乎礼乐"。然而值得注意的是，传统儒学中的情并无情绪、情感的意思，大多数情况下指的是情境。《乐记》中说，"乐者为同，礼者为异；同则相亲，异则相敬。乐胜则流，礼胜则离。合情饰貌者，礼乐之事也。礼义立，则贵贱等矣；乐文同，则上下合矣。"礼乐文化中乐的本意也不是乐舞、乐曲、乐歌、乐器、器物、装饰、仪节和诗歌。"礼胜则离"讲的是度，即关系的疏离、离散、紧张与度有关。如果将度理解为贵贱区分的等级，如"贱者敬贵""下者敬上"，就违背了场序法则，也违背了礼乐法则。同时，礼是秩序，但是不一定有亲密度，乐与亲有关，它代表一种基于物理距离和方向的亲密度，"礼者殊事合敬者也；乐者异文合爱者也"，"乐者天地之和也，礼者

---

① 〔美〕赫伯特·芬格莱特：《孔子：即凡而圣》，彭国翔等译，江苏人民出版社，2002，第49页。

② 〔美〕赫伯特·芬格莱特：《孔子：即凡而圣》，彭国翔等译，江苏人民出版社，2002，第47页。

天地之序也，和故百物皆化，序故群物皆别"。《乐记》中说，"乐由中出，礼自外作。乐由中出，故静；礼自外作，故文。大乐必易，大礼必简。乐至则无怨，礼至则不争。揖让而治天下者，礼乐之谓也"，乐与场序是直接关联的，"乐乐其所自生，礼反其所自始""礼也者乐其所自生，乐也者，乐其所自成"。可见，乐则代表场中序位之间的分寸、度与节奏，如《礼记》中所强调的器物陈设、行礼节次、升降揖让裼袭等。"正容貌、齐颜色、顺辞令"却不在礼的范畴内，也不是礼的初衷。礼既不是基于神、基于宗族或基于法律的他律，也不是自律，而是一种基于"亲亲、尊尊、长长"等场序的"场律"。因此中国儒学的礼仪制度，本质上并非一种简单的象征意义体系，它与礼器的工艺技术、祭祀礼仪的烦冗、生活行为规范的苛刻、习俗庆典的盛大、制度意义的整合没有必然的关联，甚至上述因素恰恰就是礼无法传承的核心原因。总而言之，礼一旦脱离了所植根的情境，脱离了界定其构成的场景，将会成为被片面保留的传统习俗、语言、行为、纯粹的物理动作、单独的言辞。缺乏场力的支撑很容易变成空有形式而毫无力量的许诺和表演，这些礼的碎片是不可能被理解的。因此，礼并不是我们现实生活中习以为常的习惯或习俗，而是日常实践世界中的空间场序。

礼的第二条基本原则是序位逻辑，这是轴心时代的核心原则，也是礼的核心原则。如《曾子问》中的"贱不诔贵，幼不诔长，礼也"，《文王世子》中的"言父子、君臣、长幼之道，合德音之致，礼之大成也"，《丧服小记》中的"亲亲、尊尊、长长、男女有别，人道之大者也"。儒学文化的核心原则是序位，而绝非男权、父权等表面形式。《礼记·祭统》中的十伦论述的本质也是序位，"凡治人之道，莫急于礼。礼有五经，莫重于祭。……夫祭有十伦焉：见事鬼神之道焉，见君臣之义焉，见父子之伦焉，见贵贱之等焉，见亲疏之杀焉，见爵赏之施焉，见夫妇之别焉，见政事之均焉，见长幼之序焉，见上下之际焉。此之谓十伦"。《国语·楚语下》对"天地不通"原因的解释是"上下比义""处位次主""民神同位"，"绝地天通"指的是序位的和谐，只要"彝器之量""次主之度""屏摄之位""坛场之所""上下之神"五官各司其序，就能实现"绝地天通"。举例来说，序位逻辑体现在中国儒家生活的各种场景中，如古代家宅建筑中最重要的部分是祭祀祖先的祠堂，祭台上摆放的列祖列宗的牌位则是家庭的序位中心。朱熹在《家礼》中指出，"君子将营官室，先立祠堂于正之东"，"祠堂内设有四龛，在宗子的场合，由西依次放置高祖、曾祖、祖、父的神主。亦即每龛设一桌，其上置有椟，其中放上神主"，"夫和妇的神主是并列放置的"。① 在中国的祖先祭祀中，"木主"作为祖先灵魂所依附之载体，成为空间序列的重要祭器其又单称为"主""神主""位牌""牌位"，后汉班固《白虎通》言："祭所以有主者何，言神无所依据，孝子以主系心焉。"陈立疏曰："主者神象也。孝子既葬，心无所依。所以虞而立主以事之。"② 由此可见，在轴心时代的儒学看来，"天地不通"的核心原因其实是场域的秩序、位阶出了问题，礼其实是对场域序位的恢复。礼的演进过程实际上就是从"民神分离"到"民神杂糅""家巫一体"，再到"绝地天通""无相侵渎"的辩证演化过程，其核心是空间序位的调整。礼关注的是位相，如巫术仪式中最为关键的是祭祀的位次和牲器的位序安排。位相包含时间上的位置序列，A 在 B 之后和 B 在 A 之后是不同的位相；同时还包含生态空间上的位置序列，如 A 在 B 和 C 附近和 A 在 D 和 E 附近是不同的位相。因此，礼对位相非常敏感，它不仅从特殊的位置角度定义位相，而且从特殊位置周围角色的角度定义位相，位置的复杂性组合则增加了制礼归序的难度。③ 因此，礼才是中国儒学文化真正的传统，与西方传统将历史性置于中心不同的是，孔子将基于序位原则的礼置于世代传承的核心，而从不关注具体的生活方式、言行举止的模式和习惯，不关注规范性和约束性的道德义务等各种实际行为的历史性表现形式。

序位逻辑就是要按照场中位置应有的位相进行呈现，一旦合于场、合于序位，场中实践者的行为自然会表现出无为的特征。领导者不必"像现

① 〔日〕吾妻重二：《朱熹〈家礼〉实证研究》，吴震编，吴震等译，华东师范大学出版社，2011，第 140 页。

② 〔日〕吾妻重二：《朱熹〈家礼〉实证研究》，吴震编，吴震等译，华东师范大学出版社，2011，第 159 页。

③ 〔美〕安德鲁·阿伯特：《过程社会学》，周忆粟等译，北京师范大学出版社，2021，前言。

代的国家首脑，必须阐明施政和方针目标以表达他对国家未来的构想。他应完全处于被动，既不摄政，也不发布训令"①。领导者唯一的任务就是洞察、整理和调节序位的排列，系统的运行依靠"各司其职""各归其位"。而尧舜之所以被中国轴心时代的儒学奉为圣贤，其权能不是来自法律、规章、德行和政绩，而是因为他们是序位原则的伟大发现者和实践者。以舜这位古代贤君为例，"他根本什么也不做，只是处于一个恰当的位置"，"无为而治者……夫何为哉？恭己正南面而已矣"②。"君君、臣臣、父父、子子"这个著名的表述，表达的实际上就是序位原则，但是后世研究的庸俗化往往掩盖了它的光辉。这个原则的要点在于，在"君君、臣臣、父父、子子"的社会共同体中，各种事物是否各得其所。③ 君臣、父子只是序位原则的隐喻，具体来说，外在的身份既不是必要的也不是充分的。如果君主的行为没有显示出与臣子间应具有的那种序位关系，则臣不像臣、君不像君。这样的君主就无法被视为真正的君主。另外，能够像君臣、父子那样恰如其分地执行序位原则的人，就能配享君臣或父子的身份，即便他们并不具有外在的身份。因此，身份的主要判定标准既不是出身，也不是形式职务，而在于序位。

与此同时，轴心时代的祭礼重点不在于礼器、祭祀、祭典、仪轨、咒语，而在于内在的序位。阿姆斯特朗的研究指出，与商朝不同的是，周朝每五年会举行一次邀请自然神灵和祖先的特殊宾祭。除了斋戒、祭拜宗庙之外，最重要的是将祖先牌位取出，置放于祭典的场域中。而场中包括祖先、神灵的所有角色，都由君王、王后、王室子嗣以及朝中大臣等成员扮演，每一角色都被赋予特定的位置，每个人都要以该位置所应具有的状态进行呈现，都具有无法替代的职责。司祭们用"先祖是皇，神保是飨"等指令召唤游荡的神灵去参加盛宴，这是一场神灵、祖先与在世者共同进行的圣餐，神灵、祖先也会神秘地附体于年轻的子孙身上，人们以"礼仪卒

---

① 〔英〕凯伦·阿姆斯特朗：《轴心时代》，孙艳燕等译，海南出版社，2010，第 64 页。
② 〔英〕凯伦·阿姆斯特朗：《轴心时代》，孙艳燕等译，海南出版社，2010，第 169 页。
③ 〔美〕赫伯特·芬格莱特：《孔子：即凡而圣》，彭国翔等译，江苏人民出版社，2002，第 84 页。

度，笑语卒获""我孔熯矣""式礼莫愆，既齐既稷，既匡既敕"等圣歌赞颂祭典。① 这种神圣戏剧仪式的秘密不在其宗教性和艺术性，而在于序位排列和角色扮演。因而我们看到，参与这项神圣戏剧仪式的并不是专业的演员，而是现实宫廷中的所有成员，其意义在于赋予参与者以序化的图象。当神圣戏剧仪式结束、人们重新回到日常生活的混乱状态中时，这些序化的图象依然会在他们的身体中做工，这是一个身体化的过程。"在仪式进行过程中，某种崭新的东西在舞者、演员和侍臣中活跃起来。通过服从礼拜仪式的微小细节，他们将自己让位于更重要的原型，并且至少是暂时性地创造了一个神圣的共同体，古与今、天与地在这里交融。"②

　　序位法则的神奇魅力在于，它的实用性经过发展并被检验。在轴心时期的儒学圣贤看来，在任何一个适宜的场中，只要场域序位得以序化，不需要做任何的努力，就能轻而易举地产生巨大的效力和效果，这个序化的过程就是礼。实际上，孔子的言辞中早已强烈地暗示出这种方式的绝对力量，"我欲仁，斯仁至矣""克己复礼，天下归仁焉""其身正，不令而行""为政以德。譬如北辰，居其所而众星拱之"。赫伯特认为，序化逻辑在儒学的传承以及现代社会中之所以被忽视，是因为"在我们的时代，由咒语和礼仪的姿态而导致的直接的行为目标，不能够被作为一种严肃认真的可能性，这是大家普遍接受的一条公理"③，"《论语》中神奇魅力与奇迹的暗示，是如此不投合当代人的口味，以至于人们总要以各种方式对其进行消解；人们也许坚持认为，这种神奇魅力的成分在适用范围上受到了很大限制，只应用于君王，甚或只适用于道德完善的圣王。还有另一种可能的方法'消解'这种'神奇魅力'的成分，那就是：假设孔子只不过是用其他熟悉的方式强调和戏剧性地显示垂范的力量"，"当做一种平淡无奇的（道德）真理的诗化陈述"。④

---

① 〔英〕凯伦·阿姆斯特朗：《轴心时代》，孙艳燕等译，海南出版社，2010，第50、85页。
② 〔英〕凯伦·阿姆斯特朗：《轴心时代》，孙艳燕等译，海南出版社，2010，第86页。
③ 〔美〕赫伯特·芬格莱特：《孔子：即凡而圣》，彭国翔等译，江苏人民出版社，2002，第4页。
④ 〔美〕赫伯特·芬格莱特：《孔子：即凡而圣》，彭国翔等译，江苏人民出版社，2002，第4页。

因此，轴心时代儒家之礼的核心，其实是序位排列和位相序化，而在儒学的传衍过程中，这种日常世界、现实世界、神圣世界三界合一的内在实践逻辑早已被抽空。礼逐渐退化成仪式，继而沦落为日常礼节和风俗规约。现代社会中为观光者安排的各种民俗化仪式，只是一种抽象的、抽离了实践情境的礼的赝像。现代化逻辑与实践逻辑的最基本预设相决裂，导致了实践逻辑无法客观化，带来了"为仪式而仪式"的形式主义。现代社会的大多数仪式，往往"无事要做又无话要说，还不如做些什么、说些什么"。虽然这些仪式需要借助某种语言、身体动作或词语来表达，但大多数情况下并不具有实践意义。文化传承的问题在于将礼与仪式混淆了，礼基于常识，而仪式基于异识，基于实践的礼应当和基于表演的仪式隔离开来。异识性仪式是一种常见的谬误，要么赋予仪式以客观思维的意义，虽解释力有限但是盛气凌人；要么去现实化，赋予仪式以神秘主义的魔力，认为常识具有神圣意义。仪式的问题在于，它将虚假的概念逻辑强加于常识之上，这使日常实践的操作逻辑和仪式中身体动作的逻辑之间缺乏真实的运作逻辑关联，仪式图示与身体图示之间缺乏基于实践转移的类比或等同。为仪式而仪式、为表演而表演，这是传统文化现代性转化时所面临的困境。现代仪礼早已失去了礼的核心机制与逻辑，在变迁与不确定的现代潮流中，礼的基本价值与意义逐渐丧失殆尽。那颗曾经进入凡尘的"北辰"退出了人间世，又回到了那个遥远而孤独的北极之位。

然而，被中国文化传统所摒弃的轴心时代的礼，其实是现代性的典范，它蕴含着人与身体、人与他人、时间与空间、场域与社会价值系统之间的复杂拓扑关系。布迪厄认为，人类社会的那些重大的集体仪式或礼仪，并不仅仅是为了隆重地表现集体的风貌，而是存在一种更为隐蔽的意图，即，通过日常实践活动的严格安排，对实践者的身体进行有规则的支配，从而影响隐藏最深的身体语言运动程式系统，发挥拟态的序化功效。这是一种对身体的潜在命令，是一种暗中说服的教育法，它将宇宙论、伦理学、形而上学和政治学的基本原则铭刻在身体、穿着、举止或语言态度的细节之中，使概念原则转换成一种身体技术。① 因此，"身体习性是具体

---

① 〔法〕皮埃尔·布迪厄：《实践感》，蒋梓骅译，译林出版社，2012，第98页。

化的、身体化的、成为恒定倾向的政治神话学，是姿势、说话、行走、从而也是感觉和思维的习惯。男与女之间的对立具体表现在举止上，表现在身体姿势、行为方式上，是直与弯（或弯曲）之间的对立，是坚决、直接、坦率（直面正视，直截了当）与克制、矜持、灵活之间的对立。大多数表达身体姿势的词语都与德行和心理状态相关。"① 在西方的骑士宗教中，礼也主要体现为身体实践，如"一位骑士宣誓时，他首先看重的不是其心灵的参与，而是身体的姿态，是放在十字架、圣经或圣遗物袋上的手与圣物的接触。当他走向领主成为其手下时，重要的还是姿态、手的姿态、一说出口就成为契约的仪式用语"。②

礼的最初表现形式是日常实践中的身体逻辑和特殊情境所产生的特定动作序列。以劳动分工为例，最初的劳动分工不是基于生理性别，也不是基于价值系统，而是源于日常实践系统。布迪厄认为，人类社会的劳动分工其实源于男女的身体实践。比如在油橄榄采摘时，男子用长竿打落果实，妇女则弯腰捡果实，妇女做一些向内的、细致的、琐碎平常的任务，而男子则担负所有向外的工作。这个实践过程中存在大与小、内与外、重与轻的序位排列逻辑，并且逐渐强化了男女的分类系统。因此，劳动分工的社会化表现形式、社会空间的形成、社会价值论的理论总结，其实都是身体化的实践逻辑所致，具有日常实践的全部征象。身体空间的动作逻辑，如向上、向下、向前、向后等等，与社会空间的价值属性具有同样的实践逻辑，而且具有自然化的、任意性、理所当然的明证性。"身体空间和社会空间的等价意识，这两个空间内各种位移（比如上升或下降）之间的等价意识，一个集体的最基本结构扎根于身体的原始经验之中。"③ 比如，男子在劳作实践中的身体操练动作表象，如审视、围绕、包围、监督和俯视等支配性序位结构，会在社会化的转化中获得保护人的支配性地位、性别权力以及阶层价值。因此，社会化的关系结构实际上源于对身体实践和身体图示的把握和评价。身体图示无关身体形象、肉体表象和性魅

---

① 〔法〕皮埃尔·布迪厄：《实践感》，蒋梓骅译，译林出版社，2012，第99页。
② 〔法〕皮埃尔·布迪厄：《实践感》，蒋梓骅译，译林出版社，2012，第132页。
③ 〔法〕皮埃尔·布迪厄：《实践感》，蒋梓骅译，译林出版社，2012，第101页。

力，而与日常实践场域中由序位排列自然形成的身体位相有关。身体图示是社会感知和社会评价的来源。当然，在现代社会，由于知识与身体的脱离，社会分工在身体实践上的差异性逐渐减弱。

再如"打开—开启"图式，这根源于日常实践中的开门动作，自然界中的芽、苗、蛋都具有的动作姿势。① "打开—开启"图式能够使人们与动词、名词之间建立关联，如松开、解开、解决、开启、出现，如敞开心扉、打开胃口、开启道路。在"前面—后面"图式中，因为日常实践的身体感知中袭击总是来自背后，例如狼总是从背后袭击人，所以"后面"常常意味着危险，以及人们不想看到或面对的事物，而"前面"通常包含"前进""迎对""迈向未来""走向光明"等意义。例如，"抛之脑后"与无视、轻视、置之不理、忘掉过去等意义关联。在社会交往层面的面对、正视等身体姿势，在公认的德行礼仪中面对和正视他人的尊客之道，以及朝东、向光或面向未来等身体逻辑，三者在实践逻辑上都是一致的。② 社会关系层面的价值意义网络，通常在各种特殊情境关系中的身体实践图式的对比中得以确立。③ 只要依循这种关联逻辑，就能建立同义词、反义词、同义词的同义词、反义词的反义词网络，就能进入无数的转译关系中。"实践图式在各种情境中引起相同的反应，使身体在不同的环境中获得相同的姿势，由此生成的行为等同于一种不求助于概念就无法解释的普遍化行为"④，"实践关心的不是高低、干湿这类联系，甚至不是概念，而是从其表面上最典型的关系属性出发绝对地予以考虑的感性事物。"⑤ 因此，礼的核心属性其实是对日常实践中身体逻辑与身体图式的结构再现，是其"所是"。"仪式不过是对自然过程的实践摹仿。与明晰的隐喻和类比相反，摹仿表现在不同的现象之间，如谷粒在锅里膨胀、孕妇肚子变大和麦种在土里萌发之间，建立起一种关系，这种关系不需要对诸关系项的属性或说它们的关系建立原则作任何解释。摹仿表现的'逻辑'所特有的操作，诸

---

① 〔法〕皮埃尔·布迪厄：《实践感》，蒋梓骅译，译林出版社，2012，第 126 页。
② 〔法〕皮埃尔·布迪厄：《实践感》，蒋梓骅译，译林出版社，2012，第 150 页。
③ 〔法〕皮埃尔·布迪厄：《实践感》，蒋梓骅译，译林出版社，2012，第 128~129 页。
④ 〔法〕皮埃尔·布迪厄：《实践感》，蒋梓骅译，译林出版社，2012，第 128 页。
⑤ 〔法〕皮埃尔·布迪厄：《实践感》，蒋梓骅译，译林出版社，2012，第 128 页。

如倒置、转移、开合、分离，在此逻辑中表现为身体运动，比如向右转或向左转、上下颠倒、进出、系上或解开。"[1] 身体逻辑如同任何实践逻辑一样，只能在行为、行动和情境中，亦即在空间运动中被领悟；时间运动则会导致实践逻辑瓦解，进而使身体逻辑被遮蔽。身体图式具有情境化和总体化的阐释能力，它不需要话语和理念便能显示出日常实践的客观系统性，甚至能适当利用高低、左右等空间特性，直接图解行动者原初的行为倾向。理论性的文字书写游戏则会脱离实践逻辑和身体逻辑，世界上任何一种语言体系，如果不进入它的使用情境，根本无法体会其含义，语言学习在很大程度上源于身体的直接学习。因此，礼的实践与神话仪式根本不是同一回事，礼的实践以身体程式来表现日常实践世界的常识秩序，而神话仪式在日常实践世界中并不存在相对应的情境结构，并且以物化的形式掩盖了日常实践逻辑对神话结构的关联性意义。[2]《易经》就是一种典型的礼的实践，它不是玄学或神话学，而是一幅日常实践图式的地图。礼是一个日常实践空间，是"诸共存事物的秩序"，"在此空间中，设有对立关系项（高低、东西，等等）这类标志点，且只能进行一些理论操作，也就是一些逻辑位移和转换"[3]，这些实践逻辑的位移和转换与社会世界的运动和转换逻辑是同构的。

与传统哲学或神学的认知不同的是，轴心时代的儒学认为，世俗物质世界的结构并不是宇宙结构的客观化产物，反而是按照日常世界的实践原则构成的。现实世界是日常实践常识的隐喻，而礼则是身体空间、社会空间与实践空间三位一体的，以隐喻方式呈现的结构化空间。布迪厄将这种身体和世界的序位化关系称之为"身体地理学"。[4] 身体并不是世界的被动化产物，反而是实践情境下的自然反应，它参与了一切知识的生产与再生产。文化的传播与传承也无法脱离身体而独立存在、不能脱离情境而空自运作，实践者一旦使用理论、伦理、法律或各种学术主义进行思考，其实

---

① 〔法〕皮埃尔·布迪厄：《实践感》，蒋梓骅译，译林出版社，2012，第131~132页。
② 〔法〕皮埃尔·布迪厄：《实践感》，蒋梓骅译，译林出版社，2012，第133页。
③ 〔法〕皮埃尔·布迪厄：《实践感》，蒋梓骅译，译林出版社，2012，第133页。
④ 〔法〕皮埃尔·布迪厄：《实践感》，蒋梓骅译，译林出版社，2012，第111页。

践活动就会停止，进而失去主体与身体、情境的链接，也失去了表达实践本质的可能性。日常实践从本质上是排斥提问的，它只能借助沉默和明证性事实的身体图示来表达原初经验的本质。武术高手过招时的身体感觉，是外行人完全体会不到的。布迪厄指出，"身体信其所仿：它若模仿悲伤，它便哭泣"，"身体所习得的东西并非人们所有的东西，比如人们掌握的知识，而是人们之所是。这种情形尤见于世代承传的知识只有在身体化状态下才得以留存的无文字社会。知识绝不可能脱离负载它的身体，它要得到再现，就只有借助一种用来展示知识的体操，即实践摹仿"①。从中国儒学的传承历史来看，儒家文化的衰微与脱离身体化和日常实践情境，倒退为身体离场化的文字作品直接相关。正如布迪厄所说，"从仅仅建立在口头话语基础上的传统之保存方式过渡到以文字为基础的积累方式，还有因为文字作品中的客观化而成为可能的整个合理化过程，都深刻地改变了与身体的全部关系，更确切地说，是深刻地改变了文化作品生产和再生产过程中对身体的使用。"②

以中国儒家社会的科举考试为例，这项考核并不是一项纯文学的理念、话语和理论考核，相反，它考察的是基于身体的文化身体感和身体策略生产图式，包括应试者的口才、礼仪、对空间序位图示的理解和应用。因为轴心时代的儒学相信，空间序位感与身体感关联，也与文章中的词汇、语法之间的话语空间感相关联。在空间序位感、身体空间感和话语空间感之间，存在互换性、交互性和同构性，这些特性将日常世界的空间实践逻辑内化于文章世界之中。

礼的实践不是事后构建的那种机械性程序一样的理论图解或理论模型，而是一种始终处于生成过程之中却又具有实在性的实践图式。礼的实践不是在时间而是在空间中展开的，节奏、速度和方向都构成了礼的意义。比如，在最机械、最仪式化的套话交谈、玩笑、馈赠中，礼体现为语言象征体系的多义性、暗示性和双关性，表现为身体的客观距离、暧昧的动作、稍有退却或拒绝迹象的姿势，还表现为撤回、放弃、殷勤、漠然之

---

① 〔法〕皮埃尔·布迪厄：《实践感》，蒋梓骅译，译林出版社，2012，第103、104页。
② 〔法〕皮埃尔·布迪厄：《实践感》，蒋梓骅译，译林出版社，2012，第104页。

间摇摆不停、不确定的意图，等等。如同音乐一样，任何一个实践元素的变化，都会导致整体的坍塌。"实践中采取什么政治立场始终取决于具体情形和具体的对话人或对手，根据对话人之间不同的政治距离而调动不同层次的对立，如左、右、左偏左、左偏右、左偏左偏左、左偏左偏右等等，以至于人们能在几何学的'绝对'空间中接连地处在自己的左侧和右侧。"① 礼的实践过程是一种社会游戏，就像对打一样，"对手的每个身体姿态都包含了一开始出现就必须予以把握的征兆，在对方刚要出手或躲闪时就预料到其中蕴含的将来，亦即看出是实招还是虚招"②。实践在本质上是空间性的，而话语的构成方式则是线性的、时间性的。话语研究往往会将实践悬置起来，转而依靠永存性的文字、记录和图示。

儒家的礼不是一种道德意识、哲学话语和文字游戏，不是通过指示和教诲来实施的理念教育或处世原则，更不是宗教性的心灵主义，而是一种无须言说而不言自明的、明证性的实践逻辑，也是一种自在逻辑。礼无法用话语、理论、知识来表达，没有办法进行有意识的反思和有逻辑的控制，一旦脱离日常实践情境，礼就会变得荒谬。确切地说，它是任何日常实践场域中的常识逻辑。"实践离不开所涉及的事物，它完全注重于现时，注重于它在现时中发现的、表现为客观性的实践功能，因此它排斥反省（亦即返回过去），无视左右它的各项原则。"③ 存在于情境和事件的预设之中，它本质上是排斥算计和理论反思的，因为反思性阐述往往会把实践序列中那种不言自明的预设省略掉，将实践情境中的身体性、逻辑性、序位性抽空，再转变为符号化的、抽象化的、离场化的表象序列，把实践空间中根据场域需求构建的序位，视为在连续时间和异质空间里的可逆运作。

因此，礼绝非那些合乎规则的仪式活动，而只有在实践情境中才能够被理解和掌握。从本质上来说礼无法进入外部观察者的话语领域，也无法从外部进行掌握，因为它包含了只有通过实践情境才能显露出来的潜在的行为倾向、基于空间序位的身体感和基于实践逻辑所生成的身体技艺。一

---

① 〔法〕皮埃尔·布迪厄：《实践感》，蒋梓骅译，译林出版社，2012，第120页。
② 〔法〕皮埃尔·布迪厄：《实践感》，蒋梓骅译，译林出版社，2012，第115页。
③ 〔法〕皮埃尔·布迪厄：《实践感》，蒋梓骅译，译林出版社，2012，第131页。

方面，身体图示的结构化从内向外地实现了对社会秩序的体悟，另一方面，社会秩序的节奏和序位内化于身体感之中。身体图示与实践逻辑系统、世界逻辑系统互相关联，承载着所有的文化意义和社会价值，这是传统文化研究最容易忽视的部分。

礼的第三条基本原则是空间逻辑。礼的实践活动摆脱了狭义的经济利益逻辑，其实践逻辑是非物质的、难以量化的，常给人以非功利性的外表。实际上，它服从空间场性逻辑，在借与还、赠与取、恩与义的流通中，超越了经济和非经济的二元对立，它追求的不是获取最多的物质或象征利润，而是空间系统中的位置，物质和象征利润则会随位置而来。换句话说，没有空间系统中的相应位置，物质和象征利润也是求而不得、得而不保、保而不义的。

因此，礼是一种隐形的权力形式。不同于财富、军事实力、舆论，它是一种无法脱离场域孤立探讨的权力形式，是一种社会物理学的能量。通常，人们往往对经济基础和上层建筑的区分过于简单，加上社会组织的反复灌输和不断强化，人们容易形成误解，而礼这种实践逻辑的空间性要求我们超越社会物理学和社会现象学的对立。社会物理学往往体现为客观主义和经济主义，致力于把握普遍经验不能企及的客观实在性和社会秩序。而礼的现象学则记录和辨别日常实践场域中各种戏剧表象背后的心理表象，是一种空间力量关系的物理学和象征关系的现象学。礼作为一种空间资产，丝毫不依赖外在的社会象征形式，让阶级斗争学说和控制论的决定原则徒劳无功。[①]

礼遵循空间逻辑，而并不遵循经济原则。这种对经济的否认，反而能够满足利益的最大化，但礼在形式上是非功利性的。利益、赠品可能会变为债务或持久的义务，感激、忠诚或威望，只能通过转换空间位置结构而无法通过给予来谋取。在日常实践世界里，能够长久支配一个人的方式，不是赠予，不是债务，不是道德人情，也不是情感依附，而是空间位置。唯有隐含于实践原则，唯有内置于空间位置之中，利益才能得到满足。总之，它不是公开暴力，也不是象征暴力，而是难以辨识和难以被承认的、

---

① 〔法〕皮埃尔·布迪厄：《实践感》，蒋梓骅译，译林出版社，2012，第197页。

潜在的空间暴力。这种空间暴力存在于社会组织关系之中，因为支配不能公开实行，它必须隐蔽于关系之中，包裹在道德、道义、帮助之中，一句话，"支配只有变得不可辨识，才会被人接受"①。"虚"的帮助只是为了建构一种役使关系，而真正的交换则是"实"的赠予，"由实入虚"是现代社会进入风险社会的一个重大标志。巧妙的是，这种隐秘的暴力并不在场，它表现得更为温和、更为人性、更尊重人，而非粗暴、原始、野蛮，它与公开的、身体的、经济的，以及更为讲究的象征暴力相比而言是隐秘的，它的实现是一个过程。为了制造役使状态，操控者在空间暴力之下并不担心任何关系的决裂，因为他从未想要建构关系。

在中国社会中，日常生活场景中的赠品、礼物交换是一门关于荣誉、面子的"礼的现象学"，人们往往将其理解为一种互惠循环的、机械的、审慎的礼物流通或礼节交换，将传统文化中礼的精髓消磨殆尽的误读。实际上，礼物流动和礼节交换中的赠予、回报和接受，遵循的是一种基于空间序位的常识逻辑，关涉大与小、高与低、上与下等空间秩序，而不是礼物逻辑、礼节逻辑或交换逻辑。布迪厄认为，礼与礼物、礼节的关系不大，而是"与人或土地的生命周期联系在一起"，例如礼与婴儿长出第一颗牙、迈出第一步等相关，礼是亲戚邻里间在日常时间和空间谱系中互送的小东西，礼充满意外的关注和关心，是与日常实践体系完全融在一起的，是一种"用于维持亲密关系之惯常秩序"。② 因为礼太习以为常，以至于完全不为人注意。进而，布迪厄将礼物分为基于日常实践常识的平常的礼物、基于礼节交换的不平常的礼物两种。不平常的礼物与结婚、孩子出生、割礼、姻亲等重大喜庆日的不平常时刻有关，这些时刻往往伴随着钱财、礼物和隆重的仪式。然而，这种不平常的时刻与礼物是断断续续的，带有很大的限制性，往往相隔很久人们才会有见面或互动，而且这种关系并不具有持续性。因为没有日常实践体系的基础，这种礼节性关系结构往往并不牢固。例如，八抬大轿换来的婚姻，其感情往往并不如青梅竹马甜蜜。不平常的礼物流通或礼物交换其实是一种反常识体系，它遵循的是互

① 〔法〕皮埃尔·布迪厄：《实践感》，蒋梓骅译，译林出版社，2012，第182页。
② 〔法〕皮埃尔·布迪厄：《实践感》，蒋梓骅译，译林出版社，2012，第142页。

惠循环的机械法则，却抽离了日常实践的丰富性以及常识逻辑。日常实践的丰富程度与社会关系结构的稳固程度是一种质地关系，而不是数量关系。如同男女婚姻，如果没有日常实践感的维系，关系的分崩离析只是早晚的事情，失去了日常之礼，风险的可能性、或然性都会变成绝对的确定性。

礼的空间逻辑能使我们摆脱经验描述的理论误区，从而对日常实践进行有序调节。在赠品与礼物的例子中，客观主义的误区在于，用互惠循环的、外部显现的、纯表面状态的客观模型取代了日常实践中的空间序位以及实践场域中的相互作用机制。而实际上，礼根本无法从外部和事后予以把握。比如，赠予不一定要求得到回报，要求回报就失去了礼的内涵，礼物与礼节就变成了一种变相的控制；回赠应该是延期的和有差别的，否则就构成一种侮辱，立即回赠完全一样的东西无异于拒绝；回赠的间歇期不应太短，但也不能太长，不然会成为死时间，即无功效时间。互惠循环结构的理论模型，致使馈赠和回赠在同一时刻发生，馈赠和回赠之间如果无时间间隔，这种交换关系就会被感知为不可逆的，即刻回赠也就意味着关系的终止。而礼的关系始终呈现为可逆的、无关于义务与功利的，因此，礼不等于有来才有往。再比如，"借债图还"如果太过心切，也是一种忘恩负义。如果流露出偿清欠债的急切心情，过于明显地显示出偿还人情、礼赠、债务，表达出什么都不相欠的意愿，这是对当初馈赠的约束性、被迫性的一种否定。"一切都是方式问题，亦即适时或不适时问题，而同一句话、同一举动、同一行为、馈赠或回赠、拜访或回访、挑战或迎战、邀请或应邀会因为时间（适时或不适时、及时或不及时）而完全改变意义，这是因为使馈赠和回赠分离的时间使构成交换之运作条件的、受到集体支持和认可的自我欺骗成为可能。"[1]

赠品交换游戏的实质不是对称性，而是空间位置的相对关系。如感激、效忠、尊敬、道义责任、"良心债"等这类象征礼的实践博弈领域，这些在实践场运作中具有决定性权能的不是经济主义，不是象征主义，甚至也不是道德主义，而只是被道德主义所掩盖的空间主义。礼的实践不能

---

[1] 〔法〕皮埃尔·布迪厄：《实践感》，蒋梓骅译，译林出版社，2012，第152页。

只考虑对称关系的交换、不对称交换、不对称力量才能生成象征性的剩余价值。以感激为例，送礼、请客吃饭并不会获得感激，因为这种主动的付出行为会导致空间位置的变化，如让受礼者位置变大、变高，而付出者的位置降低，这种位置换来的则是蔑视和拿捏。或以效忠为例，人们不会因为权力、金钱、地位而效忠，依附权力是为了篡取权力，依附金钱是为了谋骗金钱，依附地位是为了夺取地位，这些只会是人们篡夺的对象，带来的不是真正的效忠而是表面的依附，真正的效忠是对场域系统中的位置的认可。

空间暴力是日常实践场中一种隐性的特殊权力逻辑，它不是像军队一样的象征暴力，它的内在逻辑是隐性的，是一种基于转换原则的空间序位暴力。要超越象征暴力的局限，就必须认真分析实践者、行动者基于空间主义的能量学。空间实践与经济性相背离，它不是一种偿还形式而是一种役使形式，并为真实的物质财产积累奠定基础。比如，"求人"会将对方的位置变高，给自己背负偿还的心理压力，所以高手会让对方主动"请"自己，这就是所谓的空间位置的转换。在经济交易中，出资者位置高，做事者位置低；如果跳出经济交易维度，做事者位置就会变高，而出资者就变成了位置低的求人者，从而将这种关系逻辑变成了一种役使关系。因此，在非经济交易领域，存在一种役使关系形式的隐形暴力，这种权力形式追求的不是一次性的金钱利益、交易或偿还，而是长期的、多维度的役使。一个懂得实践逻辑的人，会轻松地将交易关系转换为役使关系。经济交易是简单的，而役使关系则是一个无底洞，主动退出役使关系的人会被贴上不道德的标签，操控者则始终占据主导位置。实践场中的位置关系只要从经济交易走向役使关系，通常情况下就是操纵者在挖坑，应对这一转变的方案就是及时脱身。在"求人办事"这个场景中，最合理的方式就是对方直接能办，此时礼物的赠予是一个可逆的流动；但是如果对方说自己不能直接办，而要委托第三方来办，这就是一个无底洞。这通常也会成为中间人的一种挖坑策略，既见不到第三方，又得不到想要的结果，消耗是无止境的。在交易中，中间人往往要掌控双方而谋利，或者利用一个虚拟的第三方无休止地拿捏，他可以随时宣告游戏终止，并将所有的罪责推卸给求人者。因此，凡是存在中间人的游戏，往往都是一个巨坑，只要涉及中间人的游戏，就应该立即终止。无法直接交易的就不要交易，这就是常识原则。

所以，人们经常被表面的权力形式所蒙蔽，役使关系的流通过程是隐蔽的、无法言说和言明的，因为它始终处于过程之中而无从证实。役使关系既无法向当事人证实，也无法从局外人处证实，甚至也无法从理论上证实，这就是它的隐蔽之处，因为这种流通过程不吻合任何一种通常的逻辑。日常生活场景中存在大量这种魔法般的"炼金术"，通过空间位置的转换，将经济、权力、象征资本的交换关系转变为看似无功利性的合理、合情、合法的役使关系，把事实上的交换关系转变成一种空间上的位置关系。在金钱关系中，拿钱者小、花钱者大；而在役使关系中，求人者小，被求者大。这是实践场域中基于空间性的支配法则。因此，慷慨施舍并不是一种被场规则所认同的实践逻辑，慷慨施舍只会导致仇恨、仇视、猜忌和背叛，因为这在实践空间中是一个低位置，这种空间主义与幼稚的道德主义看上去完全不同，因此人们认为"好人不一定有好报"。其实，好人是一种道德主义的评价，它通常意味着违背了空间逻辑。如果一个人总将自己放在一个低位置上，他一定会被抛弃，而所有人都会觉得理所应当。

布迪厄以佃东和佃户的关系为例，[1] 人们通常以为佃东对佃农是公开的暴力，但是实际上，现实世界维度的"位低者"其实更容易实施温和的、隐蔽的暴力。当然，能否实施取决于双方力量对比、组织的整体化程度和伦理学的完整性。比如，如果公司要靠员工赚钱，则员工为大，此时整体化程度不高；如果公司不靠员工赚钱，系统性较强，此时系统为大，隐形暴力则不容易实施。外部社会学往往想象一种公开的暴力，而忽视了那些温和的、隐蔽的、不被辨识的，"即由信任、义务、个人忠诚、好客、馈赠、人情债、感激、恭敬带来的暴力，总之是荣誉伦理学所遵奉的一切德行产生的暴力"[2]，因为这一隐秘的暴力没有成本，又往往能导致利益最大化，并且能够导致超越象征权力的支配。

---

① 〔法〕皮埃尔·布迪厄：《实践感》，蒋梓骅译，译林出版社，2012，第 184、185 页。
② 〔法〕皮埃尔·布迪厄：《实践感》，蒋梓骅译，译林出版社，2012，第 184 页。

空间暴力不是一种简单的资本和劳动的关系，因其无法察觉，这种隐形暴力往往无法激起局外人的同情或慷慨。比如说，当佃东并不比佃农富裕多少，或者现代社会中，老板并不比员工富裕多少的时候，往往会以美德来彰显主人的地位，而将佃农或员工当作合伙人来对待，以此来换取忠诚，由此，佃农或员工在实践场中则拥有了比主人高的空间位置。佃东或老板要想佃农或员工服务于自身的利益，即功利性目的，则无法借助劳动力市场和货币市场，"佃东要更有效地服务于自身的利益，便只有日继一日，用不懈的关怀体贴编织将他和佃农持久地联系在一起的伦理感情及'经济'纽带：为了留住佃农，佃东往往为佃农（或其儿子）操办婚事，并将佃农一家人安置在自己家里；佃农的孩子都在财产（羊群、土地等）共有环境中长大，往往很晚才知道自己的身份"，"佃东要想使佃农忠心耿耿，持久地为其利益服务，就只有让其参加其利益分成，竟至掩盖把他与佃农联系在一起的关系的不对称性，在自己的全部行为中象征性地否定该不对称性"。如此一来，实施隐形暴力的其实是佃户，而佃东由于忽视了日常实践场中的空间逻辑，最终只能换来不尊重、背叛和被指责。这是一种隐形的、逆向的支配和剥削方式，它比正向、顺向、直接粗暴的剥削更可怕。在现代社会中，因为直接粗暴的剥削容易识别和辨认，甚至遭到集体的拒斥和舆论的谴责，这种隐形的、逆向的支配和剥削方式逐渐占据主流。虽然从客观上看，佃农好像是被劳役的被剥削者，但在役使关系中，占据主导位置的其实是佃农。在这种役使关系中，经济资本、象征资本，甚至道德资本都没有发挥作用，空间的位置转换是使役使关系有效的条件。但转换不是自动完成的，只要付出方还抱有期待，就会强化这一关系结构。付出方需要经常提供关怀和体贴，进行一系列建立和维持关系所必不可少的工作，还需要投入充足的物质，不光是经济上的，还包括积极地参与礼仪交换，例如涉及侵犯、偷盗、冒犯或侮辱的政治或经济援助等。付出方需要诚心诚意奉献出一些东西，比如时间、关切、姿态、体贴的言行和个人身体力行，付出方需要把事情做得合适且及时……这些东西往往更为个人化，故而比财产或金钱更为珍贵，也是一笔沉重的负担。① 由于

① 〔法〕皮埃尔·布迪厄：《实践感》，蒋梓骅译，译林出版社，2012，第186页。

没有正式宣布的委任和制度保证，隐形暴力会更加持久，且这种支配结构跟外在的经济、权力、象征体系是不相关的。役使支配形式利用了传统社会学和外部社会学的思维误区，以付出劳动、服务、效忠、尊敬等反支配对方，将任何一种象征资本转换为役使资本，从而确保个体在空间中占据更有利的位置。

参考文献

〔美〕史书美：《现代的诱惑：书写半殖民地中国的现代主义（1917—1937）》，何恬译，江苏人民出版社，2007。

〔美〕罗思文、〔美〕安乐哲：《儒家角色伦理——21世纪道德视野》，吕伟译，浙江大学出版社，2020。

〔美〕罗思文、〔美〕安乐哲：《哲读论语：安乐哲与罗思文论语译注》，彭萍译，中译出版社，2022。

〔美〕安乐哲：《孔子与杜威：跨时空的镜鉴》，姜妮伶译，上海人民出版社，2020。

〔美〕罗思文：《莫把〈论语〉作书读》，何金俐译，北京大学出版社，2020。

〔美〕赫伯特·芬格莱特：《孔子：即凡而圣》，彭国翔等译，江苏人民出版社，2002。

〔美〕托马斯·莱迪：《平凡中的非凡：日常生活美学》，周维山译，河南大学出版社，2019。

〔美〕阿尼尔·阿南塔斯：《不存在的人：从精神分裂、人格解体、离体体验探索自我感从何而来》，李恒熙译，机械工业出版社，2017。

〔美〕南希·K. 斯托克：《神奈川冲浪外：从传统文化到"酷日本"》，张容译，社会科学文献出版社，2020。

〔美〕卡林内斯库：《现代性的五副面孔：现代主义、先锋派、颓废、媚俗艺术、后现代主义》，顾爱彬，李瑞华译，译林出版社，2019。

〔美〕罗伯特·希勒：《叙事经济学》，陈殷莉译，中信出版社，2020。

〔美〕安德鲁·阿伯特：《过程社会学》，周忆粟等译，北京师范大学出版社，2021。

〔美〕尼维斯：《完形治疗：观点与应用》，蔡瑞峰等译，四川大学出版社，2007。

〔英〕苏珊·布莱克摩尔：《模因机器：它们如何操纵我们 又怎样创造文明》，判明璐译，机械工业出版社，2022。

〔英〕凯伦·阿姆斯特朗：《轴心时代》，孙艳燕等译，海南出版社，2010。

〔法〕帕特里克·瓦蒂尔：《社会学的知识》，王赟译，上海人民出版社，2022。

〔法〕皮埃尔·布迪厄：《实践感》，蒋梓骅译，译林出版社，2012。

〔法〕德勒兹、伽塔利：《什么是哲学?》，张祖建译，湖南文艺出版社，2007。

〔法〕吉尔·德勒兹：《褶子：莱布尼茨与巴洛克风格》，杨洁译，上海人民出版社，2021。

〔法〕班德勒：《NLP：自我转变的惊人秘密》，胡尧等译，华夏出版社，2015。

〔德〕尤尔根·哈贝马斯：《交往行为理论》（第一卷），曹卫东译，上海人民出版社，2018。

〔德〕迪特·库恩：《儒家统治的时代：宋的转型》，李文锋译，中信出版社，2016。

〔德〕卫礼贤：《中国人的生活智慧》，蒋锐译，山东大学出版社，2010。

〔德〕西美尔：《现代人与宗教》，曹卫东等译，中国人民大学出版社，2003。

〔德〕伯特·海灵格：《成功与序位：海灵格组织系统排列的隐秘力量》，邱俊铭译，世界图书出版公司，2020。

〔日〕沟口雄三：《作为方法的中国》，孙军悦译，生活·读书·新知三联书店，2011。

〔日〕沟口雄三：《李卓吾：两种阳明学》，李晓东译，生活·读书·新知三联书店，2014。

〔日〕沟口雄三：《三岛由纪夫与阳明学》，李晓东译，三联学术通讯，2019年3月18日。

〔日〕作田启一：《价值社会学》，宋金文、边静译，商务印书馆，2004。

〔日〕吾妻重二：《朱熹〈家礼〉实证研究》，吴震编，吴震等译，华东师
　　范大学出版社，2011。

蔡尚思编《中国现代思想史资料简编》，浙江人民出版社，1983。

陈崧编《五四前后东西文化问题论战文选》，中国社会科学出版社，1989。

陈来：《儒家文化与民族复兴》，中华书局，2020。

陈来：《古代宗教与伦理》，生活·读书·新知三联书店，2009。

陈立胜：《入圣之机：王阳明致良知工夫论研究》，生活·读书·新知三联
　　书店，2019。

〔美〕杜维明：《体知儒学》，浙江大学出版社，2012。

杜维明：《灵根再植：八十年代儒学反思》，北京大学出版社，2016。

〔美〕杜维明：《青年王阳明：1472—1509：行动中的儒家思想》，朱志方
　　译，生活·读书·新知三联书店，2017。

邓艾民：《朱熹王守仁哲学研究》，华东师范大学出版社，1989。

刘怀玉：《现代性的平庸与神奇：列斐伏尔日常生活批判哲学的文本学解
　　读》，北京师范大学出版社，2018。

梁启超：《饮冰室文集》，中华书局，1989。

梁启超：《新民说》，中州古籍出版社，1998。

李泽厚：《从美感两重性到情本体：李泽厚美学文录》，马群林编，山东文
　　艺出版社，2019。

李泽厚：《由巫到礼 释礼归仁》，人民文学出版社，2022。

秦孝仪：《“总统”蒋公思想言论总集》卷二十三，台北中国国民党中央委
　　员会党史委员会，1984。

徐梵澄：《陆王学述》，远东出版社，1994。

徐建勇：《现代性与新儒家》，人民出版社，2019。

汤一介：《儒释道耶与中国文化：汉英对照》，外语教学与研究出版社，2016。

项飙、吴琦：《把自己作为方法：与项飙谈话》，上海文艺出版社，2020。

赵鼎新：《东周战争与儒法国家的诞生》，夏江旗译，北京联合出版公司，
　　2020。

朱承：《信念与教化：阳明后学的政治哲学》，上海人民出版社，2018。

张晓梅：《托马斯·里德的常识哲学研究》，上海人民出版社，2007。

黄丽生编《边缘儒学与非汉儒学：东亚儒学的比较视野（17—20世纪）》，
　　台湾大学出版中心，2012。

武志红：《巨婴国》，浙江人民出版社，2016。

严耀中：《传统文化中的卜筮与儒家》，《学术月刊》2001年第7期。

肖扬："李安解读《少年派》：信仰很玄 人们需要精神生活"，《北京青年
　　报》2012年12月3日。

陈来：《帛书易传与先秦儒家易学之分派》，《周易研究》1999年第4期。

项飙：《生活意义的构造须回归"常识社会学/人类学"》，《探索与争鸣》
　　2022年第5期。

图书在版编目（CIP）数据

儒学现代性的实践逻辑 / 邓天颖著 .-- 北京：社
会科学文献出版社，2024.6.-- ISBN 978-7-5228-3687-
4

Ⅰ . B222.05

中国国家版本馆 CIP 数据核字第 2024TG0284 号

儒学现代性的实践逻辑

著　　者 / 邓天颖

出 版 人 / 冀祥德
责任编辑 / 张建中
责任印制 / 王京美

出　　版 / 社会科学文献出版社 · 文化传媒分社（010）59367004
　　　　　地址：北京市北三环中路甲 29 号院华龙大厦　邮编：100029
　　　　　网址：www.ssap.com.cn
发　　行 / 社会科学文献出版社（010）59367028
印　　装 / 三河市尚艺印装有限公司

规　　格 / 开　本：787mm×1092mm　1/16
　　　　　印　张：15.5　字　数：239 千字
版　　次 / 2024 年 6 月第 1 版　2024 年 6 月第 1 次印刷
书　　号 / ISBN 978-7-5228-3687-4
定　　价 / 89.00 元

读者服务电话：4008918866